Helmut Staab

Firmenkredite in der Bankrechtspraxis

Helmut Staab

Firmenkredite in der Bankrechtspraxis

Darlehens- und Sicherheitsverträge
im Tagesgeschäft

GABLER

Bibliografische Information Der Deutschen Bibliothek
Die Deutsche Bibliothek verzeichnet diese Publikation in der Deutschen Nationalbibliografie;
detaillierte bibliografische Daten sind im Internet über <http://dnb.ddb.de> abrufbar.

1. Auflage Juli 2003

Alle Rechte vorbehalten
© Betriebswirtschaftlicher Verlag Dr. Th. Gabler/GWV Fachverlage GmbH, Wiesbaden 2003
Softcover reprint of the hardcover 1st edition 2003

Lektorat: Guido Notthoff

Der Gabler Verlag ist ein Unternehmen der Fachverlagsgruppe BertelsmannSpringer.
www.gabler.de

Umschlaggestaltung: Nina Faber de.sign, Wiesbaden
Satz: FROMM Media Design GmbH, Selters/Ts.

Gedruckt auf säurefreiem und chlorfrei gebleichtem Papier

ISBN 978-3-322-90960-2   ISBN 978-3-322-90959-6 (eBook)
DOI 10.1007/978-3-322-90959-6

Vorwort

Auf die sich ändernden Anforderungen unserer Gesellschaft reagiert das Recht in immer differenzierterer Weise. Dies gilt auch für das Bankrecht.

Beim Bankrecht kommt hinzu, dass es wie kaum ein anderes Recht durch die Rechtsprechung gestaltet wird. Viele von den Gerichten entwickelten Grundsätze sind später in das Gesetz übernommen worden.

Für den Mitarbeiter einer Bank oder Sparkasse stellt dies eine besondere Herausforderung dar. Will er seinen Aufgaben gerecht werden, muss er sich mit allen seine Arbeit betreffenden Rechtsentwicklungen vertraut machen.

Diese Schrift soll den juristisch nicht vorgebildeten, mit der Vergabe von Firmenkrediten befassten Sachbearbeiter hierbei unterstützen. Es soll ihm eine Information über die wesentlichen, seine Arbeit betreffenden Rechtsfragen geben und ihn sensibilisieren, wo er den Rat eines Bankjuristen einholen sollte.

Dem Bankjuristen kann sie einen Überblick verschaffen. Dabei wurde der besseren Lesbarkeit wegen bewusst auf die Angabe von Fundstellen der Rechtsprechung verzichtet. Solche finden sich in den Werken, die sich speziell an den Juristen wenden.

In dem Buch ist das zu Grunde gelegt, was man als gefestigte Rechtsprechung bezeichnet. Aber auch hier gilt, dass mit der Änderung unserer gesellschaftlichen Verhältnisse und Anschauungen auch das Recht einem steten Wandel unterliegt. Was heute noch gilt, wird morgen in Frage gestellt. Dies stellt für Kreditverträge, die oft über zehn Jahre und länger laufen, eine besondere Problematik dar.

Für den mit der Vergabe von Krediten befassten Angestellten eines Kreditinstituts bedeutet dies, dass er seine einschlägigen Rechtskenntnisse stets erneuern und ergänzen muss. Der Verfasser hofft, dass ihm das vorliegende Buch dabei eine Hilfe ist.

Inhalt

1. Grundlagen des Firmenkredits

1.1 Wirtschaftliche Bedeutung

Firmenkredite können in ihrer Bedeutung für die Volkswirtschaft nicht hoch genug eingeschätzt werden. Rund 60 Prozent des Gesamtkreditvolumens wird zu gewerblichen Zwecken ausgegeben.

Dabei stellt die Kreditwirtschaft der eigentliche Motor unseres Wirtschaftslebens dar. Ohne Fremdfinanzierung wären die enormen Investitionen nicht möglich, die Industrie und Handel tätigen müssen, um konkurrenzfähig zu bleiben. Ein Großteil der Geschäftsabschlüsse zwischen Handelspartnern wäre ohne die Hilfe von Kreditinstituten undenkbar. Ohne Finanzierung von Banken und Sparkassen wäre es auch nicht möglich, ein Unternehmen zu gründen und sich wirtschaftlich auf eigene Füße zu stellen.

Volkswirtschaft und Kreditwesen stehen zueinander in Wechselbeziehung. Jede Änderung von Finanzierungsbedingungen wirkt sich auf unsere wirtschaftlichen Verhältnisse aus. Dies gilt nicht nur für die Schwankungen, denen der Kapitalmarkt unterworfen ist. Dies gilt auch für staatliche Eingriffe in Form von Gesetzen, wie sie etwa der Verbraucherschutz darstellen. Dies gilt gleichermaßen aber auch für geschäftspolitische Entscheidungen der Kreditinstitute und ihrer Organisationen. Werden die gesetzlichen Schranken und Hürden für die Vergabe von Krediten erhöht, werden die Anforderungen der Banken an Sicherheiten hochgeschraubt, bremst dies notwendig das Wirtschaftswachstum und schränkt die internationale Wettbewerbsfähigkeit unserer Wirtschaft ein. Ist die Möglichkeit oder Bereitschaft, Jungunternehmer finanziell zu fördern, nicht mehr in dem gewünschten Umfang gegeben, wird zugleich die Fähigkeit unserer Wirtschaft beeinträchtigt, sich stets wieder zu erneuern.

Kommt es zu einer Rezession, lässt dies auch die Kreditwirtschaft nicht unberührt. Banken und Sparkassen sind Teil unseres Wirtschaftsgefüges und haben an seiner Entwicklung Anteil. Das richtige Maß an Risikobereitschaft zu finden, ist eine Herausforderung an jedes Kreditinstitut. Dabei stellt sich bei jeder Kreditvergabe die Frage nach Sicherheit und Wagnis neu.

1.2 Arten der Firmenkredite

Firmenkredite können sehr unterschiedlich sein. Dies gilt bereits für Umfang und Bedeutung des Kredits. Sie gehen vom Geldbetrag, der einem fliegenden Händler zur Verfügung gestellt wird, um seinen Verkaufswagen zu reparieren bis zur Finanzierung eines neuen Werks zur Herstellung von Kraftfahrzeugen in Milliardenhöhe.

Kredite können langfristig gewährt werden, etwa um Investitionen zu tätigen, die sich erst im Laufe von Jahrzehnten amortisieren oder kurzfristig, um einen augenblicklichen Liquiditätsengpass zu beheben.

Ein Firmenkredit kann gewährt werden durch ein Darlehen, das in vereinbarten Raten oder nach Ablauf einer Frist in einer Summe zurückzuzahlen ist, aber auch als Kontokorrentkredit, mit dem dem Unternehmer das Recht eingeräumt wird, für die Durchführung seines Geschäftsbetriebs benötigte Mittel im vorgegebenen Rahmen abzurufen.

Dabei wird Kredit keinesfalls nur durch Hingabe von Geld gewährt. Auch der Haftungskredit gehört dazu, mit dem die Bank die Geschäftstätigkeit des Kunden durch Übernahme von Bürgschaften oder Garantieversprechen unterstützt. Ohne solche Haftungsübernahme wären viele Geschäfte insbesondere im internationalen Verkehr undenkbar.

Beispiel   *Firma Müller GmbH möchte ein Röntgengerät an ein Krankenhaus in den Iran verkaufen. Da eine Rechtsverfolgung im Iran auf Schwierigkeiten stößt, wendet sie sich an die Bank und bittet diese um Übernahme einer Erfüllungsgarantie bezüglich der Kaufpreisforderung.*
Die Käuferin ihrerseits wünscht von ihrer Hausbank die Übernahme einer Gewährleistungsgarantie für den Fall, dass das gekaufte Gerät Mängel aufweist.
Die Bank in Deutschland und die Bank im Iran vereinbaren untereinander, dass jede einen evtl. Aufwand aus den Garantieversprechen der anderen erstattet und mit jeweils ihrem Kunden abrechnet.

Haftungskredit in Form von Gewährleistungsbürgschaften sind in der Bauwirtschaft üblich.

Beispiel   *Die Bauunternehmung Müller GmbH hat einen Neubau erstellt. Im Bauvertrag mit ihrem Kunden hat sie vereinbart, dass für die Dauer der Sachmängelgewährleistung von 5 Jahren der Kunde berechtigt ist, als Sicherheit 5 Prozent der Bausumme einzubehalten. Der Betrag kann vereinbarungsgemäß abgelöst werden, wenn Firma Müller GmbH eine Bankbürgschaft in entsprechender Höhe beibringt.*
Um über den einbehaltenen Betrag sofort verfügen zu können, bringt sie eine Bürgschaft ihrer Hausbank bei, für die sie entsprechende Zinsen zahlt.

Haftungskredite gewinnen insbesondere im internationalen Geschäft eine immer größere Bedeutung. Im Folgenden werden wir uns aber in erster Linie mit der üblichen Form des Firmenkredits, dem Zahlungskredit, beschäftigen.

1.3 Ziele der Bank beim Firmenkreditgeschäft

Das Bankgeschäft ist ein Dienstleistungsgewerbe. Ein Kreditinstitut hat sich, wie jeder andere Dienstleister auch, nach den Bedürfnissen und Wünschen ihrer Kunden zur richten.

Die Bedürfnisse von Firmenkunden im Kreditgeschäft können sehr unterschiedlich sein. Sie differieren in der Regel nach dem aktuellen Kreditbedarf und dessen Dauer. Daneben unterscheiden sich die Anforderungen an Beratung und Unterstützung bei Finanzierung auch nach der Größe des Unternehmens.

Großunternehmer decken ihren Beratungsbedarf regelmäßig selbst. Sie verfügen über eigene Planungsabteilungen, durch die ein Investitionsprojekt bis zur Erstellungsreife entwickelt wird. Anfallende Rechts- und Steuerrechtsfragen werden hausintern gelöst. Solche Unternehmen sind in der Lage, den Kreditbedarf selbst festzustellen. Sie treten mit einer fertigen Investitions- und Finanzplanung an die Kreditwirtschaft heran. Mit ihren Geschäftspartnern, regelmäßig Großbanken oder Bankkonsortien, verhandeln sie nur noch über die Kreditbedingungen.

Kleinunternehmer, wie Geschäftsleute, Handwerker, Rechtsanwälte oder Ärzte in Kleinpraxen werden ihren meist recht überschaubaren Investitionskreditbedarf bei der Bank oder Sparkasse einfordern, zu der sie bereits Geschäftsbeziehungen unterhalten. Das Kreditinstitut, bei dem das Geschäftskonto läuft, hat zugleich Einblick in die Geschäftsentwicklung und kann von dort aus bereits die Notwendigkeit und Angemessenheit der beabsichtigten Investition beurteilen.

Hauptziel des Firmenkreditgeschäfts ist der Mittelstand. Es ist dies zugleich die tragende Säule unserer Volkswirtschaft. Mittelständische Unternehmen, also solche mit 30 bis 500 Mitarbeitern beziehungsweise einem Umsatz bis zu 25 Millionen Euro, verfügen regelmäßig nicht über eigene Berater. Sie decken ihren Beratungsbedarf auf dem Markt ein. Sie leisten sich unabhängige Berater, Ingenieure, Rechtsanwälte, Steuerberater, Unternehmensberater, die ihnen für ihre Zwecke am besten geeignet erscheinen, sei es für die laufende Beratung sei es zur Bewältigung bestimmter Aufgaben, etwa Betriebserweiterungen, Gründung von Filialen oder Tochtergesellschaften.

Fremde Beratung hat eine besondere Qualität, was Unternehmer zu schätzen wissen. Die Unabhängigkeit der Berater gewährleistet die Objektivität ihres Urteils.

Ein Kriterium der heutigen Wirtschaftsberatung ist die Komplexität der sich stellenden Aufgaben.

Müller möchte sein Einzelunternehmen auf eines seiner Kinder übertragen. Ihm müssen die fürs Alter notwendigen Mittel verbleiben. Auch die Ehefrau muss versorgt werden. Es sind weitere Kinder da, die angemessen abgefunden werden müssen. Es stellt sich die Frage, ob nicht zugleich das Unternehmen in eine GmbH oder AG umgewandelt werden sollte, ob man den Betrieb nicht in eine Besitzgesellschaft und in eine Betriebsgesellschaft aufspalten sollte, ob nicht zugleich eine andere unternehmerische Ausrichtung erfolgen sollte.

Hier sind neben unternehmerischen Fragen Gesellschaftsrecht, Erbrecht, Familienrecht und nicht zuletzt Steuerrecht angesprochen. Bleibt auch nur ein Aspekt unbeachtet, wird das Gesamtkonzept in Frage gestellt. Eine Lösung kann nur durch verschiedene Fachberater im Team erarbeitet werden.

Regelmäßig stellen sich dabei auch Finanzierungsfragen.

Im obigen Beispielsfall sind es nicht nur die notwendigen betrieblichen Investitionen. Die anfallende Schenkung- und Erbschaftsteuer muss beachtet werden. Die Versorgung des Seniors mit seiner Frau muss gewährleistet sein. Die Abfindung der „weichenden Erben" muss so erfolgen, dass keine Pflichtteils- oder Pflichtteilsergänzungsansprüche anfallen.

Ziel der Bank ist es, im Beratungsgremium eines mittelständischen Unternehmens einen festen Platz zu finden, von Anfang an in alle Beratungen mit einbezogen zu werden.

So kann der Firmenkreditfachmann der Bank Chancen und Risiken von Investitionen am besten abschätzen. Er kann zugleich sichern, dass der benötigte Kreditbedarf bei seiner Bank eingedeckt wird.

Wichtig ist, dass der Sachbearbeiter der Bank als kompetenter Berater in Finanzierungsfragen anerkannt wird. Das sich so bildende Vertrauensverhältnis ist für einen auf externe Beratung angewiesenen Unternehmer ebenso wichtig, wie die Frage nach den Kosten des Kredits.

2. Definition des Firmenkredits

Die Firma ist der Name, unter dem der Kaufmann seine Geschäfte tätigt. Ein Firmenkredit ist demnach ein Bankkredit, der gegeben wird, um die Geschäftstätigkeit des Kaufmanns zu finanzieren.

Dabei ist Kaufmann, wer ein Handelsgewerbe betreibt. Ein Handelsgewerbe ist wiederum jeder Gewerbebetrieb, der einen kaufmännisch eingerichteten Geschäftsbetrieb erfordert.

Eine solche Umschreibung des Firmenkredits ist jedoch in mehrfacher Weise zu eng. So spricht man von Firmenkrediten unabhängig von der Größe des Unternehmens.

Firmenkredit ist demnach auch das einem Kleingewerbetreibenden gegebene Bankdarlehen, also einer Person, die keinen kaufmännisch eingerichteten Geschäftsbetrieb benötigt.

Beispiel *Müller ist „Fliegender Händler" und verkauft auf Märkten Krawatten. Er benötigt für die Anschaffung eines Lieferwagens ein Darlehen.*

Ein Kleingewerbetreibender ist Kaufmann im Sinne des Handelsrechts nur dann, wenn er (ausnahmsweise) im Handelsregister eingetragen ist.

Auch muss man sich am Begriff des Unternehmers orientieren, wie ihn das bürgerliche Gesetzbuch vorgibt (§ 14 BGB). Danach ist Unternehmer eine

- natürliche oder
- juristische Person oder eine
- rechtsfähige Personengesellschaft, die beim Abschluss eines Rechtsgeschäfts in Ausübung ihrer
- gewerblichen oder
- selbstständigen beruflichen Tätigkeit handelt.

Ein Firmenkredit ist demnach ein Darlehen, das einem Unternehmer gewährt wird für seine gewerbliche oder selbstständige berufliche Tätigkeit.

Der Begriff ist damit über dem kaufmännisch gewerblichen Bereich erweitert und umfasst alle Arten selbstständiger Berufstätigkeit.

Freiberufler wie Rechtsanwälte, Notare, Ärzte, Architekten, Sachverständige aber auch Landwirte üben nach unseren traditionell bedingten Vorstellungen kein Gewerbe aus und unterliegen demnach auch nicht der Gewerbesteuer. Obwohl sie keine Kaufleute sind und auch keine Firma haben, sind ihnen für ihre Berufstätigkeit gewährte Kredite „Firmenkredite". Das Gleiche gilt für Handwerker, die zwar ein Gewerbe betreiben, aber eben kein Handelsgewerbe.

Besser würde man daher von „Unternehmerkrediten" sprechen. Man sollte es aber bei dem gebräuchlichen Begriff des Firmenkredits belassen.

2.1 Firmenkredit – Konsumentenkredit

2.1.1 Gesetzliche Differenzierung

Der Firmenkredit steht im Gegensatz zum Konsumenten- oder Verbraucherkredit.

Ein Verbraucher ist nach der gesetzlichen Definition

- eine natürliche Person,
- die ein Rechtsgeschäft zu einem Zweck abschließt,
- der weder ihrer gewerblichen
- noch ihrer selbstständigen beruflichen Tätigkeit dient (§ 13 BGB).

Ein Verbraucherkredit ist demnach ein Bankdarlehen, das einer natürlichen Person gewährt wird, und zwar zu privaten (also nicht gewerblichen oder freiberuflichen) Zwecken. Beim Verbraucherkredit muss mithin ein persönliches und ein sachbezogenes Merkmal zusammenkommen.

Verbraucher können nur natürliche Personen sein. Kredite, die einer juristischen Person gewährt werden, also einer Kapitalgesellschaft wie GmbH oder AG oder einer rechtsfähigen Personengesellschaft wie einer OHG oder GmbH & Co. KG, sind auch dann keine Verbraucherkredite, wenn die juristische Person kein Gewerbe betreibt.

Als sachbezogenes Merkmal kommt beim Konsumentenkredit hinzu, dass das Darlehen nicht gewerblichen oder freiberuflichen Zwecken dienen darf. Damit kann ein und dieselbe natürliche Person Verbraucher oder Unternehmer sein, je nach dem, wozu die Kreditaufnahme erfolgt.

- Kaufmann Meyer nimmt ein Bankdarlehen auf, um sein Privathaus zu renovieren.
- Er nimmt das Bankdarlehen zur Renovierung seines Geschäftshauses auf.

Im ersten Fall liegt ein Verbraucherdarlehen vor, im zweiten Fall ein Firmendarlehen.

2.1.2 Besonderheiten des Verbraucherkredits

Beim Verbraucher- oder Konsumentenkredit kommt im Gegensatz zum Firmenkredit ein umfassender Verbraucherschutz zur Anwendung. Dieser Verbraucherschutz soll im Folgenden in seinen wesentlichen Inhalten dargetan werden.

2.1.2.1 Anforderungen an die Form des Verbraucherkreditvertrags

An den Verbraucherdarlehensvertrag werden besondere formelle Anforderungen gestellt. Er bedarf zu seiner Wirksamkeit der Schriftform.

> Die inzwischen mögliche elektronische Form (§ 126 a BGB) ist ausgeschlossen. Dabei ist der Schriftform genügt, wenn Antrag und Annahme jeweils getrennt schriftlich erklärt werden, etwa im „Briefwechsel". Die Erklärung des Darlehensgebers braucht nicht unterschrieben zu werden, wenn sie mit Hilfe einer automatischen Einrichtung, also auf dem Computer, erstellt wurde, wohl aber die Erklärung des Darlehensnehmers (§ 492 Abs. 1 BGB).

Ein Verbraucherdarlehensvertrag, der die Schriftform nicht wahrt, ist nichtig (§ 494 I BGB).

> Der Formmangel wird aber geheilt, wenn der Kunde das Darlehen empfängt oder in Anspruch nimmt (§ 494 II, 1 BGB). Auf die Nichtigkeit kann der Verbraucher sich also nur solange berufen, wie der Kredit noch nicht ausgezahlt ist. „In Anspruch genommen" hat der Kunde den Kredit auch dann, wenn er auf seine Weisung hin einem Dritten ausbezahlt wird, indem etwa der Betrag zur Erfüllung der Kaufpreisforderung unmittelbar an den Verkäufer der finanzierten Kaufsache entrichtet wird.

2.1.2.2 Anforderungen an den Inhalt

Auch an den Inhalt des Verbraucherdarlehensvertrags werden besondere Anforderungen gestellt (§ 492 I, 4 BGB).

Die vom Darlehensnehmer unterschriebene Vertragserklärung muss angeben

- den Nettodarlehensbetrag, handelt es sich um einen Dispokredit, die Höchstgrenze des Darlehens,
- den Gesamtbetrag aller vom Darlehensnehmer zur Tilgung des Darlehens sowie zur Zahlung der Zinsen und sonstigen Kosten zu entrichtenden Teilzahlungen, wenn der Gesamtbetrag bei Vertragsschluss feststeht. Bei Darlehen mit veränderlichen Bedingungen, die in Teilzahlungen getilgt werden, ist ein auf der Grundlage der bei Vertragsschluss maßgebenden Bedingungen errechneter Gesamtbetrag anzugeben. Die Angabe des Höchstbetrags entfällt lediglich bei Dispokrediten, bei denen also bei Abschluss des Vertrags noch gar nicht feststeht, in welcher Höhe der Kredit in Anspruch genommen wird,
- die Art und Weise der Rückzahlung des Darlehens, oder, wenn eine Vereinbarung hierüber nicht vorgesehen ist, die Regelung der Vertragsbeendigung,
- den Zinssatz und alle sonstigen Kosten des Darlehens. Sie sind, soweit der Höhe nach bekannt, im Einzelnen zu bezeichnen, andernfalls dem Grunde nach anzugeben. Auch Darlehensvermittlungskosten gehören dazu.
- den effektiven Jahreszins oder, bei variablem Zinssatz, den anfänglichen effektiven Jahreszins. Bleibt der Zins variabel, sind auch die Faktoren anzugeben, die die Änderung bestimmen.
- die Kosten einer Versicherung, die zur Absicherung des Verbraucherdarlehens abgeschlossen wird,
- die zu bestellenden Sicherheiten.

Auch hier gilt, dass fehlende Angaben den Vertrag nichtig machen, die Nichtigkeit aber mit der Zurverfügungstellung des Kredits geheilt wird, wenn auch mit geändertem Vertragsinhalt.

Die Heilung des nichtigen Vertrags erfolgt mit der Maßgabe, dass

- nur der gesetzliche Zinssatz von vier Prozent geschuldet wird, wenn die Angabe der effektiven oder anfänglichen effektiven Jahreszinsen oder über den Gesamtbetrag der zu erbringenden Aufwendungen fehlen,
- nicht angegebene Kosten auch nicht geschuldet sind. Dabei sind vereinbarte Teilzahlungen unter Berücksichtigung des geminderten Zinses und nicht geschuldeten Kosten neu zu berechnen,
- bei variablem Zinssatz nicht angegebene Faktoren nicht zu Lasten der Kunden berücksichtigt werden dürfen,
- nicht angegebene Sicherheiten nicht gefordert werden dürfen, Letztes jedenfalls dann nicht, wenn der Nettodarlehensbetrag 50.000 Euro nicht übersteigt (§ 494 II BGB).

Ist der effektive oder der anfängliche effektive Jahreszins zu niedrig angegeben, ist nur der angegebene Zins geschuldet (§ 494 III BGB).

2.1.2.3 Widerrufsrecht beim Verbraucherkredit

Beim Verbraucherdarlehen steht dem Kunde ein Widerrufsrecht zu. Er kann seine Vertragserklärung binnen zwei Wochen widerrufen (§§ 495 I, 355 I BGB). Mit erfolgtem Widerruf sind erbrachte Leistungen zurückzugewähren (§§ 357 I, 346 ff. BGB).

Voraussetzung für den Lauf der Widerrufsfrist ist eine ordnungsgemäße Belehrung über das Widerrufsrecht. Sie muss deutlich gestaltet sein und einen vorgeschriebenen Inhalt haben (vgl. i. E. § 355 II 1 BGB). Sie braucht aber nicht mehr gesondert unterschrieben zu werden.

Wurde die Widerrufsbelehrung bei Vertragsschluss versäumt, kann sie nachgeholt werden. Die Widerrufsfrist beträgt dann einen Monat (§ 355 II 2 BGB).

Ist der Verbraucher über sein Widerrufsrecht nicht ordnungsgemäß belehrt worden, kann er den Kreditvertrag zeitlich unbegrenzt widerrufen (§ 355 III 3 BGB), also auch noch, nachdem der Vertrag beiderseits vollständig erfüllt ist.

Die Regelung findet auch auf Realkreditverträge Anwendung, die nach dem 01.11.2002 geschlossen wurden (Art. 229, § 8 I Nr. 2 EGBGB i. V. m. § 491 BGB; für davor gewährte Kredite vgl. § 491 III BGB a. F.).

2.1.2.4 Kündigungsrecht des Verbrauchers

Dem Verbraucher steht ein besonderes Kündigungsrecht zu. Er kann auch einen Kreditvertrag mit festem Zinssatz kündigen und zwar frühestens sechs Monate nach Empfangnahme des Geldes und unter Einhaltung einer Kündigungsfrist von drei Monaten (§ 489 I 1 BGB).

Eine Ausnahme davon gilt für Realkredite im weiteren Sinne, also bei allen Krediten, die durch ein Grundpfandrecht abgesichert sind. Diese sind für die Zeit der Zinsbindung unkündbar.

> Realkredite laufen zumeist über längere Zeit und über höhere Beträge. Bei ihnen muss sich die Bank regelmäßig refinanzieren. Sie kann dem Kunden nur dann günstige Bedingungen anbieten, wenn ihre Zinserwartung für den Zeitraum gesichert ist, in dem der Zinssatz festliegt. Hier muss das Interesse des Verbrauchers an einer vorzeitigen Beendigung des Kreditvertrags gegenüber dem Interesse der Bank zurückstehen. Bei Realkrediten ist der Kunde vor unüberlegtem Handeln bereits geschützt durch die Notwendigkeit der notariellen Grundschuldbestellung.
>
> Der Gesetzgeber gewährt dem Kreditnehmer allerdings auch bei Realkrediten mit fester Zinsbindung ein außerordentliches Kündigungsrecht für den Fall des Verkaufs des mit dem Grundpfandrecht belasteten Grundstücks und dem Verkaufsfall entsprechenden Interessenlage. Der Kunde schuldet der Bank in diesem Fall jedoch die Zahlung einer Vorfälligkeitsentschädigung (§ 490 II BGB; vgl. 6.3.5).

2.1.2.5 Widerrufsrecht bei Haustürgeschäften

Ein dem Verbraucherkreditrecht entsprechendes Widerrufsrecht steht dem Verbraucher bei Haustürgeschäften zu (§ 312 BGB).

Ein Haustürgeschäft liegt vor, wenn der Verbraucher zum Abschluss des Kreditvertrags durch mündliche Verhandlungen unter anderem

- am Arbeitsplatz oder
- im Bereich einer Privatwohnung

bestimmt worden ist, es sei denn, der Vertragspartner des Kunden ist zuvor von diesem einbestellt worden (§ 312 I und III BGB).

> Die Vorschrift dient dem Schutz des Arbeitsbereichs und des häuslichen Bereichs des Kunden. So sehr man von einer Bank als Dienstleistungsunternehmen erwarten kann, dass sie einen Kunden auf Verlangen zu Vertragsverhandlungen aufsuchen lässt, so wenig ist dies erwünscht, wenn dies unaufgefordert geschieht, zumal oft im Haustürgeschäft zugleich das finanzierte Geschäft mit abgeschlossen wird.

Bei im Haustürgeschäft zustande gekommenen Verbraucherkreditverträgen besteht ein Widerrufsrecht demnach aus zwei Rechtsgründen, als Verbraucherkredit-Widerrufrecht und als Haustürwiderrufsrecht. Konkurrieren beide miteinander, findet nur Verbraucherkredit-Widerrufsrecht (§§ 495 BGB) Anwendung (§ 312 a BGB).

Die dadurch gegebene Unsicherheit, ob ein Haustürwiderrufsrecht auch bei Realkrediten gegeben ist, bei denen wie ausgeführt ein kreditvertragliches Widerrufsrecht nicht gegeben ist, ist durch die Rechtsprechung des Europäischen Gerichtshofs (EuGH) und ihm folgend des Bundesgerichtshofs (BGH) ausgeräumt. Danach findet das Haustürwiderrufsrecht auf alle Verbraucherkreditverträge, auch auf Realkreditverträge Anwendung. Dies ist nunmehr auch gesetzlich festgelegt, indem das Haustürwiderrufsrecht nur dann entfällt, wenn der Vertrag nach Verbraucherkreditrecht widerruflich ist (§ 312 a BGB).

2.1.2.6 Schutz bei verbundenen Verträgen

Ein besonders weitgehender Schutz des Verbrauchers findet bei so genannten verbundenen Verträgen statt. Kreditvertrag und finanziertes Geschäft (Kaufvertrag oder Werkvertrag) werden insbesondere dann als wirtschaftliche Einheit angesehen, wenn sich die Bank zur Vorbereitung oder zum Abschluss des Darlehensvertrags der Mitwirkung des Unternehmers des finanzierten Kauf- oder Werkvertrags bedient. In einem solchen Fall bewirkt der Widerruf des Kauf- oder Darlehensvertrags, dass zugleich auch der damit verbundene Vertrag hinfällig ist (§ 358 BGB). Im Ergebnis bedeutet dies, dass der Verbraucher aus beiden Verträgen befreit ist und sich die Bank wegen der Rückabwicklung mit dem Unternehmer des finanzierten Geschäfts auseinandersetzen muss.

Die Regelung gilt für Realkredite nur eingeschränkt. Realkredit und finanzierter Immobilienkauf sind dann miteinander verbunden, wenn

- die finanzierende Bank die Immobilie selber verkauft,

- sie den Verkauf fördert, indem sie sich die Interessen des Verkäufers zu eigen macht,

- bei Planung, Werbung oder Durchführung des Projekts Funktionen des Veräußerers übernimmt oder

- diesen sonst einseitig begünstigt.

Es sind dies im Wesentlichen die Fälle, in denen die Rechtsprechung bereits bisher über die Verletzung von Aufklärungs- und Beratungspflichten der Bank zu deren Verpflichtung gelangte, dem Kunden den diesem entstandenen Schaden zu ersetzen beziehungsweise dem Kunden auch ein Recht zur Anfechtung des Kreditvertrags wegen Täuschung durch arglistiges Verschweigen (§ 123 BGB) einräumte (vgl. 5.2.2).

2.1.2.7 Erweiterter Schutz nach AGB-Recht

Schließlich ist die Anwendbarkeit der Vorschriften über Allgemeine Geschäftsbedingungen für Verbraucher wesentlich erweitert (§ 310 III BGB).

Danach gelten Allgemeine Geschäftsbedingungen im Zweifel als vom Unternehmer gestellt. Die Bestimmungen des Gesetzes gelten bei Verbraucherverträgen auch dann, wenn das Vertragsmuster vom Unternehmer nur einmal verwendet wird und soweit der Verbraucher auf die Vertragsbedingungen keinen Einfluss nehmen konnte. Eine unangemessene Benachteiligung des Kunden, der Verbraucher ist, kann sich schon aus den Umständen des Vertragsschlusses ergeben (§ 310 Abs. 3 BGB).

Dagegen finden die Bestimmungen über Allgemeine Geschäftsbedingungen auf Firmenkredite nur eingeschränkt Anwendung (§ 310 I BGB).

2.1.2.8 Kein Verbraucherschutz bei Firmenkredit

Wie ausgeführt, sind die genannten vom Gesetzgeber für den Verbraucher erlassenen Schutzvorschriften auf Firmenkredite nicht anwendbar. Insofern kann man einen Firmenkredit auch definieren als einen Kreditvertrag, auf den der Verbraucherschutz keine Anwendung findet.

Es gibt weitere Kreditverträge, auf die der Verbraucherschutz unanwendbar ist, ohne dass sie deshalb Firmenkredite wären. Von Firmenkrediten spricht man nur bei solchen, bei denen ein Unternehmer, regelmäßig eine Bank oder Sparkasse, einem anderen Unternehmer ein entgeltliches Darlehen gewährt.

Das ist nicht der Fall, wenn eine Privatperson einer anderen Privatperson einen Kredit gewährt, insbesondere bei den unter nahestehenden Personen üblichen Gefälligkeitsdarlehen. Das Gleiche gilt, wenn eine Privatperson einem Unternehmer einen Kredit gewährt. Dies geschieht häufig durch Gesellschafter einer GmbH an die Gesellschaft, um ihr notwendige Mittel zuzuführen. Solche Kredite können kapitalersetzenden Charakter haben mit der Folge, dass sie in der Krise der Gesellschaft nicht zurückgefordert werden können (§ 32 a GmbH-Gesetz).

Nicht ganz unüblich sind auch Arbeitnehmerdarlehen, wo also ein Arbeitnehmer seinem Arbeitgeber Mittel zuführt, etwa durch Stundung von Lohnansprüchen, um seinen Arbeitsplatz zu sichern.

2.1.2.9 Arbeitgeberdarlehen

Dagegen sind Arbeitgeberdarlehen, also solche, wo der Arbeitgeber dem Arbeitnehmer Mittel zuführt, etwa zur Anschaffung eines für die Arbeit benötigten Pkws, grundsätzlich Verbraucherdarlehen. Auf sie finden die Vorschriften über den Verbraucherkredit jedoch dann keine Anwendung, wenn sie zur Bedingung gewährt werden, die unter dem Marktzins liegen (§ 491 II, Nr. 2 BGB).

Dieser Bestimmung kommt auch und gerade bei Kreditinstituten erhebliche Bedeutung bei. Ist es doch üblich, dass diese ihren Mitarbeitern Sonderkonditionen einräumen, um zu gewährleisten, dass sie ihren Kreditbedarf im Hause abdecken.

Entscheidend ist, dass der Kredit zu einem Zins abgeschlossen wird, der unter den marktüblichen Sätzen liegt. Vergleichszahlen ergeben sich aus dem effektiven Jahreszins vergleichbarer Konsumentenkredite, wie sie dem Monatsbericht der Deutschen Bundesbank entnommen werden können, aber auch aus den bei der jeweiligen Bank üblichen Bedingungen.

Beispiel   *Meyer, Angestellter der D-Bank, nimmt bei dieser einen Kredit in Höhe von 20.000 Euro zur Anschaffung eines Pkws auf zu einem Zins, der ein Prozent unter dem marktüblichen Zins liegt.*

Der Kreditvertrag braucht, da die Bestimmungen über den Verbraucherkredit (§ 491 ff. BGB) unanwendbar sind, nicht der Form und dem Inhalt nach den Vorschriften des Verbraucherkreditrechts zu entsprechen. Bei ihm ist auch kein Widerrufsrecht gegeben (§ 495 BGB).

Dagegen wird regelmäßig ein Widerrufsrecht nach § 312 BGB vorliegen, da der Vertrag am „Arbeitsplatz" des Bankangestellten abgeschlossen wurde und damit ein Haustürgeschäft vorliegt. Auch der über die §§ 491 ff. BGB hinausgehende Verbraucherschutz ist dem Bankangestellten gegeben, insbesondere das Kündigungsrecht nach § 489 I, Nr. 2 BGB.

2.2 Parteien des Firmenkreditvertrags

2.2.1 Kreditnehmer

Kreditnehmer eines Firmenkredits ist ein Unternehmer im Sinne des § 14 BGB. Es kann dies sein:

- eine natürliche Person,
- eine juristische Person oder
- eine rechtsfähige Personengesellschaft.

Natürliche Personen sind der Einzelkaufmann, aber auch Einzelpersonen, die in Ausübung ihrer freiberuflichen Tätigkeit handeln, ohne gewerblich tätig zu sein wie der Rechtsanwalt, der Arzt, der Land- oder Forstwirt. Schließen sich mehrere Kaufleute oder Freiberuflicher zusammen, bilden sie Personengesellschaften, regelmäßig eine Gesellschaft bürgerlichen Rechts (GbR).

Juristische Personen sind solche mit eigener Rechtspersönlichkeit, wie die Gesellschaft mit beschränkter Haftung (GmbH), die Aktiengesellschaft (AG), die Stiftung, aber auch Anstalten und Körperschaften des öffentlichen Rechts.

- Beispiele für Anstalten des öffentlichen Rechts:
  - die öffentlich rechtlichen Rundfunkanstalten;
  - aus dem Kreditwesen:
  - die Bundesbank, die Landesbanken, die Sparkassen;
- Beispiele für Körperschaften des öffentlichen Rechts:
  - die Bundesrepublik,
  - die Bundesländer,
  - Landkreise, Gemeinden.

Eine rechtsfähige Personengesellschaft ist eine solche, die mit der Fähigkeit ausgestattet ist, Rechte zu erwerben und Verbindlichkeiten einzugehen. Es sind dies die Offene Handelsgesellschaft (OHG), die Kommanditgesellschaft (KG) und die GmbH & Co. KG, bei der persönlich haftender Gesellschafter eine GmbH ist. Nach der neueren Rechtsprechung gehört auch die GbR dazu. Auch den nicht rechtsfähigen Verein wird man dazu zählen müssen. Auf ihn finden kraft Gesetzes die Vorschriften der GbR entsprechende Anwendung (§ 54 BGB).

Da Verbraucher im Sinne des Gesetzes nur natürliche Personen sind, sind „Firmenkredite" ohne Verbraucherschutz stets solche, die einer juristischen Person gewährt werden oder einer rechtsfähigen Personengesellschaft, auch wenn diese nicht gewerblich tätig ist.

- Die Bank gewährt einer Gemeinde einen Kredit für eine neue Kläranlage.
- Sie gibt einem Fußballverein ein Darlehen für die Erstellung eines Clubhauses.
- Sie gibt den Kredit einer gemeinnützigen Stiftung zur Förderung des Stiftungszwecks.

Personenmehrheiten auf der Darlehensnehmerseite, die als solche nicht Träger besonderer Rechte und Pflichten sind, bleiben „natürliche Personen" im Sinne des § 13 BGB. Dies gilt insbesondere für Eheleute. Bei ihnen ist stets zu prüfen, ob sie nicht eine Gesellschaft bürgerlichen Rechts bilden, indem sie sich unabhängig von der Ehe zur Verfolgung eines besonderen gesellschaftsrechtlichen Zwecks zusammengeschlossen haben. Die Unterscheidung ist oft schwierig.

Beispiel   *Eheleute Meyer haben einen Bankkredit aufgenommen, um ihr Wohnhaus zu sanieren. Sie haben den Kredit aufgenommen, um ihr im gemeinsamen Eigentum stehendes Wohn- und Geschäftshaus neu einzudecken. Das Haus ist vollständig vermietet und dient ihrem Lebensunterhalt.*

Im ersten Fall ist ein Verbrauchdarlehen gegeben. Im zweiten Fall wird man differenzieren müssen. Die Rechtsprechung geht in solchen Fällen davon aus, dass zwischen den Eheleuten eine GbR besteht, wenn das Mietobjekt der gemeinsamen Unterhaltssicherung oder der Altersvorsorge dient. Soweit dies der Fall ist, käme der Verbraucherschutz nicht zur Anwendung.

Erschöpft sich jedoch die Ehegatten-GbR in der Verwaltung einer Immobilie, so bleibt nach der Rechtsprechung des BGH der Verbraucherschutz dann erhalten, wenn die Eheleute für die Verwaltung keinen kaufmännisch eingerichteten Geschäftsbetrieb benötigen, sie die anfallenden Arbeiten also ohne fremde Hilfe erledigen können.

Dies gilt auch für Gesellschaften bürgerlichen Rechts, in denen sich andere Personen zusammengeschlossen haben, wenn sich ihr Zweck in der Verwaltung von Immobilien erschöpft und vom Umfang her keinen kaufmännisch eingerichteten Geschäftsbetrieb benötigt.

Die Beispielsfälle zeigen, wie wichtig es ist, den Zweck des Kredits zu erfragen und vertraglich festzulegen. Bleiben Zweifel, wird man stets die strengeren Bestimmungen anwenden, also den Vertrag als Verbraucherkreditvertrag ausgestalten. Man nimmt dann aber auch in Kauf, dass der Kredit trotz der Zinsbindung kündbar ist (§ 489 I, Nr. 2 BGB).

2.2.2 Kreditgeber

Der Kreditgeber eines Firmenkredits, regelmäßig ein Kreditinstitut, ist stets Unternehmer im Sinne von § 14 BGB, ob er in der Form einer AG (Geschäftsbanken), einer eingetragenen Genossenschaft (Volksbanken) oder einer Anstalt des öffentlichen Rechts (Landesbanken, Sparkassen) organisiert ist.

Es ist nicht ungewöhnlich, dass auch auf der Kreditgeberseite mehrere juristische Personen auftreten. Dies geschieht bei hohen Krediten oder solchen mit ungewöhnlichen Risiken, wenn eine Bank allein das Risiko, das ausgegebene Geld auch wieder zurückzuerhalten, nicht allein tragen will. Solche Kredite werden als Konsortialkredite bezeichnet.

> Das Bankkonsortium, das den Kredit gewährt, stellt regelmäßig eine GbR dar, wobei die Rechtsbeziehungen untereinander (Geschäftsführung, Vertretung, Haftungsausgleich) entsprechend den jeweiligen Bedürfnissen geregelt werden. Treten die Banken gemeinsam als Kreditgeber auf, spricht man von Außenkonsortium. Tritt dagegen nur eine Bank nach außen auf, handelt diese aber zugleich im Innenverhältnis für die übrigen Banken, ist ein so genanntes Innenkonsortium gegeben.
>
> Konsortialkredite sind insbesondere bei Auslandsgeschäften von Bedeutung.

Festzuhalten ist, dass Firmenkredite stets Kredite sind, die ein (oder mehrere) Unternehmer einem anderen Unternehmer gewährt.

2.3 Zweck des Kredits

Wie ausgeführt, muss beim Firmenkredit zu der persönlichen eine sachliche Komponente kommen. Der Kredit muss der gewerblichen oder selbstständigen beruflichen Tätigkeit des Unternehmers dienen (§ 14 BGB). Damit kann ein und dieselbe Person je nach dem Zweck, dem der Kredit dient, Unternehmer oder Verbraucher sein.

- Kaufmann Meyer nimmt einen Bankkredit auf, um sein Privathaus zu renovieren.
- Der Kredit dient der Renovierung seines Geschäftshauses.

Im ersten Fall liegt ein Verbraucherdarlehen vor, kommt also der Verbraucherschutz zum Tragen. Im zweiten Fall handelt es sich dagegen um einen Firmenkredit.

2.3.1 Unterschiedliche Zwecke

Probleme ergeben sich, wenn der Kredit sowohl geschäftlichen als auch privaten Zwecken dient.

Beispiel *Gastwirt Meyer nimmt den Kredit auf, um sein Haus zu renovieren, in dem er seine Gaststätte unterhält, aber auch zugleich wohnt.*

Beispiel *Rechtsanwalt Müller nimmt ein Darlehen auf, zur Anschaffung eines Pkw, den er beruflich, aber auch privat nutzt.*

Dient ein Kredit sowohl geschäftlichen als auch privaten Zwecken, ist gesetzlich nicht geregelt, ob die Regelungen über den Verbraucherschutz Anwendung finden. Aufgrund der neuen Gesetzeslage, die durch das zum 01.01.2002 in Kraft getretene Schuldrechtsmodernisierungsgesetz (SchuldRModG) gegeben ist, fehlt hierzu auch noch eine gesicherte Rechtsprechung. Es könnte daran gedacht werden, den Verbraucherschutz dann zurücktreten zu lassen, wenn die gewerblich – freiberuflichen Zwecke überwiegen.

Solange solche Fragen nicht geklärt sind, wird man in Zweifelsfällen den Vertrag als Verbraucherdarlehensvertrag gestalten müssen, will man die Kreditgewährung nicht gefährden.

2.3.2 Mehrere Kreditnehmer

Vorsicht ist geboten, wenn sich bei einem Firmenkredit noch eine weitere Person mitverpflichtet.

Beispiel *Firma Meyer GmbH benötigt einen Firmenkredit. Die Bank ist nur dann bereit, einen solchen zu gewähren, wenn sich Meyer, Geschäftsführer und Alleingesellschafter der GmbH, mitverpflichtet.*

Soweit sich ein Geschäftsführer einer GmbH für einen dieser gewährten Kredite mitverpflichtet, ist er „Verbraucher". Der Kredit dient nicht seinen gewerblichen Zwecken, sondern denen der GmbH. Er ist über sein Widerrufsrecht zu belehren und kann, wenn dies nicht geschieht, seine Mithaftungserklärung auch später noch widerrufen.

Wirtschaftlich betrachtet mag zwar der einer GmbH gewährte Kredit auch der gewerblichen Tätigkeit des Geschäftsführers und Alleingesellschafters dienen. Die wirtschaftliche Betrachtungsweise versagt jedoch regelmäßig, wenn es um Schutzvorschriften geht.

Die Rechtsprechung wendet den Verbraucherschutz auf den mithaftenden Geschäftsführer auch dann an, wenn er zugleich Alleingesellschafter der GmbH ist.

Probleme können sich hier insbesondere beim Haustürwiderrufsrecht ergeben.

Beispiel   *Meyer, Geschäftsführer der Firma Meyer GmbH, bittet den Kreditsachbearbeiter der Bank in die Firma wegen des Abschlusses eines Kreditvertrags über 50.000 Euro. Es kommt zum Abschluss eines entsprechenden Vertrags, wobei sich Meyer gemäß dem Wunsch der Bank mitverpflichtet.*

Beispiel   *Müller bittet den Kreditsachbearbeiter zu sich nach Hause, um einen Kreditvertrag über 50.000 Euro zur Sanierung seines überwiegend geschäftlich genutzten Hauses abzuschließen. Frau Müller ist anwesend und verpflichtet sich im Vertrag mit.*

Eine vorherige Bestellung, die das Haustürwiderrufsrecht ausschließt (§ 312 III Nr. 1 BGB), liegt im ersten Fall nur für die GmbH vor, wenn nicht bereits beim Anruf des Geschäftsführers klargestellt wurde, dass er sich mit verpflichten muss. Ist dies nicht der Fall, kann sich die Bank bezüglich der Mithaftung des Geschäftsführers nicht auf eine vorherige Bestellung berufen.

Ähnlich ist die Rechtslage im zweiten Beispielsfall, wo die Einbestellung des Sachbearbeiters nur durch den Ehemann erfolgte.

Konsequenz ist, dass der Geschäftsführer selber beziehungsweise im zweiten Fall die Ehefrau von ihrem Widerrufsrecht Gebrauch machen können.

Ist der Mithaftende nicht (ordnungsgemäß) über sein Widerrufsrecht belehrt worden, bleibt es zeitlich unbefristet bestehen (§ 355 III 3 BGB, zu Altfällen siehe Art. 229 § 8 EGBGB).

2.4   Existenzgründungskredite

2.4.1   Wirtschaftliche Bedeutung

Die Finanzierung von Existenzgründungen ist von erheblicher wirtschaftlicher Bedeutung. Ohne die Unterstützung der Kreditinstitute wird kaum die Gründung eines gewerblichen Unternehmens oder einer eigenen Praxis möglich sein. Gerade in der Gründungsphase besteht hoher Investitionsbedarf, dem noch keine entsprechenden Einkünfte gegenüberstehen.

Beispiel *Meyer will ein Geschäft eröffnen und benötigt einen Kredit, um das Geschäftslokal einzurichten.*

Beispiel *Müller will sich als Arzt niederlassen und nimmt einen Kredit auf zur Anschaffung benötigter Geräte und zur Herrichtung und Möblierung der Praxisräume.*

Die Finanzierung des Aufbaus eines Unternehmens stellt für Banken eine besondere Herausforderung dar. Fehlt es doch an verlässlichen Zahlen über Umsätze und Kosten. Regelmäßig fehlt es auch an Kreditsicherheiten. Selten ist das Vertrauen in die Person des Kreditnehmers und in seine Tüchtigkeit so entscheidend wie bei Existenzgründungsdarlehen.

2.4.2 Existenzgründungskredite und Verbraucherschutz

Ein Firmenkredit liegt vor, wenn der Kreditvertrag in Ausübung einer gewerblichen oder selbstständigen beruflichen Tätigkeit abgeschlossen wird (§ 14 BGB). Danach würden Existenzgründungsdarlehen nicht darunter fallen, da sie eine solche Tätigkeit lediglich vorbereiten.

Andererseits werden im Handelsrecht auch die Geschäftätigkeit lediglich vorbereitende Rechtsgeschäfte wie Anmietung von Räumen, Abschluss von Kauf-, Leasing- und Darlehensverträgen dem Handelsgeschäft bereits zugerechnet (§ 343 HGB).

Der Gesetzgeber hat die Frage der Anwendbarkeit des Verbraucherschutzes auf Existenzgründungsdarlehen dahin gelöst, dass er die Regelungen über den Verbraucherkredit in §§ 491 ff. BGB auf solche Darlehen grundsätzlich Anwendung finden lässt (§ 507 BGB).

Dem Existenzgründer, der oft aus Anstellungsverhältnissen kommend den Schritt in die Selbstständigkeit wagt, fehlt es noch an der gewerblich freiberuflichen Professionalität, er muss sich eine solche erst noch erwerben. Damit erscheint er dem Gesetzgeber ebenso schützenswert wie ein Verbraucher. An mit ihm abgeschlossenen Kreditverträgen sollen daher die gleichen Anforderungen gestellt werden wie bei Verbraucherkrediten.

Eine Ausnahme hiervon macht der Gesetzgeber für Großkredite. Auf Darlehen, die die Nettokreditsumme von 50.000 Euro übersteigen, finden die Regeln über den Verbraucherkredit keine Anwendung (§ 507 BGB).

Bei Krediten ab dieser Größe unterstellt das Gesetz, dass der Kreditnehmer über eine gewisse Professionalität verfügt, also nicht mehr so schützenswert ist. Großkredite werden zumeist erfahrenen Kaufleuten, etwa zur Gründung von Tochtergesellschaften, gewährt.

Solche absolute Grenzen erscheinen im Einzelfall stets fragwürdig, sind aber aus Gründen der Rechtssicherheit geboten. Die Voraussetzungen für die Anwendung von Gesetzen müssen klar und eindeutig sein und können nicht erst in jedem Einzelfall aufwendig festgestellt werden.

2.4.3 Abgrenzungsfragen

Die Vorschrift des § 507 BGB wirft für die Bankpraxis Anwendungsprobleme auf. Dies ist etwa der Fall, wenn nicht ein einheitlicher Kredit gewährt wird.

Werden von der Bank mit dem Existenzgründer mehrere Kreditverträge geschlossen, wird man die einzelnen Kreditsummen zusammenrechnen können, soweit die Verträge in der Existenzgründungsphase geschlossen wurden. Kommt man auf einen Betrag von über 50.000 Euro, dürfte das Verbraucherkreditrecht keine Anwendung finden.

Problematisch erscheint dies dann, wenn sich in solchen Fällen erst im Nachhinein Nachfinanzierungsbedarf stellt, wenn also die Gesamtsumme der gewährten Kredite nicht von vornherein feststeht. Da es auf die Voraussetzungen bei Vertragsschluss ankommt, wird man in einem solchen Fall lediglich die Kredite vom Verbraucherschutz ausschließen können, bei denen die Gesamtkreditsumme den gesetzlichen festgelegten Betrag von 50.000 Euro übersteigen. Auf die zunächst abgeschlossene Kreditverträge bleibt der Verbraucherschutz anwendbar.

Nicht maßgebend dürfte sein, wie der Kredit ausbezahlt wird. Läuft der Kredit auf eine Nettosumme von über 50.000 Euro, findet der Verbraucherschutz auch dann keine Anwendung, wenn die Summe in mehreren Tranchen ausbezahlt wird.

Ähnliche Probleme stellen sich, wenn der Kunde bereits eine (gescheiterte) Existenzgründung hinter sich hat. Auch hier stellt sich die Frage, ob er beim zweiten Versuch noch schützenswert ist. Der BGH wendet auch bei mehreren aufeinanderfolgenden Existenzgründungen jeweils wieder den Verbraucherschutz an.

Sind die Kredite von verschiedenen Banken gewährt worden, wird sich eine Zusammenrechnung generell verbieten.

Die Bank muss den Nachweis erbringen, dass auf einen Kreditvertrag der Verbraucherschutz keine Anwendung findet. Aus diesem Grund sollten im Zweifelsfall Verträge stets als Verbraucherkreditverträge gestaltet werden.

2.4.4 Dauer der Existenzgründungsphase

Ein Firmenkredit liegt dann vor, wenn die gewerbliche oder freiberufliche Tätigkeit bei Kreditaufnahme bereits ausgeübt wird. Diese Voraussetzung ist mit Öffnung des Geschäfts oder der Praxis gegeben, auf jeden Fall mit dem Abschluss des ersten, dem Gewerbe oder der freiberuflichen Tätigkeit entsprechenden Geschäfts.

Bei vielen Handelsgeschäften ist für Außenstehende, auch für die Bank, nicht erkennbar, ob die Erwerbstätigkeit noch vorbereitet wird oder bereits aufgenommen wurde.

Im Hinblick auf die dargelegten Abgrenzungsprobleme sollte beim Abschluss von Kreditverträgen mit Existenzgründern stets nachgefragt werden, ob die Geschäftstätigkeit bereits aufgenommen wurde. Gegebenenfalls sollte dies im Vertrag vermerkt werden. Der Kunde ist an seiner Erklärung festzuhalten und wäre bei unzutreffenden Angaben nicht mehr schützenswert.

2.4.5 Anwendung des Verbraucherschutzes im übrigen

Das Gesetz erklärt lediglich, dass die aus dem Verbraucherkreditgesetz (VerbrKrG) ins BGB übernommenen Bestimmungen auf Existenzgründungsdarlehen anwendbar sind (§§ 491 bis 506 BGB, vgl. § 507 BGB). Daraus ist zu schließen, dass das in § 489 I, Ziff. 2 BGB enthaltene Verbraucherkündigungsrecht auf Existenzgründungsdarlehen keine Anwendung findet. Kredite, die Existenzgründern gewährt werden, sind für die Dauer der Zinsbindung verbindlich.

Ungeklärt ist, ob dies auch für andere Verbraucherschutzvorschriften gilt, etwa dem Haustürwiderrufsrecht (§ 312 BGB).

Beispiel *Meyer wird unbestellt vom Kreditsachbearbeiter der Bank zu Hause aufgesucht, wobei es zum Abschluss eines Kreditvertrags über 30.000 Euro zum Zweck der Eröffnung eines von Meyer beabsichtigten Internethandels kommt.*

Geht man davon aus, dass Kredite nur dann nicht dem Verbraucherschutz unterliegen, wenn sie für eine bereits ausgeübte gewerbliche oder freiberufliche Tätigkeit gewährt werden, nicht aber auf solche, die die Tätigkeit lediglich vorbereiten, muss man konsequenterweise den Verbraucherschutz anwenden. Der Kunde wäre also im Beispielsfall über sein Haustürwiderrufsrecht zu belehren.

Bis solche Fragen durch die Rechtsprechung eindeutig geklärt sind, ist auch hier im Zweifel stets der Verbraucherschutz anzuwenden.

2.5 Zusammenfassung

Ein Firmenkredit ist ein Kredit, den ein Unternehmer, regelmäßig ein Kreditinstitut, einem anderen Unternehmer gewährt, wenn dieser den Kreditvertrag in Ausübung seiner gewerblichen oder selbstständigen beruflichen Tätigkeit abschließt.

Unternehmer als Kreditnehmer kann eine natürliche Person oder eine juristische Person oder aber eine rechtsfähige Personengesellschaft sein. Eine rechtsfähige Personengesellschaft ist gegeben, wenn diese die Fähigkeit hat, Rechte zu erwerben und Verbindlichkeiten einzugehen.

Ist der Kreditnehmer eine natürliche Person, ist stets abzuklären, ob der Kredit nicht (auch) privaten Zwecken dient und damit der Verbraucherschutz anwendbar ist. Die gleiche Problematik ist gegeben, wenn sich eine weitere natürliche Person mitverpflichtet und der Kredit nicht unmittelbar deren gewerblichen oder freiberuflichen Zwecken dient.

Im Zweifelsfall muss der Kreditgeber nachweisen, dass der Verbraucherschutz keine Anwendung findet.

Wird das Darlehen gewährt für eine noch aufzunehmende gewerbliche oder freiberufliche Tätigkeit (so genanntes Existenzgründungsdarlehen), wird man den Verbraucherschutz grundsätzlich anwenden müssen.

Dies gilt jedoch nicht für Kredite mit einer Nettokreditsumme von über 50.000 Euro für die Regelungen zum Verbraucherkreditvertrag (§§ 491 ff. BGB).

Dagegen bleiben Existenzgründungsdarlehen für die Zeit der Zinsbindung unkündbar.

Ob auf Existenzgründungsdarlehen der Verbraucherschutz im übrigen Anwendung findet, ist gesetzlich nicht geklärt. Solange sich hierzu keine eindeutige Rechtsprechung gebildet hat, wird man, etwa beim Haustürwiderrufsrecht, im Zweifelsfall den Vertrag entsprechend den Verbraucherschutzbestimmungen gestalten müssen.

3. Zustandekommen des Firmenkreditvertrags

3.1 Vertragsschluss beim Darlehensvertrag

Ein Darlehensvertrag kommt, wie jeder andere Vertrag auch, durch zwei Willenserklärungen zustande,

- dem Angebot zum Abschluss des Vertrags und
- der Annahme des Angebots (§§ 145 ff. BGB).

3.1.1 Korrespondierende Willenserklärungen

Dabei kommt es nur dann zu einer Einigung, wenn beide Willenserklärungen miteinander korrespondieren, also deckungsgleich sind.

Beispiel *Der Neffe ruft bei seinem Onkel an und bittet ihn um ein Darlehen von 50.000 Euro. Der schwerhörige Onkel versteht 5.000 Euro und erklärt, sich die Sache überlegen zu wollen. Kurz darauf schreibt er dem Neffen, dass er bereit sei, ihm das gewünschte Darlehen von 5.000 Euro zu gewähren.*

Die Bitte des Neffen ist rechtlich als Angebot zum Abschluss eines Darlehensvertrags zu werten, das Schreiben des Onkels als dessen Annahme. Beide Erklärungen passen aber nicht zusammen, sodass der Darlehensvertrag nicht zustande gekommen ist, auch kein Vertrag über 5.000 Euro.

3.1.2 Offener Einigungsmangel

Ein Vertrag ist solange nicht zustande gekommen, wie man sich nicht über alle Punkte geeinigt hat, über die auch nur einer der Vertragspartner eine Einigung für erforderlich hält (§ 154 BGB), ob sie nun objektiv als bedeutsam anzusehen sind oder nicht.

Onkel und Neffe haben sich über die Höhe des Darlehens geeinigt, auch über dessen Laufzeit und die Höhe der zu zahlenden Zinsen. Der Neffe möchte die Zinsen bei Darlehensrückzahlung entrichten, der Onkel wünscht jedoch monatliche Zinszahlungen.

Können sich die Parteien über diesen Punkt nicht einigen, kommt ein Darlehensvertrag nicht zustande.

3.1.3 Versteckter Einigungsmangel

Oft wird den Vertragspartnern gar nicht bewusst, dass klärungsbedürftige Punkte ungeklärt blieben.

Onkel und Neffe sind sich über Höhe und Laufzeit des Darlehens einig und auch über die Höhe der zu zahlenden Zinsen. Sie versäumen aber, festzulegen, wann die Zinsen zu zahlen sind. Das Darlehen kommt zur Auszahlung. Der Onkel verlangt monatliche Zinszahlung, der Neffe will die Zinsen erst bei Darlehensrückzahlung entrichten.

Hier kommt ein Vertrag zustande, wenn anzunehmen ist, dass von beiden eine Bindung auch ohne Einigung über diesen Punkt gewollt war. Solches ist aus den Absprachen der Parteien und den Umständen der Darlehensgewährung zu ermitteln (§§ 133, 157 BGB).

Im Zweifelsfall wird man einen Vertrag an diesem Punkt nicht scheitern lassen. Wäre er von einem der Vertragspartner für wichtig gehalten worden, hätte er ihn wohl zur Sprache gebracht. Entsprechend der gesetzlichen Regelung wird man daher davon ausgehen, dass Zinsen zum Jahresende zu zahlen sind, bei kürzerer Laufzeit des Darlehens bei Rückzahlung (§ 488 II BGB).

3.2 Schriftform

Für den Abschluss eines Darlehensvertrags ist gesetzlich eine besondere Form nicht vorgesehen. Auch ein mündlich abgeschlossener Darlehensvertrag ist bindend, verpflichtet also den Darlehensgeber, den Betrag zur Verfügung zu stellen und den Darlehensnehmer, ihn zur vereinbarten Zeit oder in den vereinbarten Raten zurück zu gewähren (§ 488 I BGB).

Dies gilt uneingeschränkt für Firmenkredite, also für Kredite, die eine Bank einem Unternehmer für dessen gewerbliche oder freiberufliche Zwecke überlässt.

3.2.1 Gesetzliche Schriftform

Eine Ausnahme bilden, wie bereits dargetan, Verbraucherkredite. Bei ihnen ist die Schriftform gesetzlich vorgeschrieben. Eine ohne (vollständige) Wahrung der Schriftform abgeschlossener Verbraucherkreditvertrag ist nichtig. Solange der Kredit nicht ausbezahlt ist, kann sich der Kunde auf die Nichtigkeit berufen (vgl. 2.1.2.1).

> Grundsätzlich kann sich auch die Bank als Kreditgeberin auf die Nichtigkeit des nicht vollständig schriftlich niedergelegten Kreditvertrags berufen. Hat sie es aber, wie regelmäßig, zu vertreten, dass die Form nicht ordnungsgemäß gewahrt ist, indem etwa Teile des vorformulierten Darlehensvertrags nicht ausgefüllt wurden, dürfte oft ein widersprüchliches Verhalten der Bank vorliegen, wenn sie ihr Versäumnis zum Anlass nimmt, den Vertrag in Frage zu stellen. Der Bank sind mithin bei der Berufung auf die fehlende Schriftform Grenzen gesetzt.

Ist der Kredit ausbezahlt, ist der Formmangel geheilt (§ 494 II BGB).

3.2.2 Gewillkürte Schriftform

Formvorschriften bei Verträgen haben regelmäßig eine Schutzfunktion für die Vertragspartner, um diese vor unüberlegtem Handeln zu bewahren.

> Aus diesem Grund bedarf die Verfügung über Grundbesitz als eines besonders wertvollen Rechtsguts der notariellen Beurkundung (§ 311 b I BGB). Das Gleiche gilt, soweit jemand über sein Vermögen im Ganzen oder über einen Bruchteil seines Vermögens verfügt (§ 311 b II BGB) oder eine Verfügung über seinen künftigen Erbteil oder Pflichtteil trifft (§ 311 b V BGB).
>
> Dieser Schutzfunktion dient auch die zu wahrende Schriftform beim Verbraucherkreditvertrag.

Darüber hinaus hat die Schriftform aber auch die Funktion eines besseren Nachweises dessen, was die Parteien vereinbart haben. Gerade ein Kreditinstitut, das dem Kunden sein Geld anvertraut, möchte die Bedingungen festlegen, unter denen dies geschieht.

> Das sind keineswegs nur die Kreditbedingungen selbst, wie Höhe und Laufzeit des Kredits, Zeitpunkt und Art und Weise der Rückzahlung, Zinsen und deren Fälligkeit. Auch die Bedingung, unter denen die Kreditgewährung erfolgt, sind dazu zu rechnen, etwa die zu stellenden Sicherheiten. Dazu gehört insbesondere aber auch der Bereich der Leistungsstörungen, also dessen, was gilt, wann der Kunde seinen Verpflichtungen aus dem Vertrag nicht mehr ordnungsgemäß nachkommt. All dies kann sinnvoll nur schriftlich festgelegt werden.

Kreditverträge von Banken werden daher grundsätzlich schriftlich abgeschlossen. Dabei wird die Schriftform unter den Vertragspartnern regelmäßig vertraglich vereinbart, indem festgelegt wird, dass nur das gilt, was schriftlich fixiert ist, mündliche Nebenabreden, also nicht getroffen sind und auch unwirksam wären und dass auch künftige Vertragsänderungen oder -ergänzungen zu ihrer Wirksamkeit der Schriftform bedürfen. Ein solches dient der Rechtssicherheit und Rechtsklarheit, indem von vornherein dem Einwand begegnet wird, es sei eigentlich etwas anderes vereinbart worden.

Man spricht hier – im Gegensatz zur gesetzlichen Schriftform – von einer gewillkürten (vereinbarten) Schriftform. Auf sie sind die Regelungen über die gesetzliche Schriftform grundsätzlich anwendbar (§ 127, 126 BGB), auch mit der Folge der Nichtigkeit des nicht schriftlich Niedergelegten.

> Dies bedeutet aber nicht, dass das, was lediglich mündlich vereinbart ist, ohne Bedeutung wäre. Kann etwa der Kunde in einem Rechtsstreit nachweisen, dass mündliche Nebenabreden getroffen wurden, die nicht in den Kreditvertrag aufgenommen wurden, so kann gerade die Nichtigkeit dieser Absprachen die Wirksamkeit des Kreditvertrags insgesamt in Frage stellen (§ 139 BGB). Aus diesem Grund wird im Kreditvertrag regelmäßig vereinbart, dass die Unwirksamkeit einzelner vertraglicher Regelungen nicht die Nichtigkeit des Vertrags insgesamt zur Folge hat.

Gegenüber der gesetzlich vorgeschriebenen Schriftform weist das vereinbarte Schriftformerfordernis aber einige Besonderheiten auf. So bedarf ihre Wahrung nicht notwendig der Unterzeichnung durch die Vertragspartner in der selben Urkunde. Sie kann auch im „Briefwechsel" erfolgen und ist auch bei telegrafischer Übermittlung gewahrt.

Beispiel *Der Kunde weilt im Ausland. Ihm wird von der Bank ein Kreditangebot schriftlich übermittelt. Er faxt zurück, dass er das Angebot annehme.*

Auch hier ist ein wirksamer Kreditvertrag unter Wahrung der Schriftform zustande gekommen.

3.3 Zeitpunkt des Vertragsschlusses

Stets ist sorgfältig zu prüfen, wann der Kreditvertrag zustande gekommen ist, welcher der Vertragspartner das Angebot zum Abschluss des Vertrags abgegeben hat und wer es angenommen hat. Erst mit der Annahme tritt die vertragliche Bindungswirkung ein.

Beispiel *Der Mitarbeiter der Bank ist sich mit dem Kunden einig geworden. Er füllt das Vertragsformular absprachegemäß aus und überlässt es von der Bank noch nicht unterzeichnet dem Kunden. Der Kunde reicht es einige Tage später unterschrieben zurück.*

Die Überlassung des ausgefüllten, aber von der Bank noch nicht unterzeichneten Vertragsformulars stellt lediglich eine Vorbereitungshandlung zum Abschluss des Kreditvertrags dar. Das Angebot zum Abschluss des Vertrags erfolgt im Beispielsfall durch den Kunden. Es wird angenommen, indem die Bank dem Kunden ein ihrerseits unterschriebenes Exemplar zukommen lässt. Solange dies nicht geschehen ist, kann die Bank von der Kreditgewährung noch Abstand nehmen.

3.3.1 Zugangserfordernis

Angebot und Annahme stellen empfangsbedürftige Willenserklärungen dar. Wirksam werden sie erst, wenn sie dem anderen übermittelt werden. Geschieht dies per Post, werden sie mit ihrem Zugang wirksam, wenn also der Postbote den Brief in den Briefkasten des Kunden wirft. Auf dessen Kenntnisnahme kommt es nicht entscheidend an (vgl. 6.4).

Wird dagegen eine Willenserklärung unter Anwesenden abgegeben, wird sie sofort wirksam, etwa indem der Kreditvertrag beiderseits unterschrieben wird. Eines besonderen Zugangs bedarf es hier nicht.

Bis zum Zugang kann die Erklärung widerrufen werden (§ 130 BGB).

Ist Schriftform nicht vereinbart, kann die Annahme aber auch konkludent, also stillschweigend erfolgen, etwa indem der Kreditbetrag überwiesen wird (§ 151 BGB).

Ist die Annahme uneingeschränkt erklärt, ist der Kreditvertrag für beide Seiten verbindlich. Die Bank ist verpflichtet, den Kredit auszuzahlen, der Kunde ihn abzunehmen.

3.3.2 Annahme unter Änderung

Dagegen ist eine Annahme eines Angebots unter Änderung der Bedingungen als neues Angebot anzusehen, da es seinerseits der Annahme bedarf (§ 150 BGB).

Beispiel *Der Kunde hat sich von seiner Hausbank ein schriftliches Angebot zum Abschluss eines Kreditvertrags geben lassen. Er stellt fest, dass ein anderes Kreditinstitut einen günstigeren Zinssatz gewährt. Er nimmt das Angebot der Hausbank an mit der Maßgabe, dass der Zinssatz des Konkurrenzangebots gelten soll.*

Da die Annahme zu geänderten Bedingungen als neues Angebot zu werten ist, das diesmal seitens des Kunden erfolgt, ist die Bank im Beispielsfall frei, ob sie auf die geänderten Bedingungen eingeht oder nicht.

3.3.3 Bedingter Vertragsschluss

Oft wird ein Kreditvertrag von Bedingungen abhängig gemacht. Dabei ist zu unterscheiden zwischen aufschiebenden und auflösenden Bedingungen.

3.3.3.1 Aufschiebende Bedingung

Bei aufschiebenden Bedingungen wird das Zustandekommen des Kreditvertrags von der Erfüllung bestimmter Voraussetzungen abhängig gemacht.

Beispiel   *Die Bank hat mit dem Kunden einen Kreditvertrag abgeschlossen. Unter „Besondere Vereinbarungen" ist vermerkt: „Die Gewährung des Kredits wird davon abhängig gemacht, dass der Kreditnehmer die selbstschuldnerische Bürgschaft seiner Ehefrau beibringt." Dem Kunden wird ein entsprechend ausgefülltes Bürgschaftsformular mitgegeben. Die Ehefrau weigert sich, die Bürgschaftsurkunde zu unterschreiben, wovon der Kunde die Bank in Kenntnis setzt.*

Wird die Bedingung nicht erfüllt, ist der Kreditvertrag hinfällig (§ 158 I BGB).

Hatte sich der Kunde der Bank gegenüber verpflichtet, den Bedingungseintritt herbeizuführen, kann er ihr gegenüber zum Schadenersatz verpflichtet sein.

3.3.3.2 Auflösende Bedingung

Anders wirken auflösende Bedingungen. Bei ihnen ist der Kreditvertrag unbedingt geschlossen. Er findet unter bestimmten Umständen vorzeitig sein Ende.

Beispiel   *Die Bank hat dem Kunden einen Realkredit gewährt. Unter „Besondere Vereinbarungen" ist vermerkt: „Der Kredit ist bei Veräußerung des Grundstücks sofort zur Rückzahlung fällig."*

Verkauft der Kunde im Beispielsfall die belastete Immobilie, ist der Kreditvertrag beendet, ohne dass es einer Kündigung bedarf.

3.4 Stellvertretung

Die Stellvertretung ist im Rechtsleben von außerordentlicher Bedeutung. Nur durch die Übertragung von Verantwortung an Mitarbeiter und Dritte kann ein größeres Unternehmen im Wirtschaftsleben sinnvoll agieren. Dies gilt auch für Kreditinstitute und ihre Firmenkunden.

Stellvertretung kommt im Rechtsleben in zweifacher Weise vor,

- als Vertretung in der Erfüllung und
- als Vertretung im Willen.

3.4.1 Erfüllungsgehilfen

Nach dem Gesetz hat man für ein Verschulden von Personen, derer man sich zur Erfüllung seiner Verbindlichkeiten bedient, im gleichen Umfang einzustehen, wie für eigenes Verschulden (§§ 278, 276 BGB).

Beispiel *Der Kunde Meyer gibt dem Sachbearbeiter Müller der Bank Order, Wertpapiere aus seinem Depot zu verkaufen. Müller versäumt dies, wodurch Meyer einen Kursverlust erleidet.*

Der Kunde kann im Beispielsfall die Bank auf Ersatz des ihm durch den Kursverlust entstandenen Schadens in Anspruch nehmen.

Die Haftung kann zwar vertraglich eingeschränkt und sogar ganz abbedungen werden (§§ 278 Satz 2, 276 III BGB). Geschieht dies aber wie regelmäßig in vorformulierten Verträgen oder in Allgemeinen Geschäftsbedingungen, unterliegt eine solche Haftungsfreizeichnung stets der Inhaltskontrolle nach § 307 BGB. Die Freizeichnung wäre unwirksam, da sie im Widerspruch zu dem in § 278 BGB enthaltenen gesetzlichen Leitbild steht, wonach man für Hilfspersonen einzustehen hat und wäre damit nichtig.

Die Inhaltskontrolle nach § 307 BGB findet auch bei Verträgen zwischen Unternehmern statt, also auch bei Firmenkrediten.

3.4.2 Rechtsgeschäftliche Stellvertretung

Für das Kreditgeschäft bedeutsamer ist die Vertretung, wie sie bei Anbahnung und Abschluss von Kreditverträgen stattfindet.

Auch das Firmenkreditgeschäft ist Teil des modernen Massengeschäfts. Nicht jeder Firmenkredit kann vom Vorstand der Bank selbst ausgehandelt werden. Von einem Großteil der Kredite hat er nicht einmal Kenntnis.

Eine Multiplikation im rechtsgeschäftlichen Willen erfolgt dadurch, dass der Vorstand oder von ihm dazu befugte Personen Vollmachten erteilen. Die Kreditvollmachten können, je nach Stellung des Mitarbeiters, unterschiedlich weit gehen und sind regelmäßig nach oben begrenzt, etwa an der Höhe des zu gewährenden Einzelkredits orientiert. Zur Absicherung der Bank bestehen zudem Gesamtvertretungsbefugnisse, indem mehrere Mitarbeiter nur gemeinsam handeln dürfen. Für Geschäfte mit einem bestimmten wirtschaftlichen Gewicht, behält sich der Vorstand die Genehmigung vor.

> Auch die Befugnisse einzelner Vorstandsmitglieder sind keinesfalls unbegrenzt. Liegt ein mehrgliedriger Vorstand vor, gilt im Bankrecht das Vier-Augen-Prinzip, indem die Bank von zwei Vorstandsmitgliedern gemeinsam (oder von einem Vorstandsmitglied und einem Prokuristen) vertreten wird, also Gesamtvertretungsbefugnis besteht. Dies stellt auch an das Vorstandsmitglied erhöhte Anforderungen, das nach der internen Aufgabenverteilung für das Kreditgeschäft nicht zuständig ist.
>
> Manche Geschäfte sind wegen ihrer Bedeutung der Entscheidung des Gesamtvorstandes oder des Vorstandes zusammen mit dem Aufsichtsrat vorbehalten.
>
> Solche Akte der Selbstbindung sind von erheblicher, auch haftungsrechtlicher Bedeutung.

Eine besondere Form der Handlungsvollmacht stellt die Prokura dar. Bei ihr ist der Umfang der Vollmacht gesetzlich festgelegt. Sie ermächtigt zu allen Arten von gerichtlichen und außergerichtlichen Geschäften und Rechtshandlungen, die der Betrieb eines Handelsgewerbes mit sich bringt, mit Ausschluss der Veräußerung und Belastung von Grundstücken, wenn nichts anderes vereinbart ist (§ 49 HGB). Sie ist Dritten gegenüber nicht einschränkbar und zur Eintragung im Handelsregister anzumelden, sodass sich jeder von der Befugnis seines Vertragspartners durch Einsichtnahme ins Handelsregister überzeugen kann (§§ 50 ff. HGB).

Bei der Stellvertretung ist stets zu unterscheiden zwischen dem Innenverhältnis, also dem Verhältnis des Handelnden zur Bank und dem Außenverhältnis, der Beziehung des Handelnden zum Kunden. Für den Kunden ist nicht erkennbar, wie weit die Befugnisse seines Verhandlungspartners gehen. Er wird sich darauf verlassen, dass der Mitarbeiter, mit dem er einen Kredit aushandelt und abschließt, dazu auch berechtigt ist. Insoweit kommen ihm die Grundsätze der Anscheinsvollmacht zugute.

Dies hat zur Folge, dass die Bank auch an einen Kreditvertrag gebunden ist, den ein Mitarbeiter unter Überschreitung seiner Kompetenzen schließt. Etwas anderes gilt nur dann, wenn dem Kunden bekannt war, dass der Mitarbeiter seine Befugnisse überschreitet.

> Auch die Prokura, deren Umfang gesetzlich geregelt ist, wird regelmäßig im Innenverhältnis begrenzt. Oft dient sie nur dazu, einen Mitarbeiter im Rechtsverkehr aufzuwerten. Wie in anderen Fällen der Stellvertretung sind im Verhältnis zum Arbeitgeber die internen Absprachen maßgebend, während im Verhältnis zum Kunden ein im Rahmen der Prokura abgeschlossenes Rechtsgeschäft stets verbindlich ist.

Die Überschreitung von Vollmachten im Rechtsverkehr kann für den betreffenden Mitarbeiter erhebliche Konsequenzen haben.

Beispiel *Müller, als freier Handelsvertreter für eine Bausparkasse tätig, schließt im Namen von dieser mit dem Kunden Meyer einen Bausparvertrag ab, ohne hierzu bevollmächtigt zu sein. Die Bausparkasse will den Vertrag nicht anerkennen.*

Handelt ein Vertreter ohne die erforderliche Vertretungsmacht, ist das Rechtsgeschäft von der Genehmigung des vertretenen, im Beispielsfall also der Bank, abhängig. Wird die Genehmigung versagt, kommt ein Kreditvertrag mit der Bank nicht zustande. Der so geprellte Kunde kann sich aber an den vollmachtslosen Vertreter halten und diesen nach seiner Wahl auf Erfüllung (was bei einem Kreditvertrag ausscheiden dürfte) oder auf Schadenersatz in Anspruch nehmen (§ 179 I BGB). Der Kunde kann also den Kredit bei einer Bank aufnehmen und eine Zinsdifferenz dem unredlichen Vertreter gegenüber geltend machen.

Dies gilt allerdings nicht, wenn der Kunde wusste oder bei einiger Sorgfalt hätte wissen müssen, dass sein Vertragspartner keine Vollmacht hatte.

> Im obigen Beispiel liegt dies nahe, wenn der Kunde wusste, dass sein Verhandlungspartner als freier Mitarbeiter der Bausparkasse tätig war. Regelmäßig sind freie Mitarbeiter lediglich als Vermittlungsvertreter tätig, haben also keine Abschlussvollmacht. Das Kreditinstitut behält sich die Entscheidung vor, ob es den Vertrag abschließt oder nicht.

Wie bereits ausgeführt, kann darüber hinaus ein Vertragsschluss zwischen Bank und Kunde auch nach den Grundsätzen der Anscheinsvollmacht zustande kommen. Bei einem bei der Bank angestellten Kreditsachbearbeiter wird der Kunde im Allgemeinen darauf vertrauen können, dass sein Verhandlungspartner auch die zum Vertragsschluss notwendige Befugnis hat. Dies gilt uneingeschränkt, wenn sein Vertragspartner mit Prokura ausgestattet ist. Hier kommt der Kreditvertrag zustande. Es ergeben sich bei Missachtung interner Kompetenzbeschränkungen aber Konsequenzen im Verhältnis des Mitarbeiters zur Bank.

Ist eine Person wie der Prokurist oder der Vorstand einer Bank nach außen hin mit größeren Kompetenzen ausgestattet, als ihm intern zustehen, spricht man von einer treuhänderischen Bindung. Geht die treuhänderisch gebundene Person über ihre Kompetenzen hinaus, verhält sie sich treuwidrig.

Jeder mit der Vergabe von Krediten betraute Mitarbeiter sollte interne Vollmachtsbegrenzungen gewissenhaft einhalten. Er macht sich sonst der Bank gegenüber schadenersatzpflichtig und muss mit weiteren arbeitsrechtlichen Konsequenzen rechnen.

3.4.3 Vertreter des Kunden

Die Frage der Kompetenzüberschreitung hat sich in gleicher Weise auf der Kundenseite zu stellen. Auch hier ist darauf zu achten, dass Personen, mit denen der Kredit ausgehandelt wird und die den Vertrag unterschreiben, hierzu auch befugt sind.

Sind bei einer GmbH mehrere Geschäftsführer bestellt, haben diese regelmäßig Gesamtvertretungsmacht. Ein nur von einem der Geschäftsführer unterschriebener Kreditvertrag würde die Gesellschaft nicht binden. Gleiches gilt für andere Kapital- und Personalgesellschaften.

Bei der Gesellschaft bürgerlichen Rechts (GbR) gilt sogar kraft Gesetzes Gesamtvertretungsbefugnis. Ist nichts anderes vereinbart, können die Gesellschafter nur gemeinsam handeln.

Beispiel *Die Kanzlei Rechtsanwälte Müller & Kollegen, die aus 15 Sozien besteht, benötigt einen Kredit für die neue EDV-Anlage. Die Verhandlungen mit der Bank führt der Seniorpartner Müller, der auch den Kreditvertrag unterschreibt. Später stellt sich heraus, dass Müller eigenmächtig handelte und die Kollegen mit der Kreditaufnahme und der Anschaffung nicht einverstanden waren.*

Hier wird sich die Bank wegen ihrer Ansprüche aus dem Kreditvertrag nur an den Handelnden halten können, also an Rechtsanwalt Müller. Ist dieser zur Rückzahlung außerstande, hat sie keine Möglichkeit, auf dessen Kollegen zurückzugreifen.

Bei einem eingetragenen Verein ist durch Einsichtnahme in das Vereinsregister festzustellen, welche Vorstandsmitglieder den Verein nach außen hin vertreten und ob auch hier nur mehrere gemeinsam handeln dürfen.

Bei Firmenkrediten ist stets darauf zu achten, wer den Kunden vertritt und ob er dazu berechtigt ist. Zweifelsfrei ist dies nur beim Einzelkaufmann oder Einzelfreiberufler, bei Kapitalgesellschaften beim Einzelgeschäftsführer beziehungsweise Einzelvorstand.

In allen anderen Fällen muss die Vertretungsbefugnis zu Beginn der Vertragsverhandlungen geklärt werden, indem entsprechende Urkunden vorgelegt werden (Handelsregisterauszug, Vereinsregisterauszug, Gesellschaftsvertrag). Im Zweifelsfall wird man alle in Betracht kommenden Personen unterschreiben lassen müssen.

3.4.4 Geschäftsfähigkeit und gesetzliche Stellvertretung

3.4.4.1 Bedeutung beim Firmenkredit

Die gesetzliche Stellvertretung ist für den Bereich des Firmenkredits weniger bedeutsam. Der im Geschäftsleben agierende „nicht erkennbar Geisteskranke" belebt nur juristische Lehrbücher. Auch Minderjährige werden regelmäßig nicht gewerblich oder freiberuflich tätig sein.

Ausgeschlossen sind solche Fälle nicht. Sie ergeben sich oft bei der Gesamtrechtsnachfolge und bereiten dort besondere Schwierigkeiten.

Beispiel *Müller, Inhaber eines Einzelhandelsunternehmens, verstirbt und hinterlässt Ehefrau und zwei Kinder von zehn und zwölf Jahren. Ein Testament hat er nicht erstellt. Die Erben brauchen zur Fortführung des Unternehmens dringend einen Kredit.*

Ist keine letztwillige Verfügung getroffen, tritt die gesetzliche Erbfolge ein. Mit dem Tod des Einzelkaufmanns geht sein Unternehmen auf den oder die Erben über, in unserem Beispielsfall auf die Erbengemeinschaft bestehend aus Ehefrau und zwei minderjährigen Kindern.

Erbengemeinschaften sind zur Führung von Unternehmen denkbar ungeeignet. Entscheidungen können die Miterben nur gemeinschaftlich treffen; lediglich die zur Erhaltung notwendigen Maßnahmen kann jeder der Miterben allein veranlassen (§ 2038 I BGB), was reichlich Zündstoff für Streitigkeiten gibt. Jeder Miterbe kann jederzeit die Auseinandersetzung der Erbengemeinschaft fordern (§ 2042 BGB) mit der Folge, dass oft nur die Möglichkeit des Verkaufs des Unternehmens verbleibt.

Ganz problematisch ist es, wenn Minderjährige der Erbengemeinschaft angehören, da viele Maßnahmen der familiengerichtlichen Zustimmung bedürfen (vgl. §§ 1643, 1821, 1822 BGB), die, wenn überhaupt, nur langwierig herbeizuführen sind.

Banken sollten daher bei langfristigen Kreditengagements stets dafür sorgen, dass der Kunde eine sinnvolle Nachfolgeregelung trifft. Stellt doch jeder Wechsel ein Risiko für gewährte Kredite dar.

Mit dem Tod ihres Ehemanns ist in unserem Beispielsfall Frau Müller alleinige Inhaberin der elterlichen Sorge für die beiden Kinder (§ 1680 BGB). Sie vertritt diese rechtsgeschäftlich. Zur Aufnahme des Firmenkredits bedarf es einer familiengerichtlichen Genehmigung (§§ 1643, 1822 Nr. 9 BGB).

3.4.4.2 Geschäftsunfähigkeit – beschränkte Geschäftsfähigkeit

Um am Rechtsleben eigenverantwortlich teilzunehmen, bedarf eine Person der Geschäftsfähigkeit. Die Geschäftsfähigkeit kann eingeschränkt sein oder gänzlich fehlen. Geschäftsunfähig sind

- Kinder, die noch keine sieben Jahre alt sind, und

- Personen, die sich dauernd in einem die freie Willensbestimmung ausschließenden Zustand krankhafter Störung der Geistestätigkeit befinden (§ 104 BGB).

Die von einem Geschäftsunfähigen abgegebene Willenserklärung ist nichtig. Geschäftsunfähige können mithin nur über ihre gesetzlichen Vertreter (Eltern, Vormund) am Rechtsleben teilnehmen. Kinder, die älter als sieben Jahre, aber noch keine 18 Jahre alt sind, sind beschränkt geschäftsfähig. Eine von ihnen ohne Einwilligung ihrer gesetzlichen Vertreter abgegebene Willenserklärung ist dann wirksam, wenn die gesetzlichen Vertreter sie genehmigen. Wird die Genehmigung versagt, ist sie ebenfalls nichtig.

Beispiel *Karin Müller, 17 Jahre alt, aber wesentlich älter aussehend, eröffnet bei der Bank ein Konto. Sie trifft später Verfügungen, durch die eine Unterdeckung eintritt. Als die Bank Karin Müller in Anspruch nehmen will, stellt sie fest, dass sie noch minderjährig ist. Die Eltern verweigern die Zustimmung zur Kontoeröffnung und zu den belastenden Verfügungen.*

Sind Kontoeröffnungsvertrag und Abhebungen unwirksam, sind wechselseitig empfangene Leistungen zurückzugewähren. Unter Umständen kann sich der Minderjährige aber auch auf den Fortfall der Bereicherung berufen, wenn er das Geld ausgegeben hat. Ohne Bedeutung ist, dass die Bank davon ausgegangen ist, die Kundin sei volljährig. Es gibt keinen Schutz guten Glaubens an die Volljährigkeit.

Dies gilt selbst dann, wenn die Minderjährige einen gut gefälschten Ausweis vorgelegt hatte, wonach sie volljährig wäre.

3.4.4.3 Ausnahmen

Hat der Minderjährige einen Vertrag geschlossen, den er ausschließlich mit Mitteln erfüllt, die ihm zur freien Verfügung stehen, bedarf er keiner Zustimmung durch den gesetzlichen Vertreter (§ 110 BGB; Taschengeldparagraf).

Beispiel   *Karin Müller erhält ihre Ausbildungsvergütung auf ein eigenes Bankkonto überwiesen. Die wohlhabenden Eltern überlassen ihr das Geld als Taschengeld.*

In diesem Fall sind Kontoeröffnung und Verfügungen der Minderjährigen wirksam, jedenfalls solange das Konto nicht überzogen wird. Die Gewährung eines Überziehungskredits oder die Duldung von Überziehungen wäre dadurch nicht gedeckt.

Haben die gesetzlichen Vertreter mit Genehmigung des Vormundschaftsgerichts den Minderjährigen zum selbstständigen Betrieb eines Erwerbsgeschäfts ermächtigt, ist der Minderjährige für solche Geschäfte unbeschränkt geschäftsfähig, welche der Geschäftsbetrieb mit sich bringt (§ 112 BGB). Ausgenommen sind aber Rechtsgeschäfte, zu denen die gesetzlichen Vertreter der Genehmigung des Vormundschaftsgerichts bedürfen.

Beispiel   *Der 17-jährige Müller jun. betreibt mit Zustimmung seiner Eltern und vormundschaftsgerichtlicher Genehmigung einen Handel mit einer von ihm entwickelten Software. Er möchte zur Anschaffung von benötigten Geräten einen Bankkredit aufnehmen.*

Zur Aufnahme von Krediten benötigt ein Minderjähriger auch in diesem Fall die Zustimmung der Eltern und die gerichtliche Genehmigung.

Sind bei der Gewährung von Firmenkrediten Vertragspartner noch minderjährig, ist besondere Vorsicht geboten. Die Bank muss außer der Einwilligung der Eltern auch die Vorlage einer familiengerichtlichen Zustimmung fordern. Dies ist auch und gerade in Erbfällen zu beachten.

4. Hauptpflichten des Firmenkreditvertrags

Ist der Vertrag zustande gekommen, ist er für beide Seiten bindend. Dies gilt für den Firmenkredit wie für alle übrigen Bankrechtsverhältnisse.

Die Bank ist verpflichtet,

- den vereinbarten Kredit zur Verfügung zu stellen,

der Kunde ist verpflichtet,

- den Kredit abzunehmen,
- die geschuldeten Zinsen zu zahlen und
- den Kredit zum festgelegten Zeitpunkt oder in den vereinbarten Raten zurückzuzahlen (§ 488 I BGB).

Man spricht hier von den Hauptpflichten des Kreditvertrags.

4.1 Erfüllungspflicht der Bank

4.1.1 Auszahlung an den Kunden

Die Bank hat dem Kunden den Kredit zur Verfügung zu stellen (§ 488 I BGB). Der Kunde muss über den Kreditbetrag verfügen können. Solange dies nicht der Fall ist, hat die Bank den Kreditvertrag nicht erfüllt.

Beispiel *Die Bank hat mit ihrem Kunden einen Kreditvertrag über 50.000 Euro geschlossen. Der Kredit soll durch eine auf dem Firmengrundstück einzutragende Grundschuld abgesichert werden. Die Bank überweist den Kreditbetrag an den Notar mit der Maßgabe, dass dieser ihn erst auszahlen darf, wenn die Eintragung der Grundschuld gesichert ist. Dies verzögert sich.*

Solange der Kreditbetrag auf dem Notaranderkonto steht, kann der Kunde über ihn nicht verfügen, hat also die Bank ihre Zahlungsverpflichtung noch nicht erfüllt. Ist nichts anderes vereinbart, braucht der Kunde für diese Zeit auch keine Kreditzinsen zu zahlen. Zur Verfügung des Kunden steht der Kredit erst, wenn er den Betrag so auf seinem Konto hat, dass er ihn verwenden kann.

> Von diesem Grundsatz gibt es eine Ausnahme dann, wenn der Kredit vereinbarungsgemäß zur Erfüllung einer Verbindlichkeit des Kunden dient, etwa zur Ablösung einer Kontoüberziehung. Durch die Vereinbarung des Kreditzwecks hat der Kunde seine Verfügung über die Summe bereits getroffen. Ist der Kreditbetrag dem überzogenen Girokonto gutgeschrieben, ist er dem Kunden „zur Verfügung gestellt".

Die Kreditsumme dem Kunden zur Verfügung stellen bedeutet mithin nicht notwendig, dass der Betrag ihm zur freien Verfügung steht.

Entscheidend ist der Zweck, den die Vertragspartner mit der Kreditvergabe verfolgen. Ist dieser mit der Zahlung erfüllt, hat die Bank geleistet. Dies ist auch dann der Fall, wenn die Auszahlung im Interessen des Kunden an einen Treuhänder erfolgt. Anderes gilt dann, wenn, wie im obigen Beispielsfall, die Zahlung auf das Notaranderkonto dem Sicherungsinteresse der Bank dient.

4.1.2 Auszahlung an Dritte

Oft wird vereinbart, dass der Kredit einem Dritten auszuzahlen ist.

Beispiel *Der Kunde, ein Schreinereibetrieb, benötigt für die Anschaffung einer neuen Bandsäge einen Bankkredit über 20.000 Euro. Die Bank lässt sich das gekaufte Gerät zur Sicherheit übereignen. Der Kreditbetrag ist zur Kaufpreistilgung unmittelbar an die Verkäuferin zu entrichten.*

Auch hier hat der Kunde seine Verfügung über die Kreditsumme im vorhinein getroffen, indem er die Bank angewiesen hat, den Betrag an die Verkäuferin zu entrichten. Mit der Zahlung der Bank ist er von seiner Verpflichtung zur Zahlung des Kaufpreises befreit.

> Zwar dient auch hier die Zahlung des Kreditbetrags an die Verkäuferin dem Sicherungsinteresse der Bank. Sie vermeidet so, dass der Kreditnehmer über den Kreditbetrag anderweitig verfügt und die Kaufpreisforderung offen bleibt. Nur durch Erfüllung der Kaufpreisforderung ist ihr Sicherungseigentum an der Kaufsache gewährleistet. Zugleich wird aber auch der vom Kunden gewünschte Darlehenszweck erreicht, nämlich die Befreiung von der Kaufpreisverbindlichkeit.

4.1.3 Rechtsfolgen der Nichterfüllung

Verträge sind einzuhalten. Dies gilt für Kunde und Bank gleichermaßen. Verweigert die Bank die Auszahlung des vereinbarten Kredits, macht sie sich dem Kunden gegenüber schadenersatzpflichtig. Das Gleiche gilt, wenn sie die Auszahlung verzögert und trotz Fristsetzung nicht leistet (§§ 280, 286 ff. BGB).

Beispiel   *Die Bank hat mit dem Kunden einen Kreditvertrag über 50.000 Euro geschlossen. Nachträglich kommen ihr Bedenken, ob die gewährten Sicherheiten ausreichen. Sie fordert zusätzliche Sicherheiten, die der Kunde nicht erbringen kann oder will.*

Liegen keine besonderen Umstände vor (siehe dazu nachstehend 4.1.4), kann der Kunde, nachdem er der Bank ergebnislos eine angemessene Zahlungsfrist gesetzt hat, diese auf Schadenersatz in Anspruch nehmen. Er kann seinen Kreditbedarf bei einem anderen Kreditinstitut eindecken und eine eventuelle Zinsdifferenz einfordern.

4.1.4 Ausnahmen von der Erfüllungspflicht

Nicht in jedem Fall braucht die Bank zu leisten. Liegen besondere Umstände vor, kann sie die Auszahlung des vereinbarten Kredits verweigern oder von der Erfüllung weiterer Bedingungen abhängig machen.

4.1.4.1 Anfechtung durch die Bank

Hat der Kunde bei den Verhandlungen unzutreffende oder unvollständige Angaben gemacht und hätte die Bank bei Kenntnis der Sachlage den Kredit nicht gewährt, kann sie den Vertrag wegen arglistiger Täuschung anfechten (§ 123 BGB).

Beispiel   *Der Kunde Müller hat in seiner Selbstauskunft verschwiegen, dass er bereits bei einer anderen Bank einen größeren Kredit aufgenommen hat. Außerdem hat er die Umsätze und Gewinne seines Unternehmens bewusst zu hoch angegeben.*

Hätte die Bank den Kreditvertrag bei Kenntnis der wahren Sachlage nicht abgeschlossen, ist sie zur Anfechtung berechtigt. Die Anfechtung erfolgt durch Erklärung gegenüber dem Kunden. Ist der Kreditvertrag wirksam angefochten, ist die Bank von einer Leistungspflicht frei.

> Eine Anfechtung wegen arglistiger Täuschung kommt auch dann noch in Betracht, wenn der Kredit bereits ausgezahlt ist. Der bereits gewährte Kredit ist zurückzuzahlen. Die Anfechtungsfrist beträgt ein Jahr und beginnt mit dem Zeitpunkt, in dem die Bank die Täuschung entdeckt; ohne Kenntnis der Täuschung ist eine Anfechtung nach zehn Jahren ausgeschlossen (§ 124 BGB).
>
> Hat die Bank aber trotz Kenntnis der Täuschung den Kredit ausbezahlt, kann die spätere Anfechtung ein widersprüchliches Verhalten darstellen und unwirksam sein (§ 242 BGB).

Neben der Anfechtung kann die Bank den unredlichen Kunden auf Schadenersatz in Anspruch nehmen, indem sie den ihr durch die Anfechtung des Kreditvertrags entgangenen Gewinn fordert.

Neben der Anfechtung wegen arglistiger Täuschung kommt auch eine Anfechtung wegen Irrtums in Betracht (§ 119 BGB). Sie setzt eine Täuschungshandlung des Kunden nicht voraus.

> Die Irrtumsanfechtung hat im Rechtsleben jedoch geringere praktische Bedeutung, zumal sie unverzüglich erklärt werden muss, das heißt ohne schuldhaftes Zögern (grundsätzlich innerhalb von zwei, maximal drei Werktagen). Sie kommt nur in Betracht, wenn sich der Anfechtende über den Inhalt seiner Erklärung geirrt hat oder eine solche Erklärung dieses Inhalts gar nicht abgeben wollte (§ 119 I BGB).

Als Irrtum über den Inhalt der Erklärung gilt aber auch der Irrtum über im Rechtsverkehr als wesentlich anzusehende Eigenschaften des Vertragspartners (§ 119 II BGB). Dazu ist seine Kreditwürdigkeit zu zählen. Sie liegt nicht vor, wenn er zahlungsunfähig ist. Zahlungsstockungen oder sich wiederholende Vollstreckungsmaßnahmen reichen hierzu schon aus. Stets müssen die besonderen Verhältnisse bereits bei Vertragsschluss vorliegen. Eine falsche Vorstellung der Bank über die künftige wirtschaftliche Entwicklung beim Kunden ist unbeachtlich.

4.1.4.2 Unsicherheiteneinrede

Zwischen Abschluss des Kreditvertrags und Auszahlung des Kredits kann eine längere Zeitspanne liegen. Inzwischen können sich die Vermögensverhältnisse des Kunden dramatisch verschlechtern, sodass die Voraussetzungen der Kreditgewährung zum Zahlungszeitpunkt nicht mehr gegeben sind.

Ein Kreditinstitut ist in besonderer Weise gefährdet, da es vorleistungspflichtig ist. Es gewährt das Darlehen in der Hoffnung, dass es vereinbarungsgemäß zurück erstattet wird. Ist der Rückerstattungsanspruch durch zwischen Vertragsschluss und Auszahlung des Kredits eingetretene Umstände gefährdet, kann die Bank die Auszahlung verweigern (§ 321 I BGB). Sie kann dem Kunden eine angemessene Frist setzen, erforderliche zusätzliche Sicherheiten beizubringen. Geschieht dies nicht, kann sie vom Vertrag zurücktreten (§§ 321 II, 323 BGB).

4.1.4.3 Außerordentliche Kündigung

Ist nach Abschluss des Kreditvertrags in den Vermögensverhältnissen des Kunden oder in der Werthaltigkeit einer gestellten Sicherheit eine wesentliche Verschlechterung eingetreten (oder droht eine solche), wodurch die Rückerstattung des Darlehens auch unter Verwertung von Sicherheiten gefährdet ist, kann die Bank den Kreditvertrag außerordentlich kündigen und damit den Vertrag beenden, ohne leisten zu müssen (§ 490 I BGB).

Beispiel *Die Bank schließt mit Müller einen Kreditvertrag über 100.000 Euro für sein Bauunternehmen. Müller sen. hat zur Sicherung des Kredits auf seinem Privathaus eine Grundschuld bestellt. Bevor der Kredit ausbezahlt wird, brennt das Haus ab. Die Feuerversicherung ist von der Leistungspflicht frei, da Müller sen. es versäumte, die Prämie zu zahlen.*

Hier ist die Sicherheit für den ausgehandelten Kredit entfallen. Ohne diese Sicherheit wäre der Kredit nicht gewährt worden. Die Bank kann sich von einer Leistungspflicht befreien, indem sie den Kreditvertrag kündigt.

Dies gilt „im Zweifel stets", also praktisch uneingeschränkt, solange der Kredit noch nicht ausbezahlt ist (§ 490 I BGB). Ist der Kredit in Anspruch genommen, wird die Bank erst kündigen dürfen, wenn andere Lösungen ausscheiden, etwa die Bereitstellung von Ersatzsicherheiten. Nach Auszahlung hat der Kunde den Kreditbetrag regelmäßig verwendet, sodass sich eine Rückerstattung für ihn schwieriger gestaltet (vgl. hierzu 6.3.3).

Ein weiteres Kündigungsrecht ist nach § 314 BGB gegeben. Es ist ein für alle Dauerschuldverhältnisse gewährtes Kündigungsrecht und beschränkt sich auch nicht auf eine Verschlechterung der Vermögensverhältnisse des Kunden. Es gilt immer dann, wenn der Bank die Durchführung eines Vertrags unzumutbar ist.

Beispiel *Müller und seine Hausbank haben einen größeren Firmenkredit ausgehandelt. Vor Auszahlung stellt die Bank fest, dass sie von Müller bei einem anderen Rechtsgeschäft betrogen wurde.*

Hat sich ein Kunde der Bank gegenüber betrügerisch verhalten, ist diese berechtigt, alle bestehenden Bankrechtsverhältnisse zu beenden, auch den ausgehandelten Kreditvertrag.

4.1.4.4 Zusammenfassung

Die Bank muss einen abgeschlossenen Kreditvertrag erfüllen, indem sie den Kredit zur Verfügung stellt. Nur in besonderen Ausnahmefällen kann sie sich von ihrer Leistungspflicht lösen.

Dabei ist zu unterscheiden zwischen Umständen, die bei Abschluss des Vertrags bereits vorlagen und solchen, die erst später eingetreten sind.

Lagen negative Umstände bei Vertragsschluss vor und waren sie der Bank bekannt, bleibt sie an den Vertrag gebunden.

Waren sie ihr unbekannt und beruhte die Unkenntnis auf einer Täuschung des Kunden, kann sie den Vertrag wegen arglistiger Täuschung anfechten. Im anderen Fall kommt nur eine Irrtumsanfechtung in Betracht und auch nur dann, wenn sie so gravierend sind, dass sie die Eignung des Vertragspartners als Darlehensnehmer generell in Frage stellen.

Haben sich die Verhältnisse erst nach Vertragsschluss ungünstig entwickelt, kann die Bank wahlweise

- die Leistung verweigern beziehungsweise von der Stellung zusätzlicher Sicherheiten abhängig machen oder

- den Vertrag kündigen.

Die Bank verliert ihrerseits ihren Leistungsanspruch (Zinsanspruch). Hat der Kunde die vorzeitige Vertragsbeendigung zu vertreten, haftet er auf Schadenersatz.

4.2 Leistungspflichten des Kunden

4.2.1 Abnahmepflicht

Der Kunde ist verpflichtet, den Kredit zum vereinbarten Zeitpunkt abzunehmen. Es ist auch dies eine Erfüllungspflicht des Kunden. Ohne die Entgegennahme des Kredits kann der Vertrag nicht durchgeführt werden.

Dies gilt uneingeschränkt für den Bankkredit als entgeltlichem Kredit. Die Überlassung von Geld gegen Vergütung ist ein wesentlicher Teil des Bankgeschäfts. Zudem sind der Bank mit Abschluss des Kreditvertrags bereits Kosten entstanden. Es ist nicht nur der durch die Vertragsverhandlungen entstandene, oft erhebliche Verwaltungsaufwand. Oft muss sich die Bank auch refinanzieren, um zu gewährleisten, dass die Kreditsumme zum vereinbarten Zeitpunkt bereitsteht.

Hier verhält es sich nicht anders, als beim Kaufvertrag, bei dem die Abnahmepflicht ausdrücklich ins Gesetz aufgenommen wurde (§ 433 II BGB). Welche Bedeutung sie hat, wird klar, wenn man sich vor Augen führt, dass Kaufgegenstand ein Lastzug reifer Tomaten ist.

4.2.1.1 Bereitstellungszinsen

Verzögert sich die Abnahme, hat der Kunde für den Zeitraum, in dem die Bank den Kredit vorhält, Bereitstellungszinsen zu zahlen. Hierbei handelt es sich um ein Entgelt für eine besondere bankmäßige Leistung, nämlich dem Bereithalten des Kreditbetrags für den Kunden.

Die Vereinbarung eines Bereitstellungsentgelts von drei Prozent im Jahr beziehungsweise 0,25 Prozent im Monat ist unbedenklich.

4.2.1.2 Nichtabnahmeentschädigung

Verweigert der Kunde die Abnahme des Kredits oder nimmt er ihn trotz Fristsetzung nicht entgegen, kann die Bank vom Vertrag zurücktreten und Schadenersatz fordern (§§ 323, 325, 280 BGB).

Die Nichtabnahmeentschädigung ist geschuldet für die Zeit der Zinsbindung, das heißt für den Zeitraum, bis zu dem der Kredit vom Kunden erstmals gekündigt werden kann (§ 489 BGB). Mit ihr ist der Bank der ihr durch die Nichtdurchführung des Vertrags entgangene Gewinn zu erstatten. Die Gewinnerwartung ist nur solange gesichert, als der Vertrag unkündbar ist.

> Die Berechnung der Nichtabnahmeentschädigung erfolgt nach den Grundsätzen, wie der Bundesgerichtshof (BGH) sie für die Vorfälligkeitsentschädigung entwickelt hat (vgl. dazu 6.3.5). Der BGH gibt den Banken mehrere Berechnungsmöglichkeiten zur Hand. Die Bank kann sich diejenige aussuchen, die für sie im konkreten Fall zu den günstigsten Ergebnissen führt.

Nichtabnahmeentschädigung und Bereitstellungszinsen können nebeneinander gefordert werden.

Beispiel *Müller verhandelt mit Meyer über den Ankauf seines Unternehmens. Um seinerseits erfüllen zu können, hat er mit seiner Bank einen Kreditvertrag über den zu erwartenden Kaufpreis geschlossen und vereinbart, dass diese das Geld für die Dauer der Kaufverhandlungen bereithält. Wider Erwarten zerschlägt sich der Kauf nach einem halben Jahr.*

Für die Dauer der Bereitstellung des Kredits, also für ein halbes Jahr, schuldet der Kunde seiner Bank das Bereitstellungsentgelt. Da er in Erwartung des positiven Ausgangs der Vertragsverhandlungen den Kreditvertrag fest abgeschlossen hat, hat er zudem eine Nichtabnahmeentschädigung zu zahlen. Sie ist fällig, sobald der Kunde die Abnahme endgültig verweigert.

Die Zahlung der Nichtabnahmeentschädigung kann der Kunde nur dadurch vermeiden, dass er der Bank einen solventen Ersatzkreditnehmer stellt, der die gleichen Sicherheiten bietet wie er und bereit ist, den Kredit zu den ausgehandelten Bedingungen zu übernehmen. Würde die Bank einen solchen Ersatzkreditnehmer ablehnen, ginge sie ihres Anspruchs verlustig.

4.2.2 Zinspflicht

Der Kreditvertrag ist ein gegenseitiger Vertrag; die Überlassung von Kapital auf Zeit stellt die Leistung der Bank dar, der die Verpflichtung des Kunden zur Zinszahlung als Gegenleistung gegenübersteht. Die Zinsen sind das Entgelt für die Kreditgewährung. Dabei sind die Zinsen von der Dauer der Kapitalüberlassung abhängig. Sie stellen eine laufzeitabhängige Vergütung dar. Neben den Zinsen als laufzeitabhängige Leistung werden oft weitere, von der Dauer der Kreditgewährung unabhängige Kosten und Gebühren vereinbart.

Dies sind Bearbeitungsentgelte, eine pauschale Vergütung für den mit der Kreditgewährung verbunden Verwaltungsaufwand. Je nach Art und Höhe des Kredits sind ein bis zwei Prozent der Kreditsumme als Bearbeitungsentgelt unbedenklich. Bei höherem Entgelt stellt sich die Frage, ob es sich dabei nicht um verdeckte Zinsen handelt.

Auch Kreditvermittlungskosten gehören hierzu; ein Entgelt, das einem Dritten für die Vermittlung des Darlehensvertrags zu zahlen ist, also die Provision des für die Bank tätigen Vermittlers. Da der Vermittler der Bank eigene Aufwendungen erspart, wird die Provision oft von ihr selbst getragen. Dem Kunden kann sie sie nur belasten, wenn dies mit ihm vereinbart ist.

Zu denken ist weiter an Kosten für die Bereitstellung von Sicherheiten und Wertermittlungskosten. Sie fallen bei der Bestellung von Grundpfandrechten (Grundschulden oder Hypotheken) als Notar- und Grundbuchgebühren an, aber auch als Sachverständigenkosten, wie sie für die Feststellung des Wertes der belasteten Immobilie gegeben sind.

Dagegen sind Kosten für eine Restschuldversicherung und eine zu Tilgungszwecken abgeschlossene Lebensversicherung keine Nebenkosten des Kreditvertrags, da diese Verträge vom Kunden abzuschließen sind und er die Prämie dem Versicherer unmittelbar schuldet. Sie sind lediglich im Verbraucherkreditvertrag mit aufzunehmen (§ 492 I BGB).

Diesen Kosten ist eigen, dass sie bei vorzeitiger Rückzahlung des Kredits nicht zurückzuerstatten sind.

4.2.2.1 Zinshöhe

Die geschuldeten Zinsen sind Entgelt für die Kapitalüberlassung auf Zeit und damit frei aushandelbar. Sie unterliegen auch nicht der Inhaltskontrolle des AGB-Rechts (vgl. § 307 III 1 BGB), wenn sie in Allgemeinen Geschäftsbedingungen oder vorformulierten Verträgen festgelegt sind.

> Bei Standardverträgen kann sich die Höhe der Zinsen aus einer Bezugnahme auf Preis- und Leistungsverzeichnissen der Bank ergeben (§ 12 AGB-Banken). Dies bildet bei Firmenkrediten aber die Ausnahme; bei ihnen wird der Zins regelmäßig vereinbart.

Bereits der Wettbewerb der Kreditinstitute untereinander sorgt für einen marktgerechten Zins.

4.2.2.2 Wucherische Zinsen

Eine Grenze für die freie Vereinbarung von Zinsen ist dort gegeben, wo sie gegen die guten Sitten verstieße (§ 138 BGB).

Beispiel *Müller, Inhaber eines Transportunternehmens, kann einige fällige Wechsel wegen eines momentanen finanziellen Engpasses nicht einlösen. Seine Bank, der er die Notlage offenbart, ist bereit, einen Überbrückungskredit zu gewähren, verlangt aber Zinsen in Höhe von 25 Prozent p. a. Der marktübliche Zins liegt unter zehn Prozent.*

Ein Rechtsgeschäft ist wegen Verstoßes gegen die guten Sitten nichtig, wenn es unter Ausnutzung einer Zwangslage oder der Unerfahrenheit des Vertragspartners zustande gekommen ist und Leistung und Gegenleistung in einem auffälligen Missverhältnis zueinander stehen (§ 138 I BGB).

Ein solches Missverhältnis ist nach der Rechtsprechung regelmäßig nur dann gegeben, wenn

- die vereinbarten Zinsen mehr als das Doppelte des marktüblichen Zinses betragen oder

- diesen real um zwölf Prozent übersteigen.

Zum objektiven Tatbestand des Missverhältnisses zwischen Leistung und Gegenleistung müssen also subjektive, in der Person des Kunden liegende Voraussetzungen kommen, die das Gesetz beispielhaft und wahlweise aufführt.

Die Ausnutzung der Unerfahrenheit des Kunden wird bei Firmenkrediten kaum in Betracht kommen. Ein Kaufmann weiß regelmäßig, worauf er sich einlässt.

Aus diesem Grund wird bei Firmenkrediten auch nicht bereits aus der Vereinbarung eines wucherischen Zinses geschlossen, dass dies unter Ausnutzung der Unerfahrenheit des Kunden erfolgte. Anders bei Konsumentenkrediten. Bei ihnen gibt der überhöhte Zins bereits die (widerlegbare) Vermutung, dass die Unerfahrenheit des Kunden ausgenutzt wurde.

Dagegen kann die Alternative, Ausnutzung einer Notlage, auch bei Firmenkrediten vorliegen, wie der obige Beispielsfall zeigt.

Ist der Darlehensvertrag wegen Verstoßes gegen die guten Sitten nichtig, ist der Kredit zwar zurückzuzahlen, aber nur in den vereinbarten Raten und ohne Zinsen und Kosten, sodass jede Rate volle Tilgungswirkung hat.

4.2.2.3 Zinseszinsverbot

Eine Grenze finden Zinsvereinbarungen auch im Zinseszinsverbot (§ 448 I BGB). Danach darf in einem Kreditvertrag nicht vereinbart werden, dass für fällige Zinsen wiederum Zinsen zu zahlen sind. Die Verpflichtung des Kunden soll überschaubar bleiben.

Die Vorschrift hat aber nur geringe praktische Bedeutung. Für Verzugszinsen, die Schadenersatz bilden, können wiederum Verzugszinsen gefordert werden.

Beispiel *Müller ist seiner Rückzahlungspflicht aus dem Darlehensvertrag nicht mehr nachgekommen. Die Bank hat das Darlehen fällig gestellt. Sie berechnet Müller ab Fälligkeit Verzugszinsen, rechnet diese für das vergangene Vierteljahr in einer Summe aus und fordert vom Kunden unter Fristsetzung Zahlung des Betrags.*

Mit Ablauf der Frist kann die Bank aus den Zinsen wiederum Verzugszinsen fordern.

4.2.2.4 Festzins

Die Vertragspartner können für die Laufzeit eines Kredits den Zinssatz festschreiben. Es ist dann stets der gleiche Zins geschuldet, gleichgültig, wie sich die Kreditmarktbedingungen entwickeln.

Erfolgt die Zinsfestlegung nicht für die gesamte Dauer der Kreditgewährung, spricht man von einer Abschnittsfinanzierung.

Für die Dauer der Zinsbindung ist der Kreditvertrag unkündbar. Danach kann der Kunde den Kredit mit Monatsfrist kündigen (§ 489 I Ziff. 1 BGB). Auch für die Berechnung der Nichtabnahme- und Vorfälligkeitsentschädigung ist die Zeit der Zinsbindung maßgebend (vgl. hierzu 6.3.5).

4.2.2.5 Disagio

Unter einem Disagio oder Damnum versteht man die Differenz zwischen dem vereinbarten und zu verzinsenden Kredit und dem (niedrigeren) Auszahlungsbetrag.

Beispiel *Müller nimmt bei der Hausbank einen Kredit über 100.000 Euro auf. Es wird ein Disagio von zehn Prozent und ein Zins von vier Prozent p. a. vereinbart bei einer Laufzeit von fünf Jahren.*

Der Kunde bekommt im Beispielsfall nur 90.000 Euro ausbezahlt. Das Disagio von 10.000 Euro behält die Bank ein. Der Kunde zahlt aber Zinsen aus dem Gesamtkreditbetrag von 100.000 Euro, also 4.000 Euro im Jahr.

Ein Disagio ist im Zweifelsfall eine Zinsvorauszahlung. Dies gilt jedenfalls dann, wenn es sich auf drei Prozent oder mehr beläuft und zwar auch dann, wenn es im Kreditvertrag als Verwaltungsaufwand bezeichnet wurde. Lediglich bei einem niedrigeren Disagio und einem marktüblichen Zins kann es sich um einen (einmaligen) Verwaltungsaufwand handeln.

Die Unterscheidung Zinsvorauszahlung – Verwaltungsaufwand ist dann von Bedeutung, wenn der Kreditvertrag vorzeitig beendet wird. Als Verwaltungsaufwand verbleibt er als einmalige Leistung der Bank. Stellt das Disagio wie regelmäßig eine Zinsvorauszahlung dar, ist sie dem Kunden anteilig zu erstatten.

Beispiel *Müller und die Bank kommen im obigen Beispiel nach zwei Jahren überein, den Kreditvertrag einvernehmlich zu beenden.*

Hier kann der Kunde $\frac{3}{5}$ des gezahlten Disagios von der Bank erstattet verlangen, also einen Betrag von 6.000 Euro.

Anderes gilt jedoch dann, wenn die vorzeitige Beendigung des Vertrags vom Kunden zu vertreten ist.

Beispiel *Müller ist seiner Zahlungsverpflichtung nicht mehr nachgekommen. Die Bank hat den Kredit nach zwei Jahren fällig gestellt.*

In diesem Fall schuldet der Kunde der Bank Schadenersatz. Er hat ihr den durch die von ihm verschuldete vorzeitige Beendigung des Vertrags entgangenen Gewinn zu ersetzen. Dazu gehört das Disagio in vollem Umfang, sodass die Bank es in diesem Fall ganz einbehalten kann. Berechnet die Bank allerdings ihren Schaden nach den Grundsätzen der Vorfälligkeitsentschädigung (siehe dazu nachstehend 6.3.5), muss sie in ihre Berechnung das Disagio als Rechnungsposten mit einbeziehen.

4.2.2.6 Variabler Zins, Zinsgleit- und Zinsanpassungsklauseln

Oft halten die Vertragspartner den Zins variabel, indem sie seine künftige Entwicklung von der Entwicklung des Kapitalmarktes abhängig machen. Dies kann durch Zinsgleitklauseln oder durch Zinsanpassungsklauseln geschehen.

Zinsgleitklauseln sind solche, bei denen der Zinssatz an bestimmte veränderliche Bezugsgrößen so gekoppelt ist, dass mit deren Änderung sich auch der Zinssatz, gleichsam automatisch, verändert.

Beispiel *Müller hat mit seiner Bank einen Kreditvertrag geschlossen mit folgender Regelung: „Der Zinssatz beträgt derzeit sechs Prozent und ändert sich mit jeder Änderung des Basiszinssatzes (derzeit 3,61 Prozent) mit gleichen Prozentpunkten, wenn die Änderung 0,5 Prozentpunkte überschreitet".*

Wird der Basiszinssatz (§ 247 BGB) um 0,5 Prozentpunkte erhöht oder gesenkt, so erhöht oder senkt sich auch der vereinbarte Zins um 0,5 Prozent und zwar mit dem Tag der Änderung des Basiszinssatzes (dem 01. oder 01.07. eines Kalenderjahres).

Von Zinsgleitklauseln zu unterscheiden sind Zinsanpassungsklauseln. Sie geben der Bank lediglich das Recht, den vereinbarten Zins geänderten Kapitalmarktbedingungen anzupassen. Die Anpassung steht in ihrem pflichtgemäßen Ermessen (§ 315 BGB).

Sind Zinsanpassungsklauseln so formuliert, dass sie die Bank berechtigen, bei Erhöhung des Kapitalmarktzinses den Zins entsprechend zu erhöhen, sind sie nach der Rechtsprechung dahin auszulegen, dass sie die Bank zugleich verpflichten, bei einer Senkung des Kapitalmarktzinses den Zins im gleichen Maße zu ermäßigen. Erfolgt das nicht, kann der Kunde Nachberechnung fordern. Zu viel entrichtete Zinsen muss die Bank erstatten, da sie um diese ungerechtfertigt bereichert ist (§ 812 BGB).

Beispiel *Müller hat bei der Bank einen Kredit aufgenommen mit der Vertragsklausel, dass die Bank berechtigt ist, den Zins veränderten Kapitalmarktbedingungen anzupassen. Sie tut dies, indem sie den Kreditzins während der Laufzeit des Kredits mehrfach erhöht, versäumt es aber, ihn bei entsprechenden Anlässen herabzusetzen. Der Kunde verlangt Nachberechnung und Erstattung der Zinsen.*

Es ist immer wieder festzustellen, dass Kreditinstitute von Zinsanpassungsklauseln zu ihren Gunsten Gebrauch machen, nicht aber in gleichem Maße zu ihren Lasten, indem Verbesserungen des Kapitalmarktes dem Kunden nicht oder nicht ausreichend oder verzögert weitergegeben werden. Die sodann geschuldete Zinsneuberechnung ist aufwändig und oft gar nicht mehr zu erbringen.

Stets muss bei den geschuldeten Anpassungen das Zinsgefüge erhalten bleiben. So darf im Wege der Anpassung nicht etwa ein Disagio ausgeglichen werden.

Hat die Bank Zinsanpassungen nicht ordnungsgemäß durchgeführt und hat der Kunde dadurch zu viele Zinsen gezahlt, kann er die zu viel bezahlten Beträge unter dem Gesichtspunkt der ungerechtfertigten Bereicherung herausverlangen.

Bereicherungsansprüche verjährten bis zum 31.12.2001 in 30 Jahren. Sie unterliegen nunmehr der dreijährigen Regelverjährung, allerdings mit der Maßgabe, dass für vor dem 31.12.2001 entstandene Ansprüche die Verjährung erst mit dem 01.01.2002 zu laufen beginnt. Zukünftig wird ein Kreditkunde die Nachberechnung von Zinsen nur noch für einen überschaubaren Zeitraum fordern können.

Es stellt sich heute die Frage, ob Zinsgleit- und Zinsanpassungsklauseln, die am Basiszinssatz festgemacht sind, den Zins noch variabel gestalten, wird doch nunmehr der Basiszinssatz im Gegensatz zum früheren Diskontsatz zu bestimmten Zeitpunkten neu festgelegt und zwar zum 01.01. und 01.07. eines Kalenderjahres (§ 247 BGB). Sieht man den Zinssatz damit für festgelegt an, hätte der Kunde kein Kündigungsrecht.

4.2.2.7 Zinsklarheit

Für einen Kunden ist es oft schwierig, Angebote verschiedener Kreditinstitute mit ihren unterschiedlichen Bedingungen zu vergleichen. Zur besseren Vergleichbarkeit schreibt die Preisangabeverordnung (PrAngVO) vor, dass in jedem Kreditvertrag der effektive Jahreszins anzugeben ist, der sich unter Einbeziehung aller Kosten errechnet. Bei Krediten mit variablem Zinssatz ist der anfängliche effektive Jahreszins anzuführen. Den Bestimmungen kommt eine besondere Bedeutung über die Unklarheitenregelung zu (§ 307 I 2 BGB). Danach stellt es eine unangemessene Benachteiligung des Kunden dar, die eine vertragliche Regelung nichtig macht, wenn sie nicht klar und verständlich ist. Die gesetzliche Regelung wird an Klarheit und Verständlichkeit vorformulierter Verträge neue Maßstäbe setzen.

4.2.2.8 Abhängigkeit Zins – Kredit

Ein Grundsatz des Kreditrechts ist, dass Zinsen von der Darlehensschuld abhängig sind (Akzessorietät).

Dies bedeutet, dass die Zinspflicht beginnt, sobald der Kunde über den Kredit verfügen kann (vgl. § 488 I 1 BGB). Diese Voraussetzungen liegen noch nicht vor, wenn der Kreditbetrag im Sicherungsinteresse der Bank zunächst auf ein Notaranderkonto gestellt wird (siehe oben 4.1.1). Die Vereinbarung, wonach die Verzinsung bereits mit der Auszahlung der Darlehensvaluta durch die Bank beginnt, dürfte aber zumindest bei Firmenkredit unbedenklich sein.

Die Akzessorietät von Kapital und Zinsen bewirkt auch, dass sich die Darlehenszinsen nach dem jeweiligen Kapitalstand richten.

Auch hiervon gibt es jedoch Ausnahmen. Die wichtigste ist das Annuitätendarlehen. Bei ihm zahlt der Kunde über die gesamte Vertragsdauer an die Bank monatlich einen gleichbleibenden Betrag. Dies hat für den Kunden den Vorteil, dass er einen festen Betrag in seine Vermögensplanung einbeziehen kann. Tatsächlich bedeutet dies, dass der Kunde mit jeder Rate unterschiedliche Zins- und Tilgungsbeträge zahlt; am Anfang zahlt er einen hohen Zins und tilgt wenig, gegen Ende des Vertrags erbringt er bei niedrigen Zinsbeträgen eine hohe Tilgung. Das Verhältnis Zinsen – Kapitalschuld ist bei den einzelnen Raten aufgehoben und nur über die Vertragszeit insgesamt gewahrt.

> Die Besonderheit des Annuitätendarlehens kommt insbesondere bei vorzeitiger Ablösung des Kredits zum Tragen. Die Vorfälligkeitsentschädigung ist für jede Kreditrate gesondert zu errechnen (vgl. 6.3.5.3).

Eine andere Art gewollter Diskrepanz zwischen Kapital und Zinsverpflichtung ergibt sich bei Zinsberechnungs- und Tilgungsverrechnungsklauseln.

Bei Zinsberechnungsklauseln richtet sich die Zinspflicht nicht nach der bei der Rate aktuellen Kapitalhöhe, sondern nach einem für die Bank günstigeren Zeitpunkt, etwa dem Vorjahresabschluss. Der Kunde zahlt mithin Zinsen aus einem höheren Kapitalstand, als tatsächlich geschuldet. Damit haben Zinsberechnungsklauseln zinserhöhende Wirkung.

Tilgungsverrechnungsklauseln haben einen ähnlichen Effekt, indem auf Grund vertraglicher Vereinbarungen unterjährigen Zahlungen erst zum Jahresende Tilgungswirkung zukommen soll.

Zinsberechnungsklauseln sind nach der Rechtsprechung dann wirksam, wenn ihre zinserhöhende Wirkung transparent ist. Dies kann auch in der Weise erfolgen, dass der effektive Jahreszins angegeben und dem vereinbarten Zins gegenüber gestellt ist. Die Angabe des effektiven Jahreszinses ist für Kreditverträge ohnehin vorgeschrieben.

Tilgungsverrechnungsklauseln sollen dagegen schlechthin nichtig sein, da sie im Widerspruch zur allgemeinen Vorstellung stehen, dass einer Zahlung unmittelbar Tilgungswirkung zukommt.

> Der Unterschied zwischen Zinsberechnungsklauseln und Tilgungsverrechnungsklauseln erscheint jedoch gering und in erster Linie auf eine sprachliche Formulierung zu beruhen. Unwirksame Tilgungsverrechnungsklauseln werden sich daher regelmäßig in (wirksame) Zinsberechnungsklauseln umdeuten lassen, wenn die Transparenz der Klauseln gegeben ist.

Die Zinspflicht endet, wenn der Kredit zurückgezahlt wird. Sie endet aber auch mit jeder anderen Vertragsbeendigung, sei es durch Kündigung oder durch Vertragsaufhebung.

Müller ist seiner Zahlungspflicht aus dem Kreditvertrag nicht mehr nachge-kommen. Die Bank hat Müller eine Zahlungsfrist gesetzt und danach den Kredit gekündigt.

Mit Zugang der (außerordentlichen oder fristlosen) Kündigung ist der Kreditvertrag beendet. Von diesem Zeitpunkt an kann die Bank auch nicht mehr den Kreditzins als ver-tragliche Leistung fordern. Danach stehen ihr nurmehr Zinsen unter dem Gesichtspunkt des Schadenersatzes zu, also Verzugszinsen.

4.2.2.9 Vertragszins – Verzugszins

Vom vereinbarten Zins des Kreditvertrags streng zu trennen ist der Verzugszins. Er ist ge-schuldet, sobald der Kunde nach Kündigung des Kreditvertrags seiner Rückzahlungsver-pflichtung nicht nachkommt.

In Verzug kommt der Kunde durch Mahnung (§ 286 I BGB). Einer Mahnung bedarf es jedoch nicht, wenn für die Leistung eine Zeit nach dem Kalender bestimmt ist, wie dies bei Darle-hensverträgen der Fall ist (§ 286 II BGB). Regelmäßig wird man aber einem Kunden eine oder mehrere Mahnungen zukommen lassen, ehe man den Kreditvertrag kündigt.

Die Verzugszinsen sind gesetzlich geregelt. Sie belaufen sich für Firmenkredite auf acht Prozent über dem Basiszinssatz (§ 288 II BGB).

Der gesetzliche Zinssatz gilt stets dann, wenn nichts anderes vereinbart ist. Die Bank ist nicht gehindert, einen höheren Schaden nachzuweisen (§ 288 III, IV BGB).

Es dürfte bedenklich sein, einen höheren Verzugszins in vorformulierten Verträgen oder All-gemeinen Geschäftsbedingungen zu vereinbaren. Die gesetzliche Regelung berücksichtigt die Interessen der Bank angemessen und hat darüber hinaus Leitbildfunktion. Regelungen, die wesentlich davon abweichen, dürften nichtig sein (§ 307 BGB). Es bleibt dann letztlich doch bei den gesetzlichen Zinsen.

Eine Ausnahme vom allgemeinen Verzugszins für Firmenkredite gilt für solche, die durch ein Grundpfandrecht (Grundschuld oder Hypothek) gesichert sind, also für Real-kredite im weiteren Sinne.

Unter Realkredite verstehen Banken regelmäßig lediglich erstrangige Grundpfandrechte, bei denen die Beleihungsgrenze von 60 Prozent des Beleihungswertes der Immobilie eingehal-ten ist. Die nachfolgenden Grundsätze gelten jedoch für alle durch Grundpfandrechte gesi-cherten Kredite, unabhängig von ihrer Rangstelle.

Bei Realkrediten ist der gesetzliche Verzugszins auf 2,5 Prozentpunkte über dem Basiszinssatz festgelegt (§ 497 I 2 BGB). Der Grund hierfür liegt darin, dass sich Banken bei Realkrediten regelmäßig günstiger refinanzieren können, bei diesen Krediten also der Zinsausfall nicht so groß ist.

Die Regelung findet sich zwar bei Bestimmungen über Verbraucherkredite, dürfte aber auch auf Firmenkredite Anwendung finden, sind doch die Voraussetzungen bei allen Realkredite gleichermaßen gegeben.

Auch hier kann die Bank einen höheren Schaden nachweisen und geltend machen. Im Gegensatz zu nicht grundpfandrechtlich gesicherten Darlehen kann der Kunde aber auch einen niedrigeren Schaden der Bank nachweisen (§ 497 I 2 BGB). Dies wird ihm aber kaum gelingen, müsste er doch dafür Einblick in die Bankdaten haben.

Für Verbraucherkredite, die keine Realkredite sind, ist der gesetzliche Zinssatz auf fünf Prozentpunkte über dem Basiszinssatz festgelegt (§ 288 I 2 BGB).

Der Basiszinssatz ist gesetzlich festgelegt und belief sich ursprünglich auf 3,62 Prozent (§ 247 BGB). Er verändert sich zum 01.01 und 01.07. eines jeden Jahres entsprechend der Entwicklung der Hauptfinanzierungsoperation der Europäischen Zentralbank und wurde zum 01.01.2002 erstmals abgeändert. Die Deutsche Bundesbank gibt den geltenden Basiszinssatz jeweils im Bundesanzeiger bekannt (§ 247 II BGB).

Beispiel *Im ersten Halbjahr 2002 wurde der Basiszinssatz von 2,71 Prozent gesenkt. Damit belief sich der gesetzliche Verzugszins für die Zeit vom 01.01. bis 30.06.2002*
– für Firmenkredite auf 10,71 Prozent,
– für Realkredite auf 5,21 Prozent und
– für Konsumentenkredite auf 7,71 Prozent.

4.2.2.10 Fälligkeit der Zinsen

Die Vertragspartner können auch frei vereinbaren, wann die Zinsen fällig sind.

Ist ein Ratenzahlungskredit vereinbart, werden die Zinsen regelmäßig mit den Rückzahlungsraten zahlbar sein. Ist der Kredit in einer Summe fällig, werden zur Zinszahlung regelmäßig feste Daten (monatlich, vierteljährlich) vereinbart. Die Parteien können aber auch regeln, dass die Zinsen erst mit Rückzahlung des Darlehens zu erbringen sind. Ebenso gut können die Zinsen insgesamt bereits bei Auszahlung des Darlehens vom zu zahlenden Kapital einbehalten werden, wie dies teilweise auch beim Disagio geschieht.

Ist, was bei Firmenkrediten die Ausnahme sein dürfte, zur Fälligkeit der Zinsen nichts vereinbart, kommt die gesetzliche Regelung zur Anwendung. Danach sind Zinsen nach Ablauf je eines Jahres und, wenn der Kredit kurzfristiger ist, bei Rückzahlung beziehungsweise Kündigung fällig (§ 488 II BGB).

4.2.2.11 Stundung der Zinsforderung

Vom im Kreditvertrag vereinbarten Aufschub der Fälligkeit der Zinsen, etwa auf den Zeitpunkt der Rückzahlung des Kredits, ist zu unterscheiden die Stundung der Zinsforderung. Sie wird nach Vertragsschluss vereinbart, etwa wenn der Kunde in momentanen Zahlungsschwierigkeiten ist und bewirkt, dass die Zinsen zwar zahlbar bleiben, ihre Fälligkeit aber aufgeschoben wird.

Die Stundung der Zinsforderung ist streng zu trennen von der Stundung des Darlehensrückerstattungsanspruchs. Letzterer kann bewirken, dass für den Zeitraum der Stundung Zinsen nicht zu zahlen sind (vgl. nachstehend 4.2.3.5).

4.2.2.12 Verjährung von Zinsen

Darlehenszinsen unterliegen der Regelverjährung von drei Jahren (§ 195 BGB). Die Verjährung beginnt mit dem Ende des Jahres, in dem die Zinsforderung entstanden ist, die Zinsen also fällig geworden sind (§ 199 I BGB).

Beispiel   *Alle im Jahr 2002 fällig gewordenen Zinsen verjähren mithin mit dem Ablauf des 31.12.2005.*

Der Beginn der Verjährung hängt des Weiteren davon ab, dass der Gläubiger von der Person des Schuldners Kenntnis hat (oder zumindest sich solche Kenntnis ohne grobe Fahrlässigkeit hätte beschaffen können). Diese Regelung ist bedeutsam, wenn sich der in Vermögensverfall geratene Kunde abgesetzt hat und unbekannten Aufenthalts ist. Solange die Anschrift nicht ermittelt werden kann, drohen bankrechtliche Ansprüche nicht zu verjähren.

Ansonsten kann eine Verjährung nur vermieden werden, indem der Kunde die Ansprüche anerkennt, wozu er selten bereit sein wird oder gegen ihn die Zahlungsklage oder ähnliche gerichtliche Schritte veranlasst werden. Die Klageerhebung führt zur Hemmung der Verjährung; solange das Verfahren andauert, läuft die Verjährungsfrist nicht weiter (§ 209 BGB). Ist der Anspruch rechtskräftig festgestellt, verjährt er erst in 30 Jahren (§ 197 I Nr. 3–5 BGB).

Die gerichtliche Feststellung eines Zinsanspruchs muss aber in bezifferter Form erfolgen, soweit es um künftige Zinsansprüche geht.

Beispiel | *Die Bank hat gegen Müller am 01.09.2002 einen gerichtlichen Mahnbescheid über 50.000 Euro nebst 10,61 Prozent Zinsen seit dem 01.02.2002 beantragt. Es ergeht entsprechender Vollstreckungsbescheid, der am 01.12.2002 rechtskräftig wird. Da Müller zahlungsunfähig ist, lässt die Bank den Titel erst einmal liegen. 2015 macht Müller eine Erbschaft, worauf die Bank die Zwangsvollstreckung betreibt. Müller erhebt Vollstreckungsgegenklage wegen der Zinsen und beruft sich auf Verjährung.*

Die Verjährung gewährt dem Schuldner eine Einrede. Nur dann, wenn er sich auf sie beruft, ist sie vom Gericht zu beachten.

Zinsen unterliegen als künftige wiederkehrende Leistungen auch dann der dreijährigen Verjährung, wenn sie rechtskräftig festgestellt sind (§ 197 II BGB). Die Vollstreckungsgegenklage des Kunden wird Erfolg haben, soweit es sich um nach Erlass des Vollstreckungsbescheides fällig gewordene (künftige) Zinsen handelt, die älter als zwei Jahre sind, also die zwischen dem 01.12.2002 und dem 31.12.2012 entstandene Zinsen.

Die in einer rechtskräftigen Entscheidung unbeziffert zugesprochenen künftigen Zinsen drohen nach drei Jahren zu verjähren. Die Bank muss, um dies zu vermeiden, alle drei Jahre die inzwischen fälligen Zinsen errechnen und als Summe gesondert einklagen. Die rechtskräftig festgestellten Zinsen unterliegen dann der 30-jährigen Verjährung.

4.2.3 Rückzahlungspflicht des Kunden

4.2.3.1 Arten der Rückzahlung

Ein Kredit wird gewährt, indem man

- den Kreditbetrag dem Kunden bar auszahlt,

- dem Kunden die Valuta zu seiner Disposition auf ein bankeigenes oder – seltener – auf ein Konto eines anderen Kreditinstituts stellt oder

- vereinbarungsgemäß an einen Dritten zahlt, etwa zur Erfüllung einer Verbindlichkeit des Kunden.

Ein Zahlungskredit kann auch dadurch gewährt werden, dass eine ungenehmigte Kontoüberziehung abgelöst wird oder ein Recht zur Kontoüberziehung eingeräumt wird, also Kredit zur Disposition des Kunden gestellt wird.

So unterschiedlich die Kreditgewährung sein kann, so verschieden kann die Rückzahlungspflicht ausgestaltet werden. Oft hat der Kunde auch die Wahl, wie er sich von seiner Zahlungspflicht befreit.

Die Rückzahlung in bar dürfte bei Firmenkrediten die Ausnahme bilden. Ist der Kredit in einem Betrag zu erstatten, erfolgt die Zahlung unbar durch Abbuchung vom Konto bei der Kreditgeberbank oder durch Überweisung vom Konto eines anderen Kreditinstituts. Ist der Kredit in Raten zurückzuzahlen, erfolgt dies zumeist durch Abbuchung von einem bei der Kreditgeberbank bestehenden Girokonto. Sache des Kunden ist es, dafür Sorge zu tragen, dass das Konto stets ausreichende Deckung aufweist.

Oft werden von der Bank vom Girokonto des Kunden zur Erfüllung der Kreditraten auch dann noch Abbuchungen vorgenommen, wenn das Konto, etwa in der Krise des Unternehmens, keine Deckung mehr aufweist bzw. ein gewährter Kontokorrentkredit ausgeschöpft ist. Dem Kunden werden dann Zinsen für eine ungenehmigte Kontoüberziehung angelastet.

Solches Vorgehen ist problematisch. Ist die Kontoüberziehung, wie regelmäßig, mit dem Kunden nicht abgesprochen, stellt sich die Frage, ob ein bloßes Umbuchen der Verbindlichkeit vom Darlehenskonto auf das Girokonto überhaupt eine Erfüllungswirkung haben kann. Im Zweifelsfall bleibt die Darlehensschuld offen. Da auf diese Weise der Darlehensvertrag erhalten bleibt, kann die Bank auch nur die Darlehenszinsen und nicht die (höheren) Überziehungskreditzinsen fordern.

Ist die Verfahrensweise mit dem Kunden abgestimmt, dürfte in Höhe der von der Bank selbst veranlassten Überziehung des Girokontos ein (stillschweigender) Kontokorrentkredit vorliegen, sodass auch nur das Entgelt für einen Dispokredit gefordert werden kann.

Der Kunde kann sich von seiner Rückzahlungsverpflichtung auch durch Aufrechnung mit einer Gegenforderung befreien. Nach den AGB-Banken ist dies aber nur mit einer unbestrittenen oder rechtskräftig festgestellten Forderung möglich.

Beispiel   *Müller hat durch Vermittlung der Bank von Meyer dessen Werbeagentur zum Kaufpreis von 60.000 Euro gekauft. Die Bank hat Müller den Kaufpreis finanziert. Die Bank wusste, dass die Werbeagentur von Meyer völlig heruntergewirtschaftet war und keine Kunden mehr hatte, was sie Müller verschwieg. Müller nimmt die Bank auf Schadenersatz gerichtlich in Anspruch und erzielt ein rechtskräftiges Urteil. Er erklärt mit dem ihm zugesprochenen Betrag von 60.000 Euro die Aufrechnung gegenüber dem Darlehensrückerstattungsanspruch der Bank.*

4.2.3.2 Zahlung durch Dritte

Der Kunde braucht nicht selbst zu leisten. Auch durch Leistung eines Dritten geht die Forderung unter (§ 267 BGB).

Die Leistung durch einen Dritten erfolgt häufig dann, wenn es sich bei diesem um einen Sicherungsgeber handelt, der mangels Zahlung des Schuldners in Anspruch genommen zu werden droht.

Beispiel   *Müller hat zum Aufbau seines Handelsgeschäfts bei der Bank einen Kredit aufgenommen, für welchen sein Vater auf dessen Privathaus eine Grundschuld eintragen ließ. Als Müller jun. zahlungsunfähig wird, löst Müller sen. den Kredit ab, um nicht sein Haus zu verlieren.*

4.2.3.3 Verrechnung von Zahlungen bei Forderungsmehrheit

Haftet der Kunde der Bank aus mehreren Schuldverhältnissen, ist zu klären, wie Zahlungen zu verrechnen sind, die zur Tilgung aller Verbindlichkeiten nicht ausreichen.

Beispiel   *Müller haftet der Bank aus einer nicht genehmigten Überziehung seines Girokontos auf 50.000 Euro und aus einem fällig gestellten Darlehen in gleicher Höhe. Für die Darlehensforderung hat sich Müller sen. verbürgt. Müller zahlt 50.000 Euro und erklärt, dass er damit die Darlehensforderung tilgen will. Die Bank möchte den Betrag auf die ungesicherte Kontoüberziehung verbuchen.*

Ist der Kunde der Bank aus mehreren Schuldverhältnissen zur Zahlung verpflichtet und reicht das von ihm Geleistete nicht zur Tilgung sämtlicher Schulden aus, wird diejenige Schuld getilgt, welche der Leistende bei der Leistung bestimmt (§ 366 I BGB). Der Kunde hat also ein Bestimmungsrecht, welcher von mehreren Verbindlichkeiten seine Zahlung gutgeschrieben werden soll.

Oft zahlt der Kunde, ohne dass er bei der Zahlung festlegt, auf welche Schuld die Zahlung verrechnet werden soll. Auch dann ist die Bank nicht frei, wie sie die Zahlung verrechnen kann. Vielmehr trifft das Gesetz für diesen Fall eine verbindliche Regelung.

Beispiel   *Im obigen Beispielsfall zahlt Müller jun. die 50.000 Euro, ohne anzugeben, auf welche Schuld sie zu verrechnen sind. Dies ergibt sich auch nicht aus den Umständen der Zahlung.*

Trifft der Schuldner keine Bestimmung, so wird

- zunächst die fällige Schuld,

- unter mehreren fälligen Schulden diejenige, welche dem Gläubiger geringere Sicherheit bietet,

- unter mehreren gleich sicheren die dem Schuldner lästigere,

- unter mehreren gleich lästigen die ältere Schuld und

- bei gleichem Alter jede Schuld verhältnismäßig getilgt (§ 366 II BGB).

Im obigen Beispielsfall sind beide Bankverbindlichkeiten fällig. Die Kontoüberziehung bietet aber der Bank als Gläubigerin die geringere Sicherheit, da sich für die Darlehensforderung der Vater des Kunden verbürgt hatte. Damit ist die Kontoüberziehung ausgeglichen.

Ähnliche Probleme stellen sich, wenn aus ein und dem selben Schuldverhältnis mehrere Ansprüche bestehen und die erbrachte Leistung zur Erfüllung aller Ansprüche nicht ausreicht.

Beispiel *Die Bank hat den Müller gewährten Kredit in Höhe von 20.000 Euro fällig gestellt. Zinsen sind in Höhe von 2.000 Euro aufgelaufen. Außerdem stehen noch 500 Euro aus der Bewertung der das Darlehen sichernden Immobilie offen. Müller zahlt 3.000 Euro.*

Hat der Schuldner außer der Hauptforderung Zinsen und Kosten zu entrichten und reicht seine Leistung zur Tilgung aller Ansprüche nicht aus, so ist sie zunächst auf die Kosten, dann auf die Zinsen und zuletzt auf die Hauptsumme zu verrechnen (§ 367 I BGB). Auch hier kann der Kunde eine andere Tilgungsreihenfolge bestimmen. Die Bank hätte dann aber das Recht, die Leistung abzulehnen (§ 367 II BGB).

Im obigen Beispielsfall werden mithin getilgt die Kosten in Höhe von 500,00 Euro und die Zinsen mit 2.000,00 Euro. Die verbleibenden 500,00 Euro sind auf das Darlehen zu verrechnen.

Für den Verbraucherkredit sieht das Gesetz eine andere Tilgungsreihenfolge vor. Danach sind Teilzahlungen zunächst der Hauptsumme gut zu bringen (§ 497 III BGB). Der Grund dafür liegt darin, dass bei kleinen Zahlungsbeträgen, die nicht einmal die Zinsen decken, der Kunde bei der allgemeinen gesetzlichen Regelung (§ 367 BGB) niemals entlastet würde.

4.2.3.4 Fälligkeit des Rückzahlungsanspruchs

Für die Fälligkeit des Anspruchs auf Rückerstattung der Darlehensvaluta ist maßgebend die Vereinbarung der Vertragspartner. Die Fälligkeit wird, ob der Betrag auf einmal oder in Raten zurückzuzahlen ist, regelmäßig datumsmäßig festgelegt.

Die Parteien können aber auch einen Kreditvertrag schließen, ohne einen Rückzahlungszeitpunkt festzulegen. Die Rückzahlungsverpflichtung ist dann abhängig von einer Kündigung.

> Der typische Fall eines unbefristeten Darlehens ist der Dispo-Kredit, der in der Form einer der Höhe nach begrenzten Erlaubnis zur Überziehung des Girokontos gewährt wird. Die Krediteinräumung erfolgt regelmäßig „bis auf Weiteres".

Ein unbefristeter Kredit ist für den Kunden bei veränderlichem Zinssatz nach dem Gesetz jederzeit unter Einhaltung einer Kündigungsfrist von drei Monaten kündbar (§ 489 II BGB). Ist dagegen der Zinssatz für einen bestimmten Zeitraum festgelegt, ist der Firmenkredit für die Zeit der Zinsbindung für den Kunden unkündbar (§ 489 I Ziff. 1 BGB).

> Anderes gilt für den Verbraucherkredit. Ist ein solcher nicht durch ein Grundpfandrecht gesichert, kann dieser frühestens sechs Monate nach Empfang des Geldes vom Kunden mit einer Kündigungsfrist von drei Monaten gekündigt werden (§ 489 I Ziff. 2 BGB).

In jedem Fall ist ein Kredit auch für den Firmenkunden nach Ablauf von zehn Jahren nach Auszahlung des Darlehens kündbar, wenn die Vertragspartner zuvor nicht eine neue Zinsbindungsfrist vereinbart haben (§ 489 I Nr. 3 BGB).

Beispiel *Müller hat bei der Bank ein Darlehen aufgenommen, bei dem der Zinssatz auf zehn Jahre festgelegt wurde. Nach acht Jahren vereinbart er mit der Bank einen neuen Zins, der wiederum auf zehn Jahre festgelegt wird. Damit verlängert sich die Zinsbindung auf insgesamt 18 Jahre.*

Die gesetzliche Kündigungsregelung ist insoweit abdingbar, als Vertragspartner abweichende Kündigungsfristen vereinbaren können. Sie können die Kündigungsfrist verlängern oder verkürzen oder ganz entfallen lassen.

Kreditinstitute haben von dieser Möglichkeit Gebrauch gemacht, indem sie sich in ihren Allgemeinen Geschäftsbedingungen für Kredite ohne feste Laufzeit und ohne gesonderte Kündigungsvereinbarung ein jederzeitiges Kündigungsrecht vorbehalten haben (vgl. Nr. 19 Abs. 2 AGB-Banken, Nr. 26 Abs. 1 AGB-Sparkassen).

Dies gilt jedoch nur mit der Maßgabe, dass bei der Kündigung auf die berechtigten Interessen des Kunden Rücksicht zu nehmen ist, insbesondere eine Kündigung nicht zur Unzeit erfolgen darf (vgl. Nr. 19 Abs. 2 Satz 2 AGB-Banken, Nr. 26 Abs. 1 Satz 2 AGB-Sparkassen).

Beispiel   *Firma Müller GmbH benötigt und erhält von ihrer Hausbank zur Durchführung eines Auslandsgeschäfts einen größeren Kredit. Ehe das Geschäft abgewickelt ist und ohne Vorwarnung stellt die Bank den Kredit fällig. Firma Müller kann so schnell keinen Ersatzkredit beschaffen, worauf das Geschäft platzt.*

Kreditverträge unterliegen wie alle Dauerschuldverhältnisse im besonderen Maß dem Grundsatz von Treu und Glauben (§ 242 BGB). Kunde und Bank haben sich so zu verhalten, wie es von einem redlichen Vertragspartner erwartet werden darf. Ist ein Kredit für einen bestimmten Zweck gewährt, darf er dem Kunden ohne Not nicht wieder entzogen werden. Auf jeden Fall ist ihm eine Kündigung rechtzeitig anzukündigen.

Die zur Unzeit ausgesprochene Kündigung ist zwar wirksam. Die Bank macht sich aber dem Kunden gegenüber schadenersatzpflichtig. Im Beispielsfall könnte der Kunde den entgangenen Gewinn aus dem geplatzten Geschäft als Schadenersatz fordern.

Grenzen einer unzulässigen Rechtsausübung sind da gesetzt, wo der Kunde sich seinerseits unkorrekt verhält.

Beispiel   *Firma Müller GmbH hat das bei ihrer Hausbank bestehende Girokonto immer wieder erheblich überzogen. Als die ungenehmigte Kontoüberziehung eine gewisse Größe erreicht, fordert die Bank Ausgleich.*

Hier kann der Kunde aus der Duldung in der Vergangenheit keinen Anspruch auf die Zukunft herleiten. Generell ist festzustellen, dass auch eine langjährige Geschäftsbeziehung keinen Anspruch auf Kreditgewährung gibt.

Hat die Bank das Recht, einen Kreditvertrag jederzeit zu kündigen, kann das Verbot zur Kündigung zur Unzeit nicht zu einem generellen Ausschluss des ordentlichen Kündigungsrechts führen und dazu, dass die Bank das Vertragsverhältnis nur beenden darf, wenn Gründe zur außerordentlichen Kündigung vorliegen, etwa weil der Kunde seinen Verpflichtungen nicht mehr nachkommt. Sie muss dem Kunden aber ausreichend Zeit lassen, sich anderweitig einen Ersatzkredit zu beschaffen.

Im Ergebnis führt dies dazu, dass die Bank dem Kunden vor jeder Kündigung ihre Absicht mitteilen und ihm Gelegenheit geben muss, den Kredit abzulösen.

Will der Kunde für einen bestimmten Zeitraum eine Kreditkündigung seitens der Bank ausschließen, muss er dies vertraglich vereinbaren.

4.2.3.5 Stundung des Rückzahlungsanspruchs

Ist der Kredit durch Zeitablauf oder in Folge Kündigung fällig, ist er zurückzuzahlen, es sei denn, die Bank ist bereit, dem Kunden den Rückzahlungsanspruch zu stunden. Zur Stundung ist sie oft bereit, wenn der Kunde sich in einem momentanen Liquiditätsengpass befindet und es sich nur um einzelne Rückzahlungsraten handelt, mit denen er im Rückstand ist.

Es sollte vertraglich klargestellt werden, dass auch für die Zeit der Stundung des Kredits eine Zinszahlungspflicht besteht.

Beispiel   *Firma Müller GmbH ist ihrer Ratenzahlungspflicht nicht mehr nachgekommen. Die Bank hat den Kreditvertrag am 01.07. fristlos gekündigt und der Kundin eine Frist zur Rückzahlung des Kredits zum 01.08. gesetzt. Für die Zeit vom 01.07. bis 01.08. fordert sie Zinsen. Die Kundin wendet ein, solche nicht zu schulden.*

Die vertraglich vereinbarten Kreditzinsen sind ab Kündigung und damit Beendigung des Vertrags nicht mehr geschuldet. Die Einräumung eines Zahlungsziels von einem Monat stellt eine Stundung dar, die den Zahlungsverzug aufschiebt, sodass im Beispielsfall Verzugszinsen erst ab 01.08. geschuldet sind. Die Bank kann demnach für den Monat keine Zinsen fordern.

Um solches zu vermeiden wird vertraglich zumeist vereinbart, dass bei Stundung gesonderte Stundungszinsen zu zahlen sind.

4.2.3.6 Zahlungsverzug

Ist der Kunde mit seiner Rückzahlungsverpflichtung in Verzug, kann die Bank Verzugsschaden geltend machen (§§ 280 II, 286 BGB).

In Verzug gerät der Schuldner durch Mahnung des Gläubigers (§ 286 I 1 BGB). Einer Mahnung bedarf es aber nicht, wenn für die Leistung eine Zeit nach dem Kalender bestimmt ist (§ 286 II Ziff. 1 BGB). Dies ist bei befristeten Krediten regelmäßig der Fall, da bei diesen der Zeitpunkt der Erbringung der einzelnen Raten oder der Rückzahlung in einem Betrag datumsmäßig festgelegt ist. Bei zeitlich unbefristeten Krediten ist das Datum der Rückzahlung üblicherweise mit der Kündigung gegeben, sodass der Kunde ohne weiteres in Verzug gerät. Ansonsten kommt der Kunde spätestens 30 Tage nach Fälligkeit in Verzug (§ 286 III BGB).

Für seine Zahlungsfähigkeit haftet der Kunde immer, sodass er nicht geltend machen kann, er habe seine mangelnde Leistung nicht zu vertreten (vgl. § 286 IV BGB).

Die wesentliche Verzugsfolge ist, dass der Kunde ab Verzug erhöhte Zinsen zu zahlen hat, die so genannten Verzugszinsen. Sie sind für Firmenkredite gesetzlich auf 8 Prozentpunkte über dem Basiszinssatz festgelegt (§§ 288 II, 247 BGB). Bei Realkrediten, bei denen sich die Bank günstiger refinanzieren kann, beträgt der gesetzliche Zinssatz 2,5 Prozentpunkte über dem Basiszinssatz (§ 497 I 2 BGB; siehe oben 4.2.2.9).

Die Bank kann nach Fristsetzung den Kreditvertrag auch außerordentlich kündigen, den Kredit zurückfordern und Schadenersatz geltend machen (vgl. 6.3.3.2).

4.2.3.7 Verjährung

Der fällige Darlehensrückforderungsanspruch unterliegt der Regelverjährung von drei Jahren (§ 195 BGB).

Die kurze Verjährungsfrist des Rückzahlungsanspruchs von drei Jahren (bis 31.12.2001 30 Jahre!) stellt an Banken erhöhte Anforderungen. Sie werden wesentlich öfter und sorgfältiger als bisher überprüfen müssen, ob ihr Anspruch nicht verjährt.

Die Verjährung beginnt mit dem Ende des Jahres, in dem der Kredit zur Rückzahlung fällig wurde und ist nur dann aufgeschoben, wenn der Kunde unbekannten Aufenthalts ist (vgl. 4.2.2.12).

Die Regelung gilt für alle nach dem 31.12.2001 fällig gewordene Ansprüche. Die kurze Verjährungsfrist findet aber auch auf bis zum 31.12.2001 fällig gewordene (Kapital- und Zins-) Ansprüche Anwendung, allerdings mit der Maßgabe, dass die dreijährige Verjährung erst ab 01.01.2002 zu laufen beginnt, wenn die Ansprüche nach dem bis zum 31.12.2001 geltenden Recht einer längeren Verjährungsfrist unterlagen, wie dies sowohl bei Hauptforderung und Zinsen eines Kredits der Fall ist.

Dies gilt wiederum nur, wenn die Ansprüche im konkreten Fall nach altem Recht nicht früher verjährt worden wären. Dann bleibt das alte Verjährungsrecht anwendbar. Es gilt also immer die kürzere Verjährungsfrist (Art. 229 § 6 EGBGB; zur Verjährung im Einzelnen 7.).

5. Nebenpflichten des Firmenkreditvertrags

Neben den Hauptpflichten ergeben sich aus einem Kreditvertragsverhältnis unterschiedliche Nebenpflichten. Auch ihre Verletzung verpflichtet zum Schadenersatz (§ 280 I BGB).

Nebenpflichten sind bei allen Schuldverhältnissen gegeben. Dies sind Sorgfalts-, Obhuts-, Fürsorge- oder Treuepflichten, die dem Gebot erwachsen, sich so zu verhalten, wie man es von einem redlichen Vertragspartner erwarten kann und sind Ausfluss des Grundsatzes von Treu und Glauben (§§ 241 II, 242 BGB).

Bei der Begründung und Abwicklung von Darlehensverträgen sind sie von besonderer Bedeutung, da diese als so genannte Dauerschuldverhältnisse die Vertragspartner längerfristig aneinander binden. Sie erfordern ein höheres Maß gegenseitiger Rücksichtnahme, als Verträge, die sich wie Kaufverträge in einem einmaligen Leistungsaustausch erschöpfen („Ware gegen Geld").

Sie gelten für Kreditnehmer und Kreditgeber, wenn sie auch für beide unterschiedliche Ausgestaltungen haben.

5.1 Nebenpflichten des Kreditnehmers

Es sind dies im Wesentlichen Offenbarungspflichten. Wenn die Bank jemandem ihr Geld anvertraut, muss sie sich ein Bild von seinen wirtschaftlichen Verhältnissen machen können. Dies gilt insbesondere im Firmenkreditgeschäft, wo es oft um hohe Summen geht und die Bank als Geldgeber an der Geschäftsentwicklung in besonderer Weise teilhat.

Beispiel *Der Geschäftsführer Müller der Firma Müller GmbH nimmt Kontakt zu einer Bank auf wegen eines größeren Firmenkredits. Er legt „geschönte" Bilanzen vor und verschweigt auf entsprechende Anfrage, dass er bereits bei einem anderen Kreditinstitut Darlehen aufgenommen hat und es dort schon zu Zahlungsrückständen gekommen ist.*

Die Bank kann den treuwidrig zustande gekommenen Kreditvertrag anfechten. Sie kann den Kunden auch wegen Verletzung seiner Offenbarungspflicht auf Schadenersatz in Anspruch nehmen.

5.2 Nebenpflichten der kreditgebenden Bank

Dass ein Kreditverhältnis ordnungsgemäß zustande kommt und abgewickelt wird, muss von beiden Seiten gewährleistet sein. Auch und gerade die Bank, an die der Kunde sich vertrauensvoll wendet, muss die Gebote der Fairness einhalten.

Bis es zur Gewährung eines Firmenkredits kommt, ist viel zu klären und zu regeln, was einige Zeit in Anspruch nimmt. Die Bank fordert die Vorlage von Bilanzen und weiteren Geschäftsunterlagen, um sich ein Bild von der wirtschaftlichen Lage des Unternehmens machen zu können. Die Verwendung des gewünschten Kredits ist zu erörtern. Sollen mit seiner Hilfe einzelne Geschäfte finanziert werden oder die Geschäftätigkeit erweitert und Investitionen getätigt werden, stets werden die Maßnahmen auf Plausibilität und Effizienz zu überprüfen sein. Wird die Bank durch die Finanzierung doch gleichsam zum Partner des Geschäfts.

> Es ist weiter abzuklären, welche Sicherheiten der Kunde für den Kredit bieten kann, ob eigene Sicherheiten in ausreichendem Maße zur Verfügung stehen oder Dritte als Sicherungsgeber mit einbezogen werden müssen. Wird mit dem Kredit erworbenes Anlagevermögen, zu verarbeitendes Material oder zu verkaufende Ware zur Sicherung übereignet und aus den abzuschließenden Handelsverträgen Forderungen zur Sicherung abgetreten, nimmt die Bank am Erfolg oder Misserfolg der Aktivitäten in besonderem Maße teil.
>
> Die Kreditbedingungen sind auszuhandeln, insbesondere Höhe, Laufzeit, Tilgung und Zins des Darlehens. Die Bedingungen können je nach Finanzierungszweck sehr unterschiedlich sein; vom kurzfristigen, in einer Summe zurückzuzahlenden Überbrückungskredit bis zum Investitionskredit mit ratenweiser Tilgung und einer Laufzeit von Jahrzehnten.

Wichtig ist es, ein in sich stimmiges Konzept zu entwickeln, das dem Finanzierungsbedürfnis des Kunden und dem Sicherungsbedürfnis der Bank gleichermaßen Rechnung trägt. Am Ende der Verhandlungen steht dann der unterschriftsreife Kreditvertrag als Produkt der Zusammenarbeit von Bank und Firmenkunden.

Solches ist nur möglich, wenn der Kunde der Bank vertrauen kann und die Bank solches Vertrauen gewährleistet. Dabei sind vom Kreditinstitut zwei Dinge in besonderem Maße gefordert,

Verschwiegenheit über die offen gelegten Geschäfts- und Firmeninterna und Beratung und Aufklärung dort, wo der Kunde darauf angewiesen ist.

5.2.1 Bankgeheimnis

Garant einer vertrauensvollen Zusammenarbeit zwischen Kreditinstitut und Kunden ist die Verschwiegenheitpflicht der Bank, das so genannte Bankgeheimnis. Es gewährleistet, dass vertrauliche Daten und Informationen nicht weiter getragen werden und verhindert, dass dem Kunden dadurch Schaden entsteht.

> Verschwiegenheitspflichten sind bei vielen Berufsgruppen gegeben, etwa bei Rechtsanwälten, Notaren, Steuerberatern, Ärzten und Seelsorgern. Erst sie ermöglichen die beratende und unterstützende Tätigkeit, zu der sich der Hilfesuchende zunächst offenbaren muss. Nicht anders ist das Verhältnis zwischen dem um einen Kredit nachsuchenden Kunden und der Bank.

Das Bankgeheimnis ist in Nr. 2 Abs. 1 der AGB-Banken geregelt, wo es heißt:

> „Die Bank ist zur Verschwiegenheit über alle kundenbezogenen Tatsachen und Wertungen verpflichtet, von denen sie Kenntnis erlangt (Bankgeheimnis). Informationen über Kunden darf die Bank nur weitergeben, wenn gesetzliche Bestimmungen dies gebieten oder der Kunde einwilligt, oder die Bank zur Erteilung einer Bankauskunft befugt ist."

Damit ist eine Aussage über Umfang und Grenzen des Bankgeheimnisses gemacht.

> In den AGB-Sparkassen fehlt eine solche Bestimmung. Von rechtlicher Bedeutung ist dies nicht. Die Verschwiegenheitspflicht für Banken und Sparkassen gilt unabhängig von ihrer Normierung in Geschäftsbedingungen. Die Aufnahme in den AGB-Banken hat nur Hinweischarakter.

5.2.1.1 Umfang des Bankgeheimnisses

Das Bankgeheimnis

- ist umfassend. Es gilt für alle, den Kunden betreffende Informationen, die die Bank von diesem oder dritter Seite erhält und zwar unabhängig davon, ob sie für das Bankrechtsverhältnis bedeutsam sind oder nicht.

- gilt für jedermann, vom Vorstand bis zum Auszubildenden und aller sonstigen Personen, derer sich die Bank zur Erfüllung ihrer Aufgaben bedient. Es ist für Mitarbeiter arbeitsvertraglich abzusichern und besteht für diese auch fort, wenn sie aus der Bank ausgeschieden sind.

> *Beispiel*   *Der Kreditsachbearbeiter Meyer ist zu einem anderen Kreditinstitut gewechselt. Bei seiner früheren Arbeitgeberin erworbene Kenntnisse über Kunden und Kundenbeziehungen darf er für das neue Arbeitsverhältnis nur dann nutzbar machen, wenn der jeweilige Kunde damit einverstanden ist.*

    gilt gegenüber jedermann auch gegenüber nahestehenden Personen (Ehefrau des Mitarbeiters, Ehefrau des Kunden). Es besteht auch hausintern, sodass die in das Kundengeschäft einzubeziehen sind, bei denen eine Information im wohlverstandenen Kundeninteresse liegt oder bei denen eine Information zur ordnungsgemäße Erfüllung der Bankgeschäfte generell notwendig ist (etwa bei Aufsichtsgremien).

> *Beispiel*   *Müller hat auf seinem Girokonto stets größere Geldbeträge liegen. Es ist zu rechtfertigen, einen hausinternen Anlageberater zu informieren, damit dieser sich mit Müller wegen einer günstigeren Anlage des Geldes in Verbindung setzt. Dagegen verbietet es sich, die Information Dritten weiterzugeben, etwa einer Bausparkasse, mit der die Bank zusammenarbeitet.*

    besteht räumlich unbegrenzt, ist also innerhalb und außerhalb der Bank zu wahren, auch nach Feierabend am Stammtisch.

    besteht zeitlich unbegrenzt. Es beginnt mit dem ersten Gespräch über eine Kreditaufnahme und bleibt auch dann erhalten, wenn eine Geschäftsbeziehung nicht zustande kommt. Es bleibt auch nach Beendigung der Kundenbeziehung bestehen.

5.2.1.2 Grenzen des Bankgeheimnisses

Das Bankgeheimnis ist dann nicht zu wahren, wenn der Kunde in die Informationserteilung einwilligt.

> Eine solche Einwilligung ist mit der SCHUFA-Klausel gegeben, wie man sie in Kreditverträgen regelmäßig findet. In der heute üblichen eingeschränkten Form ist sie auch dann unbedenklich, wenn sie in vorformulierten Verträgen enthalten ist. Stets bedarf die Einwilligung zur Weitergabe von Daten an die SCHUFA der gesonderten Unterschrift des Kunden.

Die Verschwiegenheitspflicht der Banken findet ihre Grenze in einem staatsanwaltschaftlichen Ermittlungsverfahren oder einem Strafverfahren. Gegenüber Staatsanwaltschaft und Gericht ist ein Mitarbeiter zur Aussage auch über Sachverhalte verpflichtet, die dem Bankgeheimnis unterliegen, nicht jedoch gegenüber der in die Ermittlungen eingeschalteten Polizei (§ 161 a StPO).

Ist ein Mitarbeiter der Bank in einem Zivilprozess als Zeuge geladen, ist er zur Aussage nur berechtigt (dann aber auch verpflichtet), wenn er vom Kunden und allen notwendig Mitbetroffenen (Sicherungsgeber) von der Schweigepflicht entbunden wird (§§ 383 I Nr. 2, 384 Nr. 3 ZPO). Bei einem öffentlich rechtlichen Kreditinstitut (Sparkasse, Landesbank) benötigt er außerdem noch eine Aussagegenehmigung durch den Vorstand (§ 376 ZPO).

Weitere Durchbrechungen der Verschwiegenheitspflichten der Bank sind im Steuerrecht normiert. Beispiele für Auskunftspflichten der Bank gegenüber Steuerbehörden finden sich im Einkommensteuerrecht (Zinsabschlagsteuer, § 45 d EStG) und Schenkung- und Erbschaftsteuerrecht (§ 33 ErbStG).

Das Bankgeheimnis ist grundsätzlich auch staatlichen Stellen gegenüber zu wahren. Nur in gesetzlich gesondert geregelten Fällen besteht eine Auskunftspflicht.

5.2.1.3 Bankauskunft

Bei der Bankauskunft ist zu differenzieren (vgl. zum Nachstehenden i. E. Nr. 2 Abs. 2 AGB-Banken, Nr. 3 AGB-Sparkassen).

Für die Auskunftserteilung über einen Privatkunden bedarf die Bank stets der Einwilligung des Kunden. Dabei ist der Kreis der Privatkunden gegenüber Geschäftskunden weiter gezogen als bei der Differenzierung Konsumentenkredit – Firmenkredit. Geschäftskunden sind:

- juristische Personen und
- im Handelsregister eingetragene Kaufleute.

Alle Übrigen sind also Privatkunden, auch

- Gewerbetreibende, die wie Minderkaufleute nicht im Handelsregister eingetragen sind,
- Freiberufler, wie Rechtsanwälte, Steuerberater, Ärzte,
- Handwerker und
- Landwirte, aber auch
- Gesellschafter einer GmbH oder AG, Kommanditisten einer KG, nicht eingetragene Vereine und
  Gesellschaften bürgerlichen Rechts.

Sie sind mithin bei Bankauskünften als Privatkunden anzusehen.

Geschäftskunden sind danach

■ natürliche Personen, soweit sie als Kaufleute im Handelsregister eingetragen sind, wobei es nur auf die Tatsache der Eintragung, nicht auf die Größe des Gewerbebetriebes ankommt,

■ juristische Personen, wie Kapitalgesellschaften (GmbH, AG),

■ Personalgesellschaften (OHG, KG, GmbH & Co. KG sowie deren persönliche haftende Gesellschafter), aber auch

■ Genossenschaften, Stiftungen,

■ Anstalten und Körperschaften des öffentlichen Rechts und

■ der eingetragene Verein.

Bei Geschäftskunden bedarf die Bank zur Erteilung einer Auskunft keiner Einwilligung, es sei denn,

■ der Kunde hat eine Auskunftserteilung ausdrücklich untersagt.

> Bankauskünfte entsprechen Handelsbrauch. So wie ein Firmenkunde die Möglichkeit hat, über Geschäftspartner bei der Bank Auskünfte einzuholen, so muss auch er grundsätzlich damit einverstanden sein, dass seine Geschäftspartner dies über ihn tun. Für die Einwilligung in die das Bankgeheimnis durchbrechende Bankauskunft spricht daher eine Vermutung, die er nur dadurch ausräumen kann, dass er seiner Bank die Auskunft untersagt.

■ Schutzwürdige Interessen des Kunden stehen der nachgesuchten Bankauskunft entgegen.

Beispiel *Ein Geschäftspartner der Firma Müller GmbH hat über diese bei der D-Bank eine Bankauskunft angefordert. Beide Firmen sind Vertragspartner der Bank. Die wirtschaftlichen Verhältnisse der GmbH sind so schlecht, dass die Erteilung der Auskunft eine Geschäftsverbindung von vornherein ausschließen würde.*

Das Interesse des einen Kunden an der Bankauskunft ist gegenüber dem Interesse des anderen Kunden, eine schlechte wirtschaftliche Lage der Firma nicht zu offenbaren, abzuwägen. Im Zweifel wird die Bank die Auskunft nicht ohne Einwilligung des Kunden erteilen.

> Der Firmenkunde wird entscheiden müssen, wodurch ihm größerer Schaden droht, durch die negative Auskunft oder durch deren Verweigerung, die zur Spekulation Anlass geben kann.

Eine erteilte Bankauskunft muss wahr sein und auch alle der Bank bekannten negativen Merkmale umfassen. Sonst macht sich die Bank dem Auskunftsersuchenden gegenüber schadenersatzpflichtig.

Eine Verweigerung der Auskunft muss neutral gehalten werden und darf ihren Grund nicht erkennen lassen.

Beispiel   *Etwa: „Wir sehen uns leider außerstande, die von Ihnen gewünschte Auskunft zu erteilen."*

5.2.1.4 Verletzung des Bankgeheimnisses

Die Verletzung des Bankgeheimnisses verpflichtet die Bank zum Schadenersatz.

Beispiel   *Müller, Geschäftsführer der Firma Müller GmbH, möchte von der Bank einen größeren Firmenkredit. Die Verhandlungen scheitern an der schlechten wirtschaftlichen Lage der GmbH. Abends erzählt der Sachbearbeiter Meyer der Bank am Stammtisch, dass Firma Müller GmbH „praktisch pleite" sei, wodurch der GmbH erheblicher Schaden entsteht.*

Die Firma kann den Schaden der Bank gegenüber geltend machen (§§ 276, 278, 280 BGB). Der Sachbearbeiter muss mit arbeitsrechtlichen Konsequenzen rechnen. Die Bank wird sich von ihm möglicherweise trennen und ihn auf Erstattung ihrer Schadenersatzaufwendungen in Anspruch nehmen.

5.2.2 Beratungs- und Aufklärungspflichten der Bank beim Firmenkredit

Grundsätzlich wird für einen erteilten Rat oder eine gegebene Empfehlung nicht gehaftet (§ 675 II BGB). Anders im Bankrechtsverhältnis, wenn der Kunde bei der Bank um fachliche Beratung nachsucht. Wird die Beratung erteilt, muss sie vollständig und richtig sein. Im anderen Fall haftet die Bank dem Kunden auch hier auf Schadenersatz (§ 280 BGB).

Das eigentliche Gebiet von Beratungs- und Aufklärungspflichten ist das Anlagengeschäft. Lässt sich ein Kunde wegen einer Geldanlage von der Bank beraten, muss die Beratung umfassend und zutreffend sein. Sie muss bei Anlagen mit Kurs- und sonstigen Risiken auch die Risikobereitschaft des Kunden ermitteln und besondere Risiken deutlich machen. Dass Aktien Kursschwankungen unterliegen, braucht dagegen in der Regel nicht dargelegt zu werden, da solches allgemein bekannt ist.

Die erteilten Auskünfte über eine empfohlene und durchgeführte Anlage müssen zutreffend sein. Dabei wird vom Anlageberater erwartet, dass er auch über neueste Entwicklungen informiert ist. Der wesentliche Teil der Rechtsprechung zu Aufklärungspflichten betrifft unzureichende oder falsche Beratung im Anlagenbereich. Fehlt dem Anlageberater die Kenntnis über eine vom Kunden gewünschte Geldanlage, muss er klarstellen, dass er den Kunden dazu nicht beraten kann.

Beratungs- und Aufklärungspflichten der Bank können sich auch beim Abschluss von Kreditverträgen ergeben. Sie sind, wie nachstehend aufzuzeigen ist, stärker eingeschränkt und setzen stets entsprechende Unkenntnis des Kunden voraus.

Daraus ergibt sich, dass solche Nebenpflichten bei Firmenkrediten Ausnahmecharakter haben. Ein Kaufmann wird regelmäßig mit den Umständen und Bedingungen einer Kreditvergabe vertraut sein. Bei einem Freiberufler, einem Handwerker oder einem Landwirt wird dagegen oft größerer Beratungsbedarf bestehen. Bei geschäftlich unterfahrenen Existenzgründern wird in der Regel eine umfassende Beratung angezeigt sein. Hier ist es geboten, den Kunden über sich anbietende Kreditarten, ihre Besonderheiten und Vor- und Nachteile eingehend aufzuklären.

Dies gilt insbesondere, wenn dem nicht besonders erfahrenen Kreditkunden Kredite empfohlen werden, die vom Üblichen abweichen, etwa solche, deren Tilgung über eine abzuschließende und abzutretende Lebensversicherung erfolgen. Der Abschluss solcher Kreditformen ist zwar nicht generell unzulässig, setzt aber regelmäßig einen erhöhten Beratungsaufwand voraus, wobei Vor- und Nachteile im Einzelnen darzulegen sind.

5.2.2.1 Grundsatz: Keine Beratungspflicht beim Firmenkredit

Die Bank wird bei der Vergabe von Krediten im eigenen Interesse tätig. Dies muss auch der Kunde wissen. Seine Aufgabe ist es, auf dem Markt Vergleichsangebote einzuholen. Die Bank braucht nicht darzulegen, dass ihre Bedingungen zu denen der Konkurrenz ungünstiger sind. Sache des Kunden ist es zu entscheiden, ob er den Kredit benötigt und ob er ihn sich leisten kann. Etwas anderes gilt dann, wenn der Kunde seine wirtschaftlichen Verhältnisse darlegt und um eine Finanzierungsberatung bittet. Hier wird die Bank nach einer für den Kunden tragbaren Lösung suchen müssen. Bei Firmenkrediten wird dies die Ausnahme sein.

Erteilt die Bank Auskünfte, müssen sie allerdings vollständig und richtig sein.

Insbesondere ist es Sache des Kunden, wofür er den Kredit verwendet. Über Risiken des finanzierten Geschäfts braucht die Bank nicht aufzuklären. Jedenfalls beim Firmenkredit ist streng zwischen Finanzierung und finanziertem Geschäft zu trennen. Aufklärungs- und Beratungspflichten betreffen als Nebenpflichten des Kreditvertrags nicht das zu finanzierende Geschäft des Kunden mit dem Dritten. Ob sich dieses rechnet, ob Leistung und Gegenleistung im Verhältnis stehen, muss der Kunde selbst feststellen. Das Gleiche gilt, ob der Geschäftspartner zuverlässig und leistungsfähig ist.

Müller möchte mit Meyer eine Geschäftsverbindung aufnehmen und benötigt hierzu einen Kontokorrentkredit. Die kreditgebende Bank hält Meyer für wirtschaftlich schwach. Sie braucht Müller nicht darüber aufzuklären, dass sie Meyer einen von diesem beantragten Kredit verweigert hat.

Sicherheiten überprüft die Bank nur im eigenen Interesse. Sie braucht den Kunden grundsätzlich nicht darüber aufzuklären, dass eine Investition unwirtschaftlich ist.

Müller will für 500.000 Euro ein Firmengrundstück kaufen. Bei Ermittlung des Belastungswertes stellt die Bank durch einen Sachverständigen fest, dass das Grundstück nur 350.000 Euro wert ist.

Dies gilt nach der Rechtsprechung selbst dann, wenn die Bank die Wertfeststellung dem Kunden in Rechnung stellt. Etwas anderes gilt aber dann, wenn, wie die Bank erkennt, der Kunde Opfer eines Betruges zu werden droht, weil der Kaufpreis außer Verhältnis zum Wert der Sache steht (siehe unten 5.2.2.2).

Generell kann gesagt werden, dass es Sache des Kunden ist, was er mit dem aufgenommenen Kredit tut. Die Bank braucht hier keine Nachforschungen zu treffen, auch wenn ihr die Verwendung unklar ist oder bedenklich erscheint.

Dies ist letztlich Ausdruck der Privatautonomie. Es ist Sache des Kunden, welche Geschäfte er tätigt und wie er sie finanziert. Solange sein Wille nicht in unzulässiger Weise manipuliert wird und solange er nicht eines besonderen Schutzes bedarf, ist seine Entscheidung zu respektieren. Dies gilt bis zur Selbstschädigung.

5.2.2.2 Ausnahme: Wissensvorsprung der Bank

Vom dargelegten Grundsatz, keine Beratungs- und Aufklärungspflichten beim Kreditvertrag, gibt es jedoch Ausnahmen. Eine solche ist gegeben, wenn die Bank Kenntnis von Umständen hat, die das finanzierte Geschäft generell in Frage stellen und erkennt, dass der Kunde von ihnen nichts weiß.

Meyer betreibt ein Geschäft, das Bürogeräte vermietet. Er will dies Müller verkaufen. Müller geht mit einer von Meyer erstellten Liste der angeblich vermieteten Geräte zur Bank, um den Kaufpreis für das Geschäft finanzieren zu lassen. Die Bank hatte zuvor die Anschaffung der Geräte finanziert und sich das Eigentum an ihnen vorbehalten. Sie erkennt, dass ein Großteil der in der Liste aufgeführten Geräte nicht vermietet, sondern inzwischen verkauft wurden.

Die Bank erkennt, dass der Kaufinteressent Opfer eines Betruges werden soll, indem Geräte, die ihm verkauft werden sollen, gar nicht mehr im Eigentum des Verkäufers stehen. Da sie zugleich bemerkt, dass sich der Käufer hierüber nicht im Klaren ist, ist sie verpflichtet, ihn aufzuklären. Sie muss ihren Wissensvorsprung offenbaren.

Beispiel | *Müller will zum Kaufpreis von 150.000 Euro eine Eigentumswohnung kaufen und den Kaufpreis von der Bank finanzieren lassen. Die Bank weiß, dass Müller die Wohnung nicht kennt und diese sich in einem unbewohnbaren Zustand befindet und allenfalls 50.000 Euro wert ist.*

Grundsätzlich ist es Sache des Käufers festzustellen, ob die gekaufte Sache, deren Kaufpreis er finanziert haben will, auch ihren Wert hat. Ist aber der von der Bank zu Sicherungszwecken festgestellte Wert des Objektes außer Verhältnis zum Kaufpreis und erkennt die Bank, dass der Kunde insoweit von falschen Voraussetzungen ausgeht, damit der abzuschließende Kaufvertrag wegen arglistiger Täuschung anfechtbar oder wegen Verstoßes gegen die guten Sitten nichtig wäre, hat sie den Kunden über die Umstände aufzuklären. Die Grenze wird dort zu ziehen sein, wo der Verkehrswert nur annähernd die Hälfte des gezahlten Kaufpreises ist.

5.2.2.3 Ausnahme: Einflussnahme der Bank auf das finanzierte Geschäft

Ist die Bank mit dem durch den Kredit finanzierten Geschäft in besonderer Weise verbunden, hat sie insbesondere auf dieses Einfluss genommen oder auch nur einen entsprechenden Eindruck beim Kunden erweckt oder hat sie hingenommen, dass ein solcher Eindruck entstehen könnte, trifft sie ebenfalls eine Aufklärungspflicht über die besonderen Risiken des Geschäfts.

Beispiel | *Müller sucht die Bank auf, um ersparte 50.000 Euro „sicher anzulegen". Der Anlageberater veranlasst ihn, einen Kredit über 150.000 Euro aufzunehmen und die 200.000 Euro in hoch spekulative Wertpapiere anzulegen, um „einmal richtig Geld zu machen". Das Geld geht weitgehend verloren.*

Hier hat die Bank selbst eine besondere Gefahrenlage geschaffen, ohne den auf Sicherheit bedachten Kunden auf die besonderen Risiken des Erwerbs spekulativer Wertpapiere auf Kredit hinzuweisen.

Beispiel Die Bank hat für Firma Meyer Bauträger GmbH die Erstellung eines Mehrfamilienhauses finanziert. Das Objekt ist wesentlich teurer, der Finanzierungsbedarf höher geworden, als vorgesehen. Um ihr Geld wieder hereinzubekommen, veranlasst sie den Bauträger, die Wohnungen, statt wie vorgesehen zu 1.500 Euro/m² zu 2.000 Euro/m² zu verkaufen und zugleich die Anschaffungskredite für die Erwerber zu vermitteln.

Hier hat die Bank durch ihre Einflussnahme auf den Kaufpreis ihre eigenen Interessen an der Rückführung der Erstellungsfinanzierung über die des Kunden gestellt, dessen Kaufpreis sie finanzierte und sich damit in einen Interessenkonflikt begeben. Sie hätte dem Kunden auf die unzulässige Manipulation und das Missverhältnis von Kaufpreis und Kaufobjekt hinweisen müssen, wodurch sich selbstverständlich der Kauf zerschlagen hätte.

Ein Interessenkonflikt liegt noch nicht vor, wenn die Bank mit der Finanzierung des Verkaufs der Wohnungen auch ihr eigenes Interesse an der Rückführung der dem Ersteller gewährten Darlehen verfolgt. Es ist jedoch auf jeden Fall dann gegeben, wenn sie auf die Kaufpreisgestaltung in der dargestellten Weise Einfluss nimmt.

Beispiel Die Müller Bauträger GmbH hat in ihrem Prospekt, in dem sie die Eigentumswohnungen anbietet, die Bank mit deren Kenntnis als „Referenz" angegeben. Die Prospektangaben erweisen sich als unrichtig. Auch die Bonität des Bauträgers ist nicht gegeben. Die Käufer kommen zu Schaden.

Lässt sich eine Bank in einem Prospekt als Referenz angeben, wird beim Kunden der Eindruck erweckt, sie sei Partner des Bauträgers. Der Kunde geht davon aus, dass sie die Prospektangaben und auch die Bonität des Vertreibers der Wohnungen geprüft habe. Dazu reicht es aus, wenn sie eine entsprechende Angabe im Prospekt duldet. Auch in diesem Fall kann der Kunde dies der Bank entgegenhalten.

5.2.2.4 Umschuldung

Gerade bei Umschuldungen besteht die Gefahr, dass die Bank ihr Interesse an der Ablösung von Darlehen anderer Kreditinstitute über das Kundeninteresse an einer möglichst günstigen Finanzierung stellt.

Beispiel *Kaufmann Müller nimmt Kontakt zur D-Bank auf, um einen Kredit für einen neuen Lkw zu erhalten. Er hatte bereits höhere Kredite bei der C-Bank laufen. Die D-Bank veranlasst Müller zur Umschuldung, indem sie die bestehenden Kredite ablöst.*
Die Tilgung der Ursprungskredite sollte über eine Lebensversicherung erfolgen. Müller wird veranlasst, die Lebensversicherung zu kündigen und über die ablösende Bank zu Tilgungszwecken einen Bausparvertrag abzuschließen.
Die Kreditbedingungen zwischen Ursprungs- und Ablösekredit sind in etwa gleich. Durch die Tilgung über einen noch abzuschließenden Bausparvertrag verlängert sich die Laufdauer des Kredits aber um fünf Jahre, wodurch Müller Mehrkosten von rund 50.000,00 Euro entstehen.

Eine unzulässige Lösung des Interessenkonflikts zu Lasten des Schuldners ist stets dann gegeben, wenn sich der Kunde durch die Umschuldung wesentlich ungünstiger stellt, als zuvor und dies nicht durchschaut. Dies ist auch dann der Fall, wenn sich – bei gleichen Kreditbedingungen im Übrigen – der Darlehenszeitraum verlängert und der Kredit sich auf diese Weise verteuert.

Dabei ist zu unterscheiden:

Eine Nichtigkeit des Umschuldungskreditvertrags wegen Verstoßes gegen die guten Sitten (§ 138 I BGB) ist nur in Ausnahmefällen gegeben und zwar dann, wenn – unter Ausnutzung der Unerfahrenheit des Kunden sich durch die Umschuldung die Kosten des Kredits fast verdoppeln.

Ist das Missverhältnis zwischen den Bedingungen des Altkredits und des Ablösekredits nicht so groß bzw. sind mit der Ablösung sonstige gravierende Nachteile verbunden, muss die Bank den Kunden hierüber informieren. Geschieht dies nicht, kann der Kunde die Bank wegen Verschuldens bei Vertragsschluss auf Schadenersatz in Anspruch nehmen, wenn bei ordnungsgemäßer Aufklärung der Kunde von der Umschuldung Abstand genommen hätte. Der Schaden liegt in der Differenz zwischen den Bedingungen des Altkredits und den (ungünstigeren) Bedingungen des Ablösekredits. Daneben kommt auch eine Anfechtung des Neuvertrags wegen arglistigen Verschweigens (§ 123 BGB) in Betracht. Stets ist aber auf die besonderen Umstände des Einzelfalls abzustellen.

5.2.2.5 Interessenkollision zwischen Verschwiegenheitspflicht und Aufklärungspflicht

Aufklärungspflichten einerseits und Bankgeheimnis andererseits können in ein Spannungsverhältnis geraten. Dies ist dann der Fall, wenn die Erfüllung der Aufklärungspflicht gegenüber dem einen Kunden notwendig die Verschwiegenheitspflicht gegenüber einem anderen Kunden verletzt.

Beispiel *Müller, Inhaber einer Werbeagentur, kommt seiner Rückzahlungspflicht aus einem ihm von der Bank gewährten Firmenkredit über 60.000 Euro nicht mehr nach. Der Bank ist bekannt, dass die Firma am Ende ist; sie ist überschuldet, die letzten Kunden sind abgesprungen. Müller erzählt dem Sachbearbeiter Meyer der Bank, er könne den Kredit in Kürze zurückzahlen, er habe in Frau Schmidt eine Käuferin für sein Unternehmen gefunden, die bereit sei, dafür 60.000 Euro zu zahlen. Der Kauf stünde kurz vor dem Abschluss.*
Meyer, der Frau Schmidt ebenfalls als Kundin kennt, warnt diese vor dem Kauf. Die Firma sei nichts wert. Frau Schmidt nimmt daraufhin vom Kauf Abstand.
Müller wird von der Bank auf Rückzahlung des Kredits in Anspruch genommen. Er erklärt mit einem Schadenersatzanspruch wegen Verletzung des Bankgeheimnisses die Aufrechnung.

Kollisionen von Aufklärungspflichten gegenüber einem Kunden und zu wahrendem Bankgeheimnis gegenüber einem anderen Kunden sind durch Interessenabwägung zu lösen. Es ist festzustellen, welches Kundeninteresse höher zu bewerten ist. Im Beispielsfall hat das Gericht dem Interesse der Kaufinteressentin, nicht Opfer eines Betruges zu werden, demjenigen des anderen Kunden am Erhalt seines zweifelhaften Geschäfts den Vorzug gegeben und der Zahlungsklage der Bank trotz Aufrechnung mit vermeintlicher Schadenersatzforderung stattgegeben; die Bank sei geradezu verpflichtet gewesen, der Käuferin ihren Wissensvorsprung mitzuteilen.

Solches kann aber nur in Ausnahmefällen gelten.

Das Bankgeheimnis ist ein hohes Rechtsgut, das grundsätzlich zu wahren ist. Es ist nicht Sache der Bank, sich in rechtliche Beziehung ihrer Kunden untereinander einzumischen. Die Lösung widersprüchlicher Kundeninteressen sollte dabei stets dem Vorstand oder Vorgesetzten vorbehalten bleiben.

5.2.2.6 Beweislastfragen

Das Beratungsgespräch zwischen Bankangestellten und Kunden findet regelmäßig unter vier Augen statt. Dem Kunden wird es daher selten gelingen, den Nachweis zu erbringen, dass ihm eine Maßnahme, die sich als falsch erwiesen hat, vom Angestellten angeraten wurde.

Die Rechtsprechung gewährt dem Bankkunden daher eine Beweiserleichterung, indem sie die Vermutung des aufklärungsrichtigen Verhaltens gelten lässt. Schon aus der Tatsache, dass der Kunde diese oder jene Maßnahme getroffen hat, wird vermutet, dass sie ihm von der Bank empfohlen wurde.

Beispiel *Müller unterhält bei der Bank ein Aktiendepot und lässt sich über Aktienan- und -verkäufe beraten. Er kauft über die Bank Aktien einer bestimmten Gesellschaft zu einem Zeitpunkt, in dem in der Fachpresse bereits von einem Erwerb abgeraten wird, da sich die Gesellschaft in finanziellen Schwierigkeiten befindet.*

Die Vermutung aufklärungsrichtigen Verhaltens ist widerlegbar. Die Bank muss den Nachweis erbringen, dass sie dem Kunden vom Geschäft abgeraten hatte.

Die Rechtsprechung zwingt Banken dazu, in Fällen unvernünftigen Kundenverhaltens die dem Kunden erteilte Beratung schriftlich niederzulegen und sich vom Kunden unterschreiben zu lassen, dass die Maßnahme gegen den Rat der Bank durchgeführt wird.

Der Grundsatz aufklärungsrichtigen Verhaltens kommt im Übrigen nur dann zum Tragen, wenn es nur eine richtige Entscheidung gab, nämlich von der Maßnahme Abstand zu nehmen.

5.2.2.7 Folgen der Verletzung von Beratungs- und Aufklärungspflichten

Werden Aufklärungs- und Beratungspflichten, wie regelmäßig, bei Abschluss des Kreditvertrags verletzt, haftet die Bank auf Schadenersatz unter dem Gesichtspunkt des Verschuldens bei Vertragsschluss (§§ 280 I, 241 II, 311 II BGB). Werden solche Pflichten nach Abschluss des Kreditvertrags verletzt, spricht man von positiver Forderungsverletzung (§ 280 I BGB). Die Rechtsfolgen sind die gleichen: Der Kunde ist so zu stellen, als sei er ordnungsgemäß beraten und aufgeklärt worden.

Der dem Kunden entstehende Schaden ist festzustellen durch einen Vermögensvergleich. Wie steht der Kunde dar bei Verletzung der Nebenpflicht und wie hätte er bei deren ordnungsgemäßer Erfüllung wirtschaftlich gestanden. Dabei ist auf die besonderen Umstände des Einzelfalls abzustellen.

Beispiel *Dem Kunden, der eine sichere Geldanlage wünschte, ist vom Anlageberater empfohlen worden, im großen Stil hoch spekulative Aktien auf Kredit zu erwerben. Wären ihm die besonderen Risiken eines solchen Geschäfts (fallende Kurse, steigende Kreditzinsen) bewusst gemacht worden, hätte er vom Abschluss des Kreditvertrags und der Verwendung der Kreditsumme zum Erwerb solcher Aktien Abstand genommen.*

Der Schaden des Kunden liegt in dem Verlust der Darlehensmittel. Die zum Ersatz des Schaden verpflichtete Bank kann, soweit die Mittel durch die Spekulation verloren gegangen sind, das Darlehen nicht zurückfordern. Da der Kunde bei ordnungsgemäßer Beratung das Darlehen zu diesem Zweck erst gar nicht aufgenommen hätte, muss sie auch bereits einbehaltene Zinsen vergüten. Stets ist aber in solchen Fällen nach dem Mitverschulden des Kunden zu fragen. Auch ein im Aktienhandel unerfahrener Kunde kann die Risiken des Erwerbs kursabhängiger Wertpapiere auf Kredit erkennen. Die beiderseitigen Verschuldensanteile (Verleitung eines auf Sicherheit bedachten Kunden zur Spekulation auf Kredit und dessen eigene Leichtfertigkeit) sind gegeneinander abzuwägen. Regelmäßig wird der Kunde daher nur einen Teil seines Schadens erstattet verlangen können.

5.2.2.8 Anfechtung durch den Kunden

Hat die Bank bei Abschluss des Kreditvertrags Hinweispflichten verletzt und dadurch beim Kunden erkennbar eine falsche Vorstellung über die gegebene Sachlage aufrechterhalten oder hat sie eine solche durch unzutreffende Angaben hervorgerufen, rechtfertigt dies den Kunden zur Anfechtung des Vertrags wegen arglistiger Täuschung (§ 123 BGB).

Die Anfechtung erfolgt durch Erklärung des Kunden gegenüber der Bank. Mit Wirksamer Anfechtung ist der Kreditvertrag nichtig; bereits erbrachte Leistungen sind auszutauschen.

Die Anfechtung hat innerhalb eines Jahres zu erfolgen ab dem Zeitpunkt, in dem der Kunde von den sie rechtfertigenden Umständen Kenntnis erlangt hat (spätestens innerhalb von zehn Jahren; § 124 BGB). Daneben hat der Kunde das Recht, von der Bank Schadenersatz zu fordern.

Die Irrtumsanfechtung (§ 119 BGB) hat dem gegenüber keine praktische Bedeutung (vgl. 4.1.4.1).

5.2.2.9 Verjährung

Schadenersatzansprüche aus Verschulden bei Vertragsschluss unterliegen bis zum 31.12.2001 der 30-jährigen Verjährung. Sie verjähren nunmehr in drei Jahren (§ 195 BGB), wobei die Verjährungsfrist mit dem Ende des Jahres zu laufen beginnt, in dem die Ansprüche entstanden sind (§ 199 I BGB).

Für vor dem 01.01.2002 entstandene Ansprüche gilt die dreijährige Verjährung jedoch mit der Maßgabe, dass die Verjährungsfrist erst mit dem 01.01.2002 zu laufen beginnt, es sei denn, die Verjährung wäre nach altem Recht früher eingetreten (vgl. Art. 299 § 6 EGBGB).

5.2.3 Zusammenfassung

Die wichtigste Nebenpflicht des Kreditnehmers ist die Verpflichtung, auf Aufforderung seine Vermögensverhältnisse richtig und vollständig darzulegen.

Für die Bank ist maßgeblich die Pflicht zur Verschwiegenheit (Bankgeheimnis) und Beratungs- und Aufklärungspflichten.

Das Bankgeheimnis

- ist umfassend,
- gilt für und gegen jedermann und
- gilt räumlich und zeitlich unbegrenzt.

Vom Bankgeheimnis befreit ist die Bank nur

- bei Einwilligung des Kunden und
- in besonderen gesetzlich geregelten Fällen, insbesondere im Strafrecht und im Steuerrecht.

Dies gilt mit Ausnahme der Bankauskunft, bei der für Firmenkunden eine widerlegbare Vermutung für die Einwilligung des Kunden besteht. Firmenkunden sind juristische Personen und Kaufleute, soweit letztere im Handelsregister eingetragen sind.

Die Verletzung des Bankgeheimnisses verpflichtet zum Schadenersatz.

Aufklärungs- und Beratungspflichten haben beim Firmenkreditgeschäft Ausnahmecharakter. Der geschäftserfahrene Firmenkunde ist sich über die Bedeutung des Kredits und die Risiken einer Kreditaufnahme im Klaren. Anderes kann insbesondere bei Existenzgründern ohne Geschäftserfahrung gelten.

Über die Zweckmäßigkeit der Kreditaufnahme braucht die Bank einen Kunden grundsätzlich nicht zu beraten. Sache des Kunden ist es, das finanzierte Geschäft auf seine Wirtschaftlichkeit zu überprüfen. Etwas anderes gilt jedoch dann, wenn die Bank erkennt, dass der wirtschaftlich unerfahrene Kunde mit dem finanzierten Geschäft Opfer eines Betrugs werden soll, Leistung und Gegenleistung in keinem Verhältnis zueinander stehen.

Es ist auch Sache des Kunden zu entscheiden, ob er sich den Kredit leisten kann. Aber auch hier gilt anderes, wenn der Kunde eine Beratung auch unter Einbeziehung seiner Leistungsfähigkeit beansprucht.

Erteilt die Bank eine Beratung, muss diese vollständig und zutreffend sein. Sicherheiten überprüft die Bank im eigenen Sicherungsinteresse, nicht im Interesse des Kunden.

Eine Offenbarungspflicht besteht jedoch dann, wenn die Bank einen Wissensvorsprung gegenüber dem arglosen Kunden hat und dieses Wissen so bedeutsam ist, dass mit ihm das finanzierte Geschäft steht oder fällt.

Ein weiterer Fall einer Offenbarungspflicht ist dann gegeben, wenn die Bank in das finanzierte, offensichtlich unwirtschaftliche Geschäft in besonderer Weise eingebunden ist. Dies ist der Fall,

- wenn sie selbst Partner des finanzierten Geschäfts ist oder als solche erscheint und sie dies duldet, auf das finanzierte Geschäft in besonderer Weise Einfluss genommen hat, etwa auf die Kaufpreisgestaltung, aber auch

- wenn sie den Kunden zum Abschluss des Geschäfts veranlasste.

Höhere Ansprüche an die Beratung sind bei Umschuldungen zu stellen. Erkennt die Bank, dass ihre Bedingungen wesentlich ungünstiger als die des abzulösenden Kredits sind, muss sie den Kunden darauf hinweisen.

Interessengegensätze zwischen Aufklärungspflicht gegenüber einen Kunden und zu wahrendem Bankgeheimnis gegenüber einem anderen Kunden sind durch Interessenabwägung zu lösen. Das Bankgeheimnis wird dabei nur in besonders gelagerten Ausnahmefällen gebrochen werden dürfen.

Auch die Verletzung von Beratungs- und Aufklärungspflichten verpflichtet die Bank zum Schadenersatz. Der Schaden des Kunden ist zu ermitteln durch einen Vergleich der gegebenen Vermögenslage des Kunden mit derjenigen, wie sie sich bei ordnungsgemäßer Aufklärung ergeben hätte.

6. Beendigung des Firmenkreditvertrags

Der Kreditvertrag endet, wenn die Leistungspflichten beiderseits erfüllt sind. Da die Bank ihre Leistungspflicht erfüllt hat, wenn sie den Kredit zur Verfügung gestellt hat, also vorleistungspflichtig ist, findet der Kreditvertrag sein Ende, wenn der Kunde den Kredit vollständig mit den geschuldeten Zinsen zurückerstattet hat.

Für den Kredit gegebene Sicherheiten sind zurückzugewähren, wenn sie nicht noch für andere Verbindlichkeiten aus dem Bankrechtsverhältnis haften.

6.1 Vorzeitige Vertragsbeendigung durch Aufhebung

Wie andere schuldrechtliche Verträge unterliegen auch der Kreditvertrag den Dispositionen der Parteien (Vertragsfreiheit). Im gegenseitigen Einvernehmen können die Vertragspartner das Rechtsverhältnis jederzeit abändern oder auch aufheben. Dies kann

- rückwirkend,
- mit sofortiger Wirkung oder
- mit Auslauffrist

erfolgen.

Erfolgt die Aufhebung rückwirkend, sind die beiderseits erbrachten Leistungen zurückzuerstatten, also der Bank der bereits ausgezahlte Kredit zurückzuzahlen, dem Kunden Zins- und Tilgungszahlungen zu erstatten.

Beispiel *Müller hat der Bank für einen Firmenkredit eine Maschine zur Sicherung übereignet. Später stellt sich heraus, dass diese gar nicht im Eigentum von Müller stand. Müller macht geltend, ihm sei dies nicht bekannt gewesen. Um weitere Auseinandersetzungen zu vermeiden, kommen Bank und Kunde überein, dass dieser unter Verrechnung bereits erbrachter Leistungen an Tilgung, Zinsen und Kosten den Kredit zurückerstattet.*

6.2 Fortfall der Geschäftsgrundlage

Haben sich Umstände, die von beiden Vertragspartnern – oft stillschweigend – zur Grundlage eines Kreditvertrags gemacht wurden, nachträglich so geändert, dass sie in Kenntnis dessen den Vertrag so nicht geschlossen hätten, kann jede der Parteien die Anpassung des Vertrags an die geänderten Umständen fordern. Ist dies nicht möglich oder nicht zumutbar, kann der Vertragspartner den Vertrag kündigen (§ 313 I, III BGB).

Das Gleiche gilt, wenn die Vertragspartner bei Vertragsschluss übereinstimmend von falschen Voraussetzungen ausgegangen sind (§ 313 II BGB).

Beispiel *Müller benötigt von der Bank für sein Unternehmen einen größeren Kredit. Er bestellt ihr als Sicherheit eine Grundschuld auf seinem Privathaus mit weiter Zweckerklärung. Es kommt nicht zur Auszahlung des Kredits, worauf Müller die Sicherheit zurückfordert. Die Bank verweigert dies, da die Grundschuld auch eine Kontoüberziehung der Firma Müller sichert.*

Die Gewährung des weiteren Kredits war Geschäftsgrundlage für die Grundschuldbestellung. Kommt es nicht zu dessen Auszahlung, ist die Grundschuld auch dann zurück zu gewähren, wenn sie zugleich zur Sicherung weiterer Bankverbindlichkeiten dient.

Eine Anpassung an veränderte Umstände erfolgt beim Fortfall der Geschäftsgrundlage nicht automatisch. Der Vertragspartner, dem die Anpassung zugute kommt, muss diese fordern. Sonst bleibt der Vertrag mit allen Rechten und Pflichten bestehen, wie er geschlossen wurde.

6.3 Kündigung des Kreditvertrags

Eine Kündigung stellt ein Gestaltungsrecht dar. Mit dem Zugang der Erklärung wird der Vertrag beendet. Anders als bei der Vertragsaufhebung bedarf es der Mitwirkung des Vertragspartners nicht. Eine Kündigung kann weder angenommen, noch abgelehnt werden.

Eine Kündigung kann ordentlich oder außerordentlich erfolgen. Ein ordentliches Kündigungsrecht muss gesetzlich geregelt oder vertraglich vereinbart sein. Ein außerordentliches Kündigungsrecht ist stets gegeben, wenn die Fortführung des Vertrags dem Kündigenden unzumutbar ist. Das (ordentliche) Kündigungsrecht ist unterschiedlich ausgestattet, ob es sich um einen befristeten oder unbefristeten Kredit handelt. Bei befristeten Krediten bestehen für Kreditgeber und Kreditnehmer unterschiedliche Regelungen.

6.3.1 Kündigung unbefristeter Kredite

Üblicherweise wird ein Kreditvertrag befristet. Die Vertragspartner können aber auch ein Darlehen vereinbaren, ohne den Rückzahlungszeitpunkt festzulegen. Ist der Kredit auf unbestimmte Zeit gewährt, kann der Kreditvertrag nur durch Kündigung beendet werden.

Beispiel   *Der typische Fall eines unbefristeten Darlehens ist der Dispo-Kredit, die Erlaubnis, ein Girokonto bis zu einer festgelegten Höhe zu überziehen. Die Krediteinräumung erfolgt regelmäßig „bis auf Weiteres".*

Ist für die Rückerstattung des Darlehens eine Zeit nicht bestimmt, kann jeder der Vertragspartner den Vertrag mit einer Frist von drei Monaten kündigen (§ 488 III BGB). Für Bankkredite hat die gesetzliche Kündigungsfrist von drei Monaten keine praktische Bedeutung. Sie ist abdingbar, sodass die Parteien abweichende Regelungen treffen können. Dies ist durch die AGB-Banken und AGB-Sparkassen geschehen.

Nach den Allgemeinen Geschäftsbedingungen der Kreditinstitute kann der Kunde das Bankrechtsverhältnis insgesamt oder einzelne Rechtsbeziehungen, damit auch einen Kreditvertrag, jederzeit ohne Einhaltung einer Kündigungsfrist kündigen.

Voraussetzung für das jederzeitige Kündigungsrecht ist, dass für den Kredit weder eine Laufzeit noch eine abweichende Kündigungsregel vereinbart ist (Nr. 18 AGB-Banken, Nr. 26 AGB-Sparkassen).

Das gleiche Recht ist dem Kreditinstitut eingeräumt. Hier ist aber bestimmt, dass es bei der Kündigung auf die berechtigten Interessen den Kunden Rücksicht nehmen muss (Nr. 19 AGB-Banken, Nr. 26 AGB-Sparkassen). Dies bedeutet, dass die Kündigung auch eines unbefristeten Kreditvertrags durch die Bank nicht zur Unzeit erfolgen darf.

Beispiel   *Firma Müller erhält von ihrer Hausbank zur Durchführung eines Auslandsgeschäfts einen Kredit. Da nicht abzusehen ist, wie lange das Geld benötigt wird, wird er zeitlich unbefristet gewährt. Ehe das Geschäft abgewickelt ist und ohne Vorwarnung, stellt die Bank den Kredit fällig. Firma Müller erleidet dadurch einen Schaden; sie kann so schnell keinen Ersatzkredit beschaffen.*

Die zur Unzeit ausgesprochene Kündigung ist wirksam und verpflichtet den Kunden zur Rückzahlung. Die Bank macht sich jedoch schadenersatzpflichtig. Im Beispielsfall könnte der Kunde den entgangenen Gewinn aus dem finanzierten Geschäft und sonstige wirtschaftliche Nachteile ersetzt verlangen, die er durch den Abzug des Geldes erleidet.

Voraussetzung einer Schadenersatzpflicht der Bank ist, dass der Kunde sich seinerseits korrekt verhält.

Firma Müller hat das bei ihrer Hausbank bestehende Girokonto immer wieder erheblich überzogen. Als die ungenehmigte Kontoüberziehung eine bestimmte Größe erreicht, fordert die Bank Ausgleich.

Auch wenn eine Bank eine vereinbarte Kontoüberziehung über längere Zeit hinnimmt, kommt damit noch kein (stillschweigender) Kreditvertrag zustande. Die Bank kann jederzeit die Rückführung der unerlaubt in Anspruch genommenen Mittel fordern.

Generell ist festzustellen, dass auch eine jahrelange und intensive Geschäftsbeziehung zwischen Bank und Kunden letzterem keinen Anspruch auf Kreditgewährung gibt; auch dann nicht, wenn sich der Kunde in der Krise befindet und dringend auf die Mittel angewiesen ist. Die Bank ist stets frei, ob sie sich auf ein (weiteres) Kreditengagement einlässt oder nicht.

Hat die Bank das Recht, einen Kreditvertrag jederzeit zu beenden, kann das Verbot einer Kündigung zur Unzeit nicht zu einem generellen Ausschluss des ordentlichen Kündigungsrechts führen und dazu, dass die Bank das Vertragsverhältnis nur noch beenden darf, wenn Gründe zur außerordentlichen Kündigung vorliegen, wenn etwa der Kunde seiner Rückzahlungspflicht nicht mehr nachkommt. Sie muss aber dem Kunden ausreichend Zeit lassen, sich anderweitig einen Ersatzkredit zu beschaffen.

Im Ergebnis führt dies dazu, dass die Bank ihrem Vertragspartner vor einer Kündigung ihre Absicht mitteilen und ihm Gelegenheit geben muss, den Kredit abzulösen.

Will der Kunde bei einem unbefristeten Kredit das Kündigungsrecht der Bank für einen bestimmten Zeitraum ausschließen, muss er dies vertraglich vereinbaren.

6.3.2 Kündigung befristeter Kredite

6.3.2.1 Kein Kündigungsrecht der Bank

Verträge sind einzuhalten. Ist vereinbart, dass der Kredit zu einem bestimmten Zeitpunkt oder in festgelegten Raten zurückzuzahlen ist, ist das Kündigungsrecht ausgeschlossen.

Dies gilt uneingeschränkt für die Bank. Solange der Kunde seinen vertraglichen Verpflichtungen nachkommt und keine sonstigen Gründe vorliegen, die eine außerordentliche Kündigung rechtfertigen, ist sie an den Vertrag gebunden (vgl. Nr. 19 Abs. II und III AGB-Banken, Nr. 26 AGB-Sparkassen). Dagegen sind dem Kunden vom Gesetz Sonderkündigungsrechte eingeräumt (§ 489 BGB, vgl. 6.3.2.2).

> Die Vertragspartner können abweichende Regelungen treffen. Bank und Kunden können Sonderkündigungsrechte gewährt werden. Dem Kunden kann das Recht eingeräumt werden, Sondertilgungen vorzunehmen bzw. den Kredit insgesamt abzulösen. Die bei schuldrechtlichen Verträgen gegebene Vertragsfreiheit eröffnet individuelle Gestaltungsmöglichkeiten, soweit zum Schutz von Schuldnern erlassene gesetzliche Bestimmungen dem nicht entgegenstehen. Die Kündigungsrechte des Darlehensnehmers in § 489 BGB sind zwingend. Sie können erweitert, aber nicht eingeschränkt werden.

Seitens der Bank kann auch eine Teilkündigung erfolgen.

Beispiel — *Die Bank hat Firma Müller einen Dispo-Kredit gewährt, den dieser nur teilweise in Anspruch genommen hat. Obwohl die Lage des Unternehmens die Kündigung des Kredits insgesamt rechtfertigen würde, sieht die Bank von einer solchen Kündigung ab, um das Unternehmen nicht in die Insolvenz zu treiben. Sie begrenzt aber den Dispo-Kredit auf die bereits in Anspruch genommene Höhe.*

6.3.2.2 Gesetzliche Kündigungsrechte des Kunden

Das Gesetz unterscheidet zwischen festverzinslichen Krediten und solchen mit veränderlichem Zinssatz. Beim festverzinslichen Kredit ist der Zinssatz in Prozent festgelegt. Dies kann für die gesamte Dauer der Kreditgewährung erfolgen. Bei langfristigen Finanzierungen geschieht dies oft nur für einen bestimmten Zeitraum (etwa drei, fünf oder zehn Jahre). Man spricht hier von Abschnittsfinanzierung.

Von einem veränderlichen oder variablen Zinssatz spricht man, wenn die Zinsänderung jederzeit eintreten kann. Dies kann automatisch erfolgen oder im Willen der Bank stehen.

> Der Zinssatz kann dergestalt an eine Bezugsgröße gekoppelt sein, dass sich mit deren Änderung auch der Kreditzins in entsprechendem Verhältnis ändert. Man spricht von einer Zinsgleitklausel.
>
> Die Vereinbarung kann aber auch dahin gehen, dass Änderungen des Kapitalmarktzinses die Bank berechtigen, den Vertragszins entsprechend anzupassen (Zinsanpassungsklausel). Solche Klauseln verpflichten die Bank auch zur Änderung zu ihren Ungunsten, wenn der Kapitalmarktzins fällt. Die Anpassung liegt im pflichtgemäßen Ermessen der Bank (§ 315 BGB).
>
> Zinsanpassungsklauseln machen den Zinssatz variabel. Bei Zinsgleitklauseln, die sich am Basiszinssatz festmachen, ist dies zweifelhaft, da der Zeitpunkt der Zinsänderung gesetzlich festgelegt ist, ebenso wie die sich dann ergebende Zinshöhe (§ 247 BGB, vgl. 4.2.2.6).

Einen Darlehensvertrag mit veränderlichem Zinssatz kann der Kunde jederzeit mit einer Frist von drei Monaten kündigen (nach den AGB-Banken und AGB-Sparkassen sogar ohne Einhaltung einer Frist). Für die Zeit der Zinsfestschreibung ist der Kunde dagegen vertraglich gebunden. Er hat kein Sondertilgungsrecht, wenn dies nicht ausnahmsweise vereinbart ist.

Gerade bei Firmenkrediten, die oft über hohe Summen laufen, muss sich das Kreditinstitut regelmäßig refinanzieren. Um seinen Aufwand sicher kalkulieren zu können, muss es für die Zeit, für die es an den Zinssatz gebunden ist, ihrerseits eine gesicherte Zinserwartung haben. Das Interesse des Kunden, keine höheren als die marktüblichen Zinsen zu zahlen, muss hier gegenüber dem Interesse der Bank an einer verbindlichen Kalkulationsgrundlage zurückstehen. Die im anderen Fall gegebenen Risiken wären letztlich doch vom Kunden zu tragen und machten Kredite für ihn teurer, woran er kein Interesse haben kann.

Die vertragliche Bindung des Kunden gilt aber nur für den Zinsbindungszeitraum. Zum Ablauf der Zinsbindung kann der Kunde den Kredit mit einer Frist von einem Monat kündigen (§ 489 I Ziff. 1 BGB). Ein gleiches Kündigungsrecht hat der Kunde nach Ablauf von zehn Jahren nach Empfang des Kredits (§ 489 I Ziff. 3 BGB).

Dagegen können sich die Vertragspartner vor Ablauf der Zinsbindungsfrist beziehungsweise der Zehnjahresfrist auf eine neue Zeit der Zinsbindung einigen. In diesem Fall verlängert sich die Vertragszeit entsprechend.

Beispiel   *Müller hat mit der Bank einen Kreditvertrag mit einem Zinssatz von sechs Prozent geschlossen, der auf zehn Jahre festgelegt wurde. Nach einer Laufzeit von acht Jahren vereinbart er mit der Bank einen neuen Festzins über 7,2 Prozent für weitere zehn Jahre.*

Im Beispielsfall ist der Kunde insgesamt 18 Jahre an den Vertrag gebunden.

Der Ausschluss des Kündigungsrechts für die Zeit der Zinsbindung gilt nur für Firmenkredite. Konsumentenkredite, die nicht durch ein Grundpfandrecht gesichert sind, können mit einer Frist von drei Monaten gekündigt werden, frühestens aber sechs Monate nach Auszahlung und mit einer Frist von drei Monaten. Auch diese Regelung ist verbindlich (§ 489 IV BGB).

Zwingend ist auch das gesetzliche Kündigungsrecht des Firmenkreditnehmers nach Ablauf der Zinsbindung (§ 489 IV BGB). Dagegen wäre denkbar, die Kündigungsmöglichkeit nach Ablauf von zehn Jahren nach Empfangnahme vertraglich auszuschließen (§ 489 I Ziff. 3 BGB, ist in § 489 IV BGB nicht aufgeführt). Rechtsprechung zu dieser ab 01.01.2002 geltenden Neuregelung des Gesetzes gibt es noch nicht. In einem solchen Fall liefe die Bank aber bei formularmäßigen Ausschluss des Kündigungsrechts gemäß § 489 I Ziff. 3 BGB Gefahr, dass eine solche als unangemessene Regelung nach AGB-Recht unwirksam wäre, da die gesetzliche Regelung als Leitbild für die Vertragsgestaltung zu dienen hat (§ 307 BGB). Solches wäre also nur in Ausnahmefällen zulässig.

Hat der Kunde von einem Kündigungsrecht nach Ablauf der Zinsbindung Gebrauch gemacht, muss er den Kredit binnen zwei Wochen zurückzahlen. Tut er dies nicht, gilt die Kündigung als nicht erfolgt, besteht also der Kreditvertrag mit allen Rechten und Pflichten fort (§ 489 III BGB).

> Es handelt sich hier um eine gesetzliche Fiktion. Zahlt der Kunde nicht innerhalb von zwei Wochen, wird seine an sich wirksame Kündigung so behandelt, als sei sie nie erfolgt.

Eine verspätete Zahlung kann die Bank zurückweisen.

6.3.3 Außerordentliche Kündigung befristeter Kredite

Der Kreditvertrag ist ein auf längere oder kürzere, bestimmte oder unbestimmte Dauer angelegtes Schuldverhältnis.

> Die meisten Bankrechtsverhältnisse sind Dauerschuldverhältnisse, etwa Verträge über die Führung von Spar- oder Girokonten, über die Verwaltung von Wertpapierdepots, auch Verträge mit Kunden und Dritten über die Sicherung von Krediten.
>
> Andere Dauerschuldverhältnisse sind etwa Dienst- oder Arbeitsverhältnisse, Miet- oder Pachtverhältnisse.
>
> Dauerschuldverhältnisse stehen im Gegensatz zu Vertragsverhältnissen, die sich in einem einmaligen Leistungsaustausch erschöpfen, wie Kauf- oder Werkverträge.

Dauerschuldverhältnisse kann jeder Vertragspartner außerordentlich, also ohne dass ihm ein ordentliches Kündigungsrecht zur Seite steht und ohne Einhaltung einer Kündigungsfrist kündigen, wenn ein wichtiger Grund dies rechtfertigt. Ein wichtiger Grund liegt vor, wenn dem Kündigenden unter Berücksichtigung aller Umstände des Einzelfalls und unter Abwägung der beiderseitigen Interessen die Fortsetzung des Vertragsverhältnisses bis zur vereinbarten Beendigung oder bis zur Möglichkeit einer ordentlichen Kündigung nicht zugemutet werden kann (§ 314 I BGB).

Besteht der wichtige Grund in der Verletzung einer vertraglichen Verpflichtung des Vertragspartners, muss dieser grundsätzlich zunächst abgemahnt werden (§ 314 II BGB). Ausnahmen ergeben sich insbesondere bei Vertragsverletzungen im Vertrauensbereich.

Beispiel *Müller hat der Bank während des Kreditverhältnisses eine gefälschte Bilanz vorgelegt.*

Hat sich der Vertragspartner so verhalten, dass auch für die Zukunft eine vertrauensvolle Zusammenarbeit nicht mehr in Betracht kommt, sich der anderen Seite gegenüber sogar strafwürdig verhalten, bedarf es einer Abmahnung nicht mehr. Im obigen Fall kann die Bank das Kreditverhältnis und alle sonstigen Bankrechtsbeziehungen mit sofortiger Wirkung aufkündigen.

Die Kündigung muss innerhalb angemessener Frist erfolgen, nachdem der Kündigende vom Kündigungsgrund Kenntnis erlangt hat (§ 314 III BGB).

Kündigungsgründe können mithin nicht „auf Eis gelegt" werden. Der Vertragspartner kann kündigen und zugleich Ersatz eines ihm durch das vertragswidrige Verhalten des anderen Teils entstandenen Schadens fordern (§ 314 IV BGB).

6.3.3.1 Außerordentliches Kündigungsrecht des Kunden

Eine außerordentliche Kündigung des Kunden wegen vertragswidrigem Verhalten der Bank kommt nur bei Verletzung von Nebenpflichten in Betracht, wenn sich also die Bank dem Kunden gegenüber treulos oder unredlich verhalten hat.

> Wie dargetan, ist die Bank beim Kreditvertrag vorleistungspflichtig. Sie stellt dem Kunden die Darlehensvaluta zur Verfügung, die dieser nach vereinbarter Zeit und in vereinbarter Weise zurückzuzahlen hat. Ist das Darlehen ausgezahlt, hat die Bank ihre Hauptpflicht aus dem Kreditverhältnis erfüllt. Es ist nunmehr am Kunden, seinerseits seinen vertraglichen Verpflichtungen ordnungsgemäß nachzukommen (vgl. oben 4.).

Beispiel   *Müller verhandelt mit der Bank wegen eines weiteren Firmenkredits. Die wirtschaftlichen Verhältnisse des Unternehmens lassen eine Kreditgewährung nicht zu. Meyer, Angestellter der Bank, erzählt an seinem Stammtisch, Müller sei „praktisch pleite", wodurch diesem Schaden entsteht.*

Äußert sich ein Angestellter der Bank über einen Kunden negativ und verletzt er damit das Bankgeheimnis, ist der Kunde berechtigt, bestehende Bankrechtsverhältnisse außerordentlich zu kündigen. Da die Möglichkeit weiterer vertrauensvoller Zusammenarbeit ausgeschlossen ist, bedarf es auch keiner vorhergehenden Abmahnung (§§ 314 II, 323 II Ziff. 3 BGB). Außerdem kann der Kunde den ihm durch die Indiskretion entstandenen Schaden von der Bank ersetzt verlangen (§§ 314 IV, 280 I, 276, 278 BGB).

Gründe, die in seinem Risikobereich liegen, berechtigen den Kunden nicht zur außerordentlichen Kündigung.

Beispiel   *Müller kann einen von ihm aufgenommenen Kredit nicht mehr bedienen, da er seinen Hauptkunden verliert.*

Kommt der Kunde seinen Rückzahlungspflichten nicht mehr nach, ist die Bank zur außerordentlichen Kündigung des Kredits berechtigt, nicht der Kunde. Dabei ist es gleichgültig, aus welchen Gründen die Zahlungsunfähigkeit beruht, ob der Schuldner sie verschuldet hat oder ob sie schicksalsmäßig bedingt ist.

6.3.3.2 Außerordentliches Kündigungsrecht der Bank

Das außerordentliche Kündigungsrecht bei Unzumutbarkeit der Fortsetzung des Kreditvertrags als Dauerschuldverhältnis (§ 314 BGB) gilt für Kunde und Bank gleichermaßen.

Für den Fall der Gefährdung des Rückzahlungsanspruchs der Bank bei Krediten gewährt das Darlehensrecht des BGB eine eigene Anspruchsgrundlage (§ 490 I BGB). Danach ist die Bank berechtigt, einen Kreditvertrag außerordentlich zu kündigen, wenn

▪ in den Vermögensverhältnissen des Kunden oder
▪ in der Werthaltigkeit einer für den Kredit gestellten Sicherheit

eine Verschlechterung eintritt oder einzutreten droht, durch die die Rückerstattung des Darlehens – auch unter Verwertung der Sicherheit – gefährdet wird.

Ist der Kredit ausbezahlt, arbeitet der Kunde also bereits mit dem Geld, ist das Kündigungsrecht aber nur in der Regel gegeben. Die Bank muss unter Beachtung der Besonderheiten des Einzelfalls eine Interessenabwägung vornehmen, also ihr Interesse an einer sofortigen Beendigung des Kreditvertrags im Verhältnis zu dem dem Kunden durch die Kündigung drohenden Schaden vornehmen. Eine Kündigung kommt nur dann in Betracht, wenn das Sicherungsinteresse der Bank in anderer Weise nicht befriedigt werden kann.

> Anders, wenn der Kredit noch nicht ausbezahlt ist. Hier hat der Kunde mit dem Geld noch nichts ins Werk gesetzt, sodass die Bank bei nachträglicher Verschlechterung der Vermögenslage des Kunden praktisch immer kündigen oder zusätzliche Sicherheiten fordern kann (§§ 490 I, 321 BGB).

Zu differenzieren ist zwischen der Verschlechterung der Vermögenslage des Schuldners und der Beeinträchtigung einer gewährten Sicherheit.

Beispiel   *Die Bank hat Müller für dessen Unternehmen einen Kredit gewährt, für welchen sich der vermögende Müller sen. verbürgt hat. Müller muss sein Geschäft aufgeben. Seine Ratenzahlungsverpflichtung kann er nur noch mit Hilfe seines Vaters erfüllen.*

Hier ist der Anspruch der Bank auf Rückerstattung des Darlehens durch die Geschäftsaufgabe durch Müller jun. zwar gefährdet, nicht aber, wie es das Gesetz fordert, unter Verwertung der von Vater gewährten Sicherheit. Solange der Kredit ordnungsgemäß bedient wird, kommt eine Kündigung nicht in Betracht.

Beispiel   *Die Verschlechterung in den Vermögensverhältnissen tritt nicht bei Müller jun., sondern bei Müller sen. ein, der sich für den Kredit verbürgt hat.*

War der Darlehensgeber nicht bereit, einen Kredit ohne Sicherheit zu gewähren, so führt die Leistungsunfähigkeit des Sicherungsgebers allein regelmäßig bereits dazu, das Darlehen aufkündigen zu können. Dies muss grundsätzlich auch dann gelten, wenn der Darlehensnehmer seiner Rückzahlungspflicht im Übrigen ordnungsgemäß nachkommt.

Beispiel   *Müller jun. bietet der Bank für seinen zahlungsunfähigen Vater als Bürgen eine Grundschuld auf dem Haus seines Schwiegervaters an gesicherter Stelle als Sicherheit an.*

Kommt die Kündigung eines bereits ausgezahlten Kredits nur als letztes Mittel in Betracht, muss die Bank ihr statt einer wertlos gewordenen Sicherheit angebotene Ersatzsicherheit akzeptieren, wenn diese das Sicherungsbedürfnis erfüllt. Lehnt die Bank eine zumutbare Ersatzsicherheit ab und kündigt sie trotzdem, macht sie sich schadenersatzpflichtig.

Wegen der Konsequenzen, die eine außerordentliche Kreditkündigung für den Kunden hat, wird eine Bank eine solche dem Kunden zunächst ankündigen und erst dann aussprechen, wenn es keine anderen Lösungen gibt.

Weitere Anforderungen stellt das Gesetz an die Kündigung von Konsumentenkrediten (§ 489 BGB).

6.3.4   Vorzeitige Beendigung des Realkreditvertrags

Der Realkreditvertrag ist für den Zeitraum, für den ein fester Zinssatz vereinbart ist, unkündbar. Dies gilt gleichermaßen für Firmen- wie für Konsumentenkredite (§ 489 I Nr. 2 BGB). Dabei ist Realkredit im weiteren Sinne zu verstehen; Realkredit ist nicht nur der bis zur Beleihungsgrenze von 60 Prozent gesicherte sondern jeder grundpfandrechtlich abgesicherte Kredit, unabhängig vom Rang und vom Umfang der Beleihung.

Das Gesetz gewährt dem Kunden nunmehr ein Recht zur vorzeitigen Kündigung, wenn seine berechtigten Interessen dies gebieten (§ 490 II 1 BGB). Dies ist insbesondere dann der Fall, wenn er die belastete Immobilie verkaufen möchte (§ 490 II 2 BGB).

Die Fassung des Gesetzes lässt außer dem Fall der Veräußerung des belasteten Grundstücks weitere Fälle vorzeitiger Ablösung des Realkredits zu. Die Rechtsprechung hat dies bisher nur für den Fall anerkannt, dass der Kunde einen weiteren Kredit benötigt, die durch das Grundpfandrecht gesicherte Bank einen solchen nicht mehr gewähren will, wohl aber ein anderes Kreditinstitut dazu bereit ist, aber nur unter der Voraussetzung der Ablösung der bereits bestehenden Realkredite.

Der Kunde kann in einem solchen Fall den Realkredit mit einer Frist von drei Monaten kündigen (§§ 490 II, 489 I Nr. 2 BGB).

> Mit der durch das Schuldrechtsmodernisierungsgesetz eingeführten Bestimmung hat der Gesetzgeber die neuere Rechtsprechung des BGH zur vorzeitigen Ablösung von Realkrediten umgesetzt. Der BGH geht zwar davon aus, dass auch Realkreditverträge für die Zeit der Zinsbindung einzuhalten sind. Dies kann aber nicht für den Fall gelten, dass der Kunde das belastete Grundstück veräußern will. Würde er auch für den Verkaufsfall an den Kreditvertrag gebunden bleiben, würde sich dies wie ein Veräußerungsverbot auswirken. Der Erwerber wird nur in seltenen Fällen bereit sein, den Kredit zu übernehmen und es bei der grundpfandrechtlichen Belastung zu belassen. Er benötigt vielleicht keine Fremdmittel, da er den Kaufpreis angespart hat oder er will über seine Bank finanzieren.
>
> Die freie Verfügbarkeit des Grundeigentums stellt aber ein hohes Rechtsgut dar, das eine Einschränkung durch das Kreditsicherungsrecht nicht duldet. Demgegenüber muss das Interesse der Bank an einer Einhaltung des Kreditvertrags zurückstehen. Dies gilt jedenfalls für den Fall des Verkaufs der Immobilie, wie auch für den Fall, sie als Sicherheit für weitere Kredite zu benötigen.
>
> An diesen Rechtsprechungsgrundsätzen wollte der Gesetzgeber erklärtermaßen nichts ändern. Eine Änderung ist jedoch insoweit gegeben, als der BGH den Kreditvertrag bestehen lassen und dem Kunden lediglich ein vorzeitiges Ablösungsrecht geben wollte, das Gesetz ihm nunmehr ein Kündigungsrecht einräumt, also das Recht gibt, den Vertrag vorzeitig zu beenden. Sieht man von der vom Kunden einzuhaltenden dreimonatigen Kündigungsfrist ab, sind die Rechtsfolgen jedoch die gleichen (vgl. § 490 II 3 BGB).

Dabei ist es gleichgültig, aus welchen Beweggründen der Verkauf erfolgt.

Beispiele   *Eheleute Müller haben sich scheiden lassen. Im Zuge der Vermögensauseinandersetzung müssen sie das im gemeinsamen Eigentum stehende Eigenheim verkaufen.*

Eheleute Müller haben günstig ein Haus gekauft. Kurz danach bietet ihnen Meyer, der in das Haus vernarrt ist, den doppelten Preis dessen, was die Eheleute gezahlt haben. Die Eheleute Müller wollen sich die günstige Gelegenheit nicht entgehen lassen.

Ob der Kunde zum Verkauf gezwungen ist oder ob er durch ihn ein Geschäft machen will, er ist in jedem Fall berechtigt, den Kreditvertrag im Verkaufsfall zu kündigen.

> Eine solche Generalisierung gebietet die Rechtssicherheit. Gesetzliche Regelungen stellen stets einen Kompromiss zwischen den beiden Werten Gerechtigkeit und Rechtssicherheit dar. Die Gerechtigkeit würde fordern, dass eine Regelung den besonderen Umständen des Einzelfalls gerecht wird. Damit würden Gesetze aber zu unübersichtlich und nicht mehr praktikabel. Das Recht muss für jedermann verständlich und nachvollziehbar sein, seine Grundsätze sollen in das Bewusstsein jedes Einzelnen eindringen können. Dazu muss es verallgemeinern.

Hinzu kommt, dass Motive für ein rechtliches Verhalten schwer feststellbar sind. War es in den obigen Beispielsfällen die Scheidung der Ehe oder doch eine günstige Verkaufsgelegenheit? Hätte einer der Ehepartner nicht doch das Haus allein übernehmen können? Letztlich wird sich solches nie feststellen lassen.

Der Kunde schuldet der Bank jedoch die Zahlung einer Vorfälligkeitsentschädigung (§ 490 II 3 BGB). Er hat sie wirtschaftlich so zu stellen, als sei der Vertrag bis zur ersten ordentlichen Kündigungsmöglichkeit ordnungsgemäß durchgeführt worden.

6.3.5 Berechnung der Vorfälligkeitsentschädigung

Über die Berechnung der Vorfälligkeitsentschädigung trifft das Gesetz keine Regelungen. Damit bleiben die von der Rechtsprechung des BGH entwickelten Grundsätze anwendbar.

Der BGH zeigt zwei unterschiedliche Wege der Berechnung der Vorfälligkeitsentschädigung auf.

6.3.5.1 Aktiv-Aktiv-Methode

Der eine Weg beruht auf dem Gedanken der Erstattung des der Bank durch die vorzeitige Kreditablösung entgangenen Gewinns (§ 252 BGB). Der entgangene Gewinn wird ermittelt, indem man den vereinbarten Zins den Refinanzierungskosten der Bank gegenüberstellt. Die so errechnete Zinsspanne („Zinsmarge") ist mit dem Marktzins abzuzinsen und zwar als Ausgleich dafür, dass das Kapital der Bank sofort zufließt und nicht in den vereinbarten Raten beziehungsweise zum vereinbarten (späteren) Zeitpunkt.

Die Bank muss sich durch die vorzeitige Rückzahlung des Kredits ersparten Verwaltungsaufwand anrechnen lassen. Ersparte Verwaltungskosten sind unabhängig von der Höhe des Kredits und differieren eher nach der (verbleibenden) Laufzeit des Vertrags. Sie sind mit einem festen Betrag anzusetzen und regelmäßig gering, da die wesentlichen Kosten bereits bei Begründung des Vertrags angefallen sind.

Abzuziehen ist des Weiteren eine angemessene Risikoprämie als Ausgleich dafür, dass die Rückzahlung des Kredits bei vorzeitiger Ablösung gesichert ist. Sie wird je nach Rangstelle des Grundpfandrechts unterschiedlich hoch sein und ist von der Höhe des Kapitals und der noch gegebenen (ersparten) Laufzeit abhängig.

Dagegen kann die Bank den ihr durch die vorzeitige Kreditablösung entstehenden zusätzlichen Verwaltungsaufwand erstattet verlangen.

Bei dem so errechneten entgangenen Gewinn spricht man vom Zinsmargenschaden.

Der so errechnete Zinsmargenschaden bedarf jedoch in einem zweiten Schritt einer Korrektur. Je nachdem, welcher Zeitraum zwischen Ausgabe des Kredits und dessen Ablösung verstrichen ist, können sich die Verhältnisse auf dem Kapitalmarkt geändert haben. Da die Bank das ihr vorzeitig zufließende Geld auf dem Kapitalmarkt wieder anlegen kann, sind für den Zeitraum vorzeitiger Tilgung die gegenüber dem Ausgabezeitpunkt geänderten Kapitalmarktverhältnisse zu berücksichtigen.

Hat sich der Kapitalmarktzins zwischenzeitlich verschlechtert, kann die Bank das Geld nur mit Verlust wieder anlegen. Sie kann den ihr so entstehenden Zinsverschlechterungsschaden zusätzlich fordern.

Hat sich dagegen der Kapitalmarktzins zwischenzeitlich verbessert, hat die Bank bei der Wiederanlage einen Vorteil, den sie sich unter dem Gesichtspunkt der Vorteilsausgleichung als Zinsverbesserungsvorteil anrechnen lassen muss. Er kann so hoch sein, dass eine Vorfälligkeitsentschädigung ganz entfällt.

Wird so das Aktiv-Geschäft des vorzeitig abgelösten Kredits mit einem (konkret oder abstrakt errechneten) Aktiv-Geschäft einer Wiederanlage verglichen, spricht man bei dieser Entschädigungsberechnung auch von Aktiv-Aktiv-Vergleich. Dabei handelt es sich nur um eine Berechnungsmethode. Die Bank braucht nicht nachzuweisen, dass sie das Geld wieder angelegt hat.

6.3.5.2 Aktiv-Passiv-Methode

Die Bank kann ihren Schaden aber auch so errechnen, dass sie die ihr außerplanmäßig zufließenden Mittel am Kapitalmarkt anlegt und die Differenz zwischen vereinbartem Zins und Wiederanlagegewinn geltend macht. Die Anlage hat deckungsgleich zur ersparten Laufzeit des Kredits in Hypothekenpfandbriefen zu erfolgen.

Bei dieser Berechnung stellt die Bank nicht auf den ihr entgangenen Gewinn ab, sondern legt das vorzeitig zurückgezahlte Geld anderweitig an und genügt damit ihrer Schadensminderungspflicht (§ 254 BGB). Einer Korrektur entsprechend der Entwicklung des Kapitalmarktzinses bedarf es bei dieser Methode nicht.

Auch hier gilt, dass die Anlage nicht tatsächlich erfolgen muss. Die Zinssätze für Hypothekenpfandbriefe kann die Bank den Veröffentlichungen der Deutschen Bundesbank entnehmen. Den Nachweis der Wiederanlage braucht sie nicht zu führen.

Weil bei dieser Berechnungsart die Anlage im Passiv-Geschäft zu Grunde gelegt wird, spricht man hier von Aktiv-Passiv-Vergleich.

Die Differenz zwischen Nominalzins des Kreditvertrags und erzieltem Zins in einer Anlage in Hypothekenpfandbriefen stellt die Zinsverschlechterungsrate der Bank dar. Sie wird um den Zinssatz für Hypothekenpfandbriefe abgezinst, um ersparte Verwaltungskosten und Risikoprämie bereinigt und um den Verwaltungsaufwand für die vorzeitige Ablösung erhöht und stellt so die von der Bank zu fordernde Vorfälligkeitsentschädigung dar.

Gleich welche Berechnungsmethode angewandt wird, stets ist für die Berechnung der Vorfälligkeitsentschädigung maßgebend die Zeit der Zinsbindung und nicht die hiervon möglicherweise abweichende Dauer des Kreditvertrags. Hat doch die Bank nur für die Zeit, in der der Zins festgelegt ist, eine gesicherte Zinserwartung. Ist der Zinsbindungszeitraum beendet, kann der Kunde den Kredit kündigen (§ 489 BGB).

6.3.5.3 Besonderheiten beim Annuitätenkredit

Beim Annuitätendarlehen zahlt der Kunde über die gesamte Laufzeit zu festen Zeitpunkten (monatlich, vierteljährlich) gleich hohe Beträge (die so genannte Annuität).

> Annuitätenkredite haben für den Darlehensnehmer den Vorteil, dass dieser Darlehenskosten als festen wiederkehrenden Aufwand in seine Finanzplanung einbeziehen kann. Er weiß von Anfang bis zum Ende des Kreditvertrags, mit welchem Aufwand er zu rechnen hat.

Bei Annuitätenkrediten ist damit notwendig bei jeder Rate Zins- und Tilgungsanteil unterschiedlich. Zu Beginn des Vertrags ist der Zinsanteil hoch und wird wenig getilgt, gegen Ende, wenn das Kapital nur noch gering ist, sind nur noch wenig Zinsen zu zahlen und wird überproportional getilgt.

Diesem Umstand muss auch die Berechnung der Vorfälligkeitsentschädigung Rechnung tragen. Das geschieht, indem für jede bei Kreditablösung noch offen stehende Rate der Entschädigungsbetrag gesondert zu berechnen ist.

Beispiele   *Der Kunde Müller kündigt bereits nach einem Jahr vorzeitig einen auf zehn Jahre angelegten Annuitätenvertrag.*
Er fordert bei gleichem Vertrag nach neun Jahren die vorzeitige Ablösung.

Im ersten Fall ist noch kaum getilgt, sodass sich die Vorfälligkeitsentschädigung nach einer wenig geschmälerten Kreditsumme richtet; im zweiten Fall steht nur noch eine geringe Valuta aus. Indem die Berechnung auf jede einzelne noch ausstehende Rate abstellt, werden ansonsten durch den ungleichen Anteil von Zins und Tilgung gegebene Ungerechtigkeiten vermieden.

6.3.5.4 Einbehalt des Disagios

Hat die Bank mit dem Kunden ein Disagio vereinbart, das über den pauschalierten Verwaltungsaufwand hinausgeht und als Zinsvorauszahlung zu werten ist (vgl. 4.2.2.5), kann sie, statt Vorfälligkeitsentschädigung zu fordern, auch das Disagio einbehalten.

Beispiel   *Müller hat mit der Bank einen Realkreditvertrag über 100.000 Euro mit festem Zinssatz für fünf Jahre geschlossen. Es war ein Disagio von zehn Prozent und ein Zins von vier Prozent p. a. vereinbart. Nach einem Jahr will er die belastete Immobilie verkaufen und kündigt den Vertrag vorzeitig. Die Bank behält das noch nicht verbrauchte Disagio ($^4/_5$ von 10.000 Euro, also 8.000 Euro) als Entschädigung ein.*

Ist ein Disagio vereinbart, hat die Bank ein Wahlrecht; sie kann das noch nicht verbrauchte Disagio einbehalten oder Vorfälligkeitsentschädigung fordern. Verlangt sie Vorfälligkeitsentschädigung, muss ein Disagio, das über reinen Verwaltungsaufwand hinausgeht (regelmäßig maximal zwei Prozent) als Zinsvorauszahlung in die Berechnung einbezogen werden.

Der Bank steht frei, nach welcher Methode sie die Vorfälligkeitsentschädigung berechnet und ob sie, statt Vorfälligkeitsentschädigung zu fordern, ein vereinbartes und noch nicht verbrauchtes Disagio einbehält. Sie wird den Weg wählen, der ihr den größten Vorteil bringt.

Damit steht die Bank bei vorzeitiger Beendigung des Realkreditvertrags nicht schlechter, sondern eher günstiger als bei Durchführung des Vertrags.

Die aufgezeigten Berechnungswege gelten gleichermaßen für die Berechnung von Nichtabnahmeentschädigung und für Schadenersatzfälle, etwa wenn die Bank den Kreditvertrag wegen Zahlungsverzuges des Kunden kündigt.

6.4 Kündigungserklärung

6.4.1 Allgemeine Grundsätze

Die Kündigung ist eine einseitige empfangsbedürftige Willenserklärung. Sie wird mit ihrem Zugang wirksam und bedarf keiner Annahme durch den Empfänger, noch kann sie von ihm zurückgewiesen werden (§ 130 BGB).

Die Kündigung eines Kreditvertrags bedarf keiner besonderen Form. Wenn Schriftform nicht vereinbart ist, ist auch eine mündlich ausgesprochene Kündigung wirksam. Aus Gründen des besseren Nachweises wird man aber stets die Schriftform wählen.

Zugegangen ist die Kündigung, wenn sie so in den Bereich des Empfängers gelangt ist, dass dieser unter normalen Umständen von ihr Kenntnis nehmen kann. Nicht erforderlich ist, dass er tatsächlich von ihr Kenntnis erlangt hat.

Beispiel   *Die Bank hat Müller in einem Brief die Kündigung des Kreditvertrags erklärt. Der Brief wird vom Postboten in den Briefkasten von Müller geworfen, als sich dieser im Urlaub befindet.*

Wirksam wird die Kündigung, sobald sie in den Briefkasten des Kunden gelangt. Dies gilt auch dann, wenn der Kunde abwesend ist und von ihr gar keine Kenntnis erlangen kann.

Beispiel   *In Kenntnis dessen, dass Müller den Monat August über in Urlaub ist, schickt die Bank ihm Anfang August ihm eine Mahnung und kündigt dem Kunden zwei Wochen später fristlos den Kredit.*

Nutzt der Kündigende die ihm bekannte Abwesenheit des Empfängers in unredlicher Weise für eigene Zwecke aus, kann er sich ihm gegenüber schadenersatzpflichtig machen.

6.4.2 Nachweis des Zugangs

Wenn die Bank den Kredit zurückverlangt und der Rückzahlungsanspruch von einer Kündigung des Kreditvertrags abhängt, muss sie den Zugang der Kündigung nachweisen.

> Schickt sie das Kündigungsschreiben mit normaler Post, kann der Kunde bestreiten, das Schreiben erhalten zu haben.
>
> Schickt sie es per Einschreiben mit Rückschein und wird der Kunde nicht angetroffen, nimmt der Postbote das Schreiben wieder mit unter Hinterlassung einer Benachrichtigung. Reagiert der Betroffene auf diese nicht und holt er das bei der Post niedergelegte Schreiben nicht ab, wird es dem Absender nach einigen Wochen zurückgesandt, ohne dass die Zustellung bewirkt ist.

Insbesondere dann, wenn mit der Kündigung Fristen einzuhalten sind, bleibt nur die Möglichkeit der Zustellung durch Boten.

6.4.3 Sonderfälle des Zugangs

Sind im Kreditvertrag mehrere Kreditnehmer gesamtschuldnerisch verpflichtet, muss die Kündigung jedem von ihnen zugehen.

Beispiel *Die Bank hat Müller einen Firmenkredit gewährt, für den sich Frau Müller mit verpflichtete. Die Eheleute Müller haben sich später getrennt, Frau Müller ist verzogen.*

Die Bank muss die neue Anschrift eines inzwischen verzogenen Mitverpflichteten ermitteln und auch diesem die Kündigung zustellen. Die nur einem von mehreren Vertragspartnern erklärte Kündigung ist unwirksam. Regelungen in vorformulierten Kreditverträgen, wonach sich mehrere Kreditnehmer gegenseitig zur Empfangnahme von Willenserklärungen bevollmächtigen, sind nichtig (§ 307 BGB).

Eine einem Minderjährigen gegenüber zu erklärende Kündigung muss seinem gesetzlichen Vertreter zugehen, wenn der Minderjährige nicht ausnahmsweise zum selbstständigen Betrieb eines Erwerbsgeschäftes ermächtigt ist und der (vormundschaftlich genehmigte) Kredit zur Geschäftstätigkeit gehört (§ 131, 112 BGB).

Ist der Kunde, dem gegenüber die Kündigung zu erklären ist, unbekannten Aufenthalts und kann die Bank seine Anschrift nicht ermitteln, kommt eine öffentliche Zustellung in Betracht (§ 132 II BGB). Ein entsprechender Antrag ist an das Amtsgericht seines letzten Aufenthaltsorts zu richten und die Unkenntnis und die vergeblichen Bemühungen um die neue Anschrift sind glaubhaft zu machen.

Eine Glaubhaftmachung erfolgt dadurch, dass belegt wird, dass Nachfragen beim Einwohnermeldeamt nach der neuen Anschrift des Schuldners erfolglos waren. Darüber hinaus empfiehlt es sich, durch eine eidesstattliche Versicherung darzutun, dass auch Ermittlungen vor Ort (Nachfragen beim Vermieter oder Nachbar) erfolglos blieben.

6.4.4 Anforderungen an den Inhalt der Kündigung

Inhaltlich wird gefordert, dass die Absicht der Bank, sich durch Kündigung einseitig vom Vertrag zu lösen, klar zum Ausdruck kommt. Insbesondere darf sie die Kündigung nicht von Bedingungen abhängig machen.

Beispiel   *Ein Schreiben: „Sollten Sie bis zum ... die Zahlung nicht wieder aufgenommen haben, kündigen wir den Darlehensvertrag" ist eine Ankündigung der Kündigung, aber keine wirksame Kündigung.*

Will die Bank außerordentlich kündigen, muss sie dies durch Zusätze, „außerordentlich" oder „fristlos" zum Ausdruck bringen. Die Kündigung bedarf dagegen keiner Begründung.

6.4.5 Wirkung der Kündigung

Die Kündigung ist ein Gestaltungsrecht. Durch die (wirksame) Kündigung wird das Vertragsverhältnis beendet, ohne dass es weiterer Handlungen bedarf.

Die ordentliche Kündigung wird mit Ablauf der Kündigungsfrist wirksam. Bei ihr hat der Vertragspartner Zeit, sich auf die Beendigung des Kreditvertrags und die Fälligkeit der Darlehensvaluta einzustellen.

Anders bei der außerordentlichen Kündigung; sie wird mit ihrem Zugang wirksam und begründet damit die sofortige Fälligkeit des Rückzahlungsanspruchs. Die Bank kann bei außerordentlicher Kündigung die sofortige Fälligkeit des Rückzahlungsanspruchs durch Einräumung eines Zahlungsziels verhindern.

Mit dem Wirksamwerden der Kündigung ist der Kreditvertrag beendet. Der Kunde schuldet keine Vertragszinsen mehr, sondern Verzugszinsen (vgl. oben 4.2.2.9).

Eine unwirksame Kündigung vermag den Vertrag nicht zu beenden. Kündigt die Bank außerordentlich, ohne dass ihr ausreichende Gründe zur Seite stehen, kann sich der Kunde auf das nicht gerechtfertigte Beendigungsbegehren einlassen, den Kredit zurückzahlen und die Bank auf Schadenersatz in Anspruch nehmen.

7. Verjährung von Ansprüchen aus dem Kreditvertrag

Das Schuldrechtsmodernisierungsgesetz hat das Verjährungsrecht weitgehend umgestaltet. Die Neuregelung findet Anwendung auf alle Ansprüche, die ab dem 01.01.2002 entstanden sind. Dagegen ist das alte Recht noch von Bedeutung für Ansprüche, die früher entstanden sind, zum 31.12.2002 aber noch nicht verjährt waren.

Bei Ansprüchen, die bis zum 31.12.2001 verjährt sind, bleibt es bei der Verjährung nach altem Recht. Dies gilt auch dann, wenn die Ansprüche nach neuerem Recht einer längeren Verjährungsfrist unterlägen, also bei Anwendung neuen Rechts noch nicht verjährt wären (vgl. Art. 229 § 6 I 1 EGBGB).

Es soll daher zunächst ein Überblick über die Frist nach altem Recht gegeben werden (7.1). Dem ist das neue Recht gegenüber zu stellen (7.2). Abschließend soll für zum 01.01.2002 entstandene, aber noch nicht verjährte Ansprüche die gesetzliche Übergangsregelung dargelegt werden (7.3).

7.1 Verjährung von Ansprüchen aus Kreditverträgen nach dem bis zum 31.12.2001 geltenden Recht

Der Anspruch der Bank auf Rückzahlung des Kredits unterlag der Regelverjährung von 30 Jahren (§ 195 BGB a. F.). Zinsen verjährten dagegen in vier Jahren, wobei die Verjährung begann mit dem Ende des Jahres, in dem der Zinsanspruch fällig geworden ist (§§ 197, 201 BGB a. F.). Erfolgten wie bei Annuitätendarlehen Zinszahlung und Tilgung in einer ratenweise zu zahlenden Summe, unterlag auch der Rückzahlungsanspruch der Bank als wiederkehrende Leistung der vierjährigen Verjährung (§ 197 BGB a. F.).

Ansprüche aus sonstigen Dienstleistungen der Bank, die sich als Besorgung fremder Geschäfte darstellte, etwa aus dem Zahlungsverkehr, unterlagen einer zweijährigen Verjährung, wobei auch hier der Lauf der Frist erst mit dem Ende des Jahres begann, in dem der Anspruch entstanden war (§§ 196 I Ziff. 1, 201 BGB a. F.).

Bereicherungsansprüche (§ 812 ff. BGB), wie sie sich etwa bei Nichtigkeit des Kreditvertrags ergeben, unterlagen wiederum der Regelverjährung von 30 Jahren.

Die gesetzliche Regelung mit teils sehr langen, teils kurzen Verjährungsfristen wurde allgemein als unglücklich empfunden. Sie konnte sich in ihrer Widersprüchlichkeit auch nicht in das Bewusstsein der Allgemeinheit durchsetzen, wie dies aus Gründen der Rechtssicherheit geboten gewesen wäre. Die Gesetzesänderung ist daher allgemein als notwendig angesehen worden.

7.2 Rechtslage seit dem 01.01.2002

7.2.1 Regelverjährung

Die regelmäßige Verjährungsfrist beträgt nunmehr drei Jahre (§ 195 BGB). Ihr unterliegen alle Ansprüche aus dem Kreditvertrag, sei es

- der Anspruch des Kunden auf Auszahlung des Kredits,
- die Ansprüche der Bank auf Rückzahlung, Zinsen und Kosten und
- Ansprüche der Vertragspartner auf Schadenersatz oder aus ungerechtfertigter Bereicherung.

7.2.2 Beginn der Regelverjährung

Die Verjährung setzt zunächst voraus, dass der geltend gemachte Anspruch fällig ist. Die Fälligkeit von Ansprüchen richtet sich in erster Linie nach dem Kreditvertrag.

Beispiel *Beim Annuitätendarlehen sind Zinsen und Rückzahlungsraten fällig zu den Zeitpunkten, zu denen die einzelnen Raten zu erbringen sind. Hier tritt die Fälligkeit für jede Rate gesondert ein.*
Ist der Kredit in einer Summe zurückzuzahlen, ist er fällig mit dem vereinbarten Zeitpunkt der Rückerstattung.

Ist der Anspruch auf Rückgewähr von einer Kündigung des Kreditvertrags abhängig, tritt seine Fälligkeit mit Wirksamwerden der Kündigung ein, wobei einzuhaltende Kündigungsfristen zu beachten sind.

Beispiel *Firma Müller GmbH hat einen Kreditvertrag mit variablem Zinssatz abgeschlossen. Bereits einen Monat nach Empfangnahme des Geldes kündigt sie den Vertrag mit der gesetzlichen Kündigungsfrist von drei Monaten. Nach Ablauf der Kündigungsfrist ist der Anspruch der Bank auf Rückzahlung des Kredits fällig.*

Die Regelverjährung ist insoweit aufgeschoben, als sie erst mit dem Ende des Jahres beginnt, in dem der Anspruch fällig geworden ist (§ 199 I Ziff. 1 BGB).

> Die Regelung kommt dem Gläubiger insoweit entgegen, als dieser bei der kurzen Regelverjährungsfrist unterjährig nicht mit einer Verjährung zu rechnen braucht. Er kann jeweils zum Jahresende prüfen, ob Verjährung von Ansprüchen droht.

Der Beginn der Regelverjährung ist auch dann aufgeschoben, wenn der Gläubiger keine Kenntnis von der Person des Schuldners und von den den Anspruch begründenden Umständen hat und seine Unkenntnis auch nicht auf grober Fahrlässigkeit beruht (§ 199 I Ziff. 2 BGB).

Beispiel   *Kreditnehmer Müller ist in Vermögensverfall geraten und hat sich ins Ausland abgesetzt. Die Bank kann trotz entsprechender Bemühungen seine Anschrift nicht ausfindig machen.*

Zu der Kenntnis der Person des Schuldners gehört auch dessen Anschrift, sodass ihm eine Klage zugestellt werden kann. Solange die Anschrift nicht ermittelt werden kann, droht keine Verjährung.

> Besser täte die Bank in solchen Fällen daran, sich im Wege der öffentlichen Zustellung einen gerichtlichen Titel über ihre Forderung zu beschaffen. Hierdurch kann sie von vornherein nicht gerechtfertigte Einwendungen des Schuldners ausschließen, die regelmäßig zur Verzögerung und zur Verteuerung des Rechtsstreits führen.

7.2.3 Abweichende Fristen

7.2.3.1 Bei dinglichen Rechten

Von der Regelverjährung von drei Jahren abweichende Fristen hat der Gesetzgeber im Bereich dinglicher Rechte bestimmt. Sie können für Kreditsicherheiten von Bedeutung sein.

In zehn Jahren verjähren Ansprüche auf Übertragung des Eigentums an einem Grundstück sowie auf Begründung, Übertragung oder Aufhebung eines Rechts an einem solchen oder die Änderung des Inhalts eines solchen Rechts und die Rechte auf die Gegenleistung (§ 196 BGB).

Nach Ablauf von zehn Jahren könnte sich die Bank auf Verjährung des Löschungsanspruchs berufen. Solches dürfte aber treuwidrig sein, da die Grundschuld für sie ohne Interesse ist.

Die Verjährung des Rückgewähranspruchs bei einer Grundschuld in nur zehn Jahren wird man als zu kurz empfinden müssen, wenn man berücksichtigt, dass der Rückgewähranspruch bereits als Teilrückgewähranspruch mit Zahlung der ersten Tilgungsrate entsteht und Kredite entsprechend lange dauern. Hier würde es sich empfehlen, die Frist auf 30 Jahre zu verlängern (vgl. 7.2.4).

Um ein Auseinanderfallen der Verjährungsfristen von Anspruch und Gegenanspruch zu vermeiden, ist zugleich bestimmt, dass auch die Ansprüche auf die Gegenleistung in zehn Jahren verjähren.

Der Verkäufer hätte in dem Beispielsfall dem Käufer eine Zahlungsfrist setzen können und danach vom Vertrag zurücktreten und Schadenersatz fordern können (§ 323 BGB).

Hat er dies versäumt, wäre die Kaufpreisforderung ohne die Regelung des § 196 BGB in drei Jahren verjährt (§ 195 BGB). Der säumige Käufer könnte nach Ablauf der Frist Erfüllung des Vertrags durch Übereignung des Hauses fordern, hätte aber die Möglichkeit, sich seinerseits bezüglich des Kaufpreisanspruchs auf die inzwischen eingetretene Verjährung zu berufen. Der Verkäufer hätte zwar in den Fällen, in denen er nicht vorleistungspflichtig ist, ein Leistungsverweigerungsrecht (§ 320 BGB). Um die Problematik zu vermeiden, die sich aus ungleicher Verjährungsfrist von Leistung und Gegenleistung aus einem gegenseitigen Vertrag ergeben, hat der Gesetzgeber beide Ansprüche der gleichen Verjährungsfrist unterworfen.

7.2.3.2 Verjährung titulierter Ansprüche

Bedeutsamer für die Bankpraxis ist, dass rechtskräftig titulierte Ansprüche erst in 30 Jahren verjähren (§ 197 I Ziff. 3–5 BGB).

Gerade die Verkürzung der Verjährungsfrist macht es notwendig, bestehende Ansprüche regelmäßig auf drohende Verjährung zu kontrollieren und sie rechtzeitig zu titulieren.

Die Titulierung kann auch durch Erstellung einer notariellen Vollstreckungsurkunde erfolgen (§ 197 I Ziff. 4 BGB). Es ist dies regelmäßig der einfachste und preiswerteste Weg, zu einem Vollstreckungstitel zu gelangen, setzt aber das Einvernehmen des Schuldners voraus. In andern Fällen wird man das gerichtliche Mahnverfahren einleiten oder Zahlungsklage erheben, je nachdem, ob man mit einem Widerspruch des Schuldners rechnet.

7.2.3.3 Verjährung titulierter Zinsen

Eine Besonderheit gilt für Zinsen. Hat ein Titel solche zum Gegenstand, die künftig fällig werden, unterliegen diese der Regelverjährung von drei Jahren (§ 197 II BGB).

Beispiel   *Die Bank hat am 01.04.2002 einen Vollstreckungsbescheid erwirkt, wonach Müller verurteilt wird, 5.000 Euro nebst sechs Prozent Zinsen seit dem 01.01.1999 zu zahlen.*

Die im Beispielsfall bis zum Erlass des Vollstreckungsbescheides angefallenen Zinsen unterliegen der 30-jährigen Verjährung, die später anfallenden Zinsen dagegen der dreijährigen Verjährung. Will die Bank die Verjährung solcher Zinsen vermeiden, muss sie diese im Dreijahresrhythmus gesondert einklagen.

Bestehende Vollstreckungstitel sind mithin regelmäßig darauf hin zu kontrollieren, ob in ihnen nicht nach Erlass des Titels fällig werdende Zinsen verjähren.

Bei von der Regelverjährung abweichenden Fristen beginnt die Verjährung bereits mit der Fälligkeit des Anspruchs (§ 200 BGB), die Verjährung ist also hier nicht zum Jahresende aufgeschoben.

7.2.4 Vereinbarungen über die Verjährung

Verjährungsfristen können einvernehmlich verlängert oder verkürzt werden (§ 202 BGB). Die Verlängerung darf allerdings nicht über 30 Jahre hinaus gehen (§ 202 II BGB). Die Haftung wegen Vorsatz darf durch solche Regelungen nicht beeinträchtigt werden (§ 202 I BGB).

Beispiel   *Die Bank hat gegen den Firmenkunden Müller einen Titel erwirkt, wonach Müller verurteilt wird, 5.000 Euro nebst sechs Prozent Zinsen seit dem 01.01.1990 zu zahlen. Um Müller die Kosten der Titulierung künftiger Zinsforderungen zu ersparen (vgl. § 197 II BGB, siehe oben 7.2.3.3), trifft sie mit ihm eine Vereinbarung, dass in Abweichung zu der gesetzlichen Regelung künftige Zinsen erst in 30 Jahren verjähren.*

Vereinbarungen über die Verlängerung von Verjährungsfristen sind insbesondere bei Firmenkrediten sinnvoll und geboten. Sie können aber dort bedenklich sein, wo sie in Allgemeinen Geschäftsbedingungen oder vorformulierten Verträgen erfolgen (§ 307 BGB). Sie sollten stets individuell ausgehandelt werden.

7.2.5 Wirkung der Verjährung

Ist der Anspruch verjährt, kann der Schuldner die Leistung verweigern (§ 214 I BGB). Das zur Befriedigung des verjährten Anspruchs Geleistete kann er aber nicht zurückfordern und zwar auch dann nicht, wenn er in Unkenntnis der Verjährung leistete (§ 214 II BGB).

Die Verjährung gibt dem Betroffenen mithin lediglich eine Einrede. Er muss sich auf sie berufen, wenn sie wirksam werden soll.

> Für den Rechtsstreit bedeutet dies, dass das Gericht den Schuldner nicht darauf aufmerksam machen darf, dass die Forderung, die gegen ihn geltend gemacht wird, verjährt ist. Dies gilt auch dann, wenn der Schuldner anwaltlich nicht vertreten ist und offensichtlich nicht weiß, dass die Forderung bereits verjährt ist. Würde das Gericht ihn auf die gegebene Rechtslage gesondert hinweisen, wäre dies ein grober Fehler.

Versäumt der Schuldner es, die Einrede der Verjährung zu erheben, wird er zur Zahlung verurteilt. Wird das Urteil rechtskräftig, kann er die Einrede nicht mehr erheben, muss also zahlen, obwohl die Forderung verjährt ist.

Die Bank wird stets überprüfen müssen, ob sie nicht eine Forderung einklagen sollte, obwohl sie bereits verjährt ist. Braucht sie nicht damit zu rechnen, dass sich der Schuldner anwaltlicher Hilfe bedient, hat sie eine gute Chance, sich die Forderung trotz Verjährung zu erhalten.

7.2.6 Hemmung, Ablaufhemmung und Neubeginn der Verjährung

Es gibt Ereignisse, die den Ablauf der Verjährungsfrist beeinflussen. Eine Hemmung liegt vor, wenn der Lauf der Verjährungsfrist lediglich für eine bestimmte Zeit angehalten wird. Der Zeitraum, während dessen die Verjährung gehemmt ist, wird bei der Verjährungsfrist nicht mitgerechnet (§ 209 BGB).

Von einer Ablaufhemmung spricht man, wenn die Verjährung nicht vor Ablauf einer bestimmten Frist nach Eintritt eines Ereignisses abläuft (§§ 210, 211 BGB).

Bei Hemmung und Ablaufhemmung wird die vor Eintritt des Ereignisses verstrichene Zeit bei der Berechnung der Verjährungsfrist mitgerechnet. Dies unterscheidet sie vom Neubeginn (früher: Unterbrechung). Bei ihr beginnt die Verjährungsfrist nach Eintritt des Ereignisses neu zu laufen.

Eine Hemmung der Verjährung tritt insbesondere ein durch die Erhebung der Klage und ihr gleichgestellter Schritte (vgl. § 204 I BGB) mit der Maßgabe, dass sie sechs Monate nach rechtskräftiger Entscheidung oder anderweitiger Beendigung des Verfahrens endet; das Gleiche gilt, soweit das Verfahren von den Parteien nicht weiter betrieben wird (vgl. § 204 II BGB).

Beispiel *Die Bank hat im Jahr 2002 den ihrem Kunden Müller gewährten Kredit fällig gestellt und klagt ihn im Dezember 2005 ein. Sie bringt das Verfahren zum Ruhen und nimmt es erst acht Monate später wieder auf.*

Im Beispielsfall ist die Forderung verjährt. Die Forderung ist von der Bank „auf den letzten Drücker" rechtshängig gemacht worden. Das Ruhen des Verfahrens war nur für sechs Monate unschädlich. Die weiteren zwei Monate bewirken die Verjährung des Anspruchs.

Schweben zwischen Bank und Kunden Verhandlungen über den Anspruch, ist die Verjährung für deren Dauer gehemmt (§ 203 I BGB). Die Verjährung tritt frühestens drei Monate nach Ende der Verhandlungen ein (§ 203 2 BGB).

Beispiel *Die Bank hat 2002 den Müller gewährten Kredit fällig gestellt und nimmt Ende 2005 Verhandlungen mit Müller wegen der Rückzahlung auf. Sie dauern bis zum 30.06.2006 an.*

Die Bank muss im Beispielsfall die Forderung vor dem 30.09.2006 einklagen, um die Verjährung ihres Rückerstattungsanspruchs zu vermeiden.

Um Beweisschwierigkeiten über das Bestehen von Verhandlungen und deren Dauer zu vermeiden, sollte Beginn und Ende dem Verhandlungspartner jeweils schriftlich bestätigt werden.

Ist eine Person geschäftsunfähig oder in ihrer Geschäftsfähigkeit beschränkt und ist für sie kein gesetzlicher Vertreter bestellt, tritt die Verjährung nicht vor Ablauf von sechs Monaten ein, nachdem das Hindernis behoben wurde, also die Person voll geschäftsfähig geworden ist oder für sie ein gesetzlicher Vertreter bestellt wurde. Dies gilt gleichermaßen für Ansprüche, die der Geschäftsunfähige oder in der Geschäftsfähigkeit Beschränkte gegen Dritte hat, wie für solche, die sich gegen ihn richten (§ 210 BGB).

Beispiel *Der minderjährige Müller hat mit Zustimmung seiner Eltern ein Girokonto eröffnet, das er überzogen hat. Beide Eltern kommen bei einem Autounfall ums Leben.*

Frühestens mit Ablauf von sechs Monaten nach Bestellung eines Vormundes oder nach Erlangung der Volljährigkeit können Ansprüche gegen ihn verjähren. Das Gleiche gilt für Ansprüche, die der Minderjährige gegen die Bank haben sollte.

Eine entsprechende Regelung gilt für Nachlassfälle. Stirbt der Kunde, tritt die Verjährung von Ansprüchen, die für und gegen ihn bestanden, gegen seine Erben nicht vor Ablauf von sechs Monaten nach Annahme der Erbschaft ein (vgl. i. E. § 211 BGB).

Ein Neubeginn der Verjährung ist gegeben, wenn

- der Schuldner dem Gläubiger den Anspruch durch Abschlagszahlungen oder in sonstiger Weise anerkennt oder
- eine Vollstreckungshandlung vorgenommen oder beantragt wird (vgl. i. E. § 212 BGB).

8. Kreditsicherheiten

8.1 Notwendigkeit bei Firmenkrediten

Vertrauen ist gut, Sicherheit ist besser.

Das Vertrauen der Bank zu ihren Firmenkunden ist Voraussetzung der Kreditgewährung. Nur einem redlichen Darlehensnehmer kann man sein Geld anvertrauen. Bei einem Kaufmann, der zweifelhafte Geschäfte macht, der im Geschäftsverkehr unredlich ist und betrügt, besteht die Gefahr, dass er sich der Darlehensgeberin gegenüber in gleicher Weise verhält und diese das Kapital nicht mehr zurückbekommt.

Allein das in den Kunden gesetzte Vertrauen reicht zur Sicherung des Kredits nicht aus. Nicht nur, dass Vertrauen auch missbraucht werden kann. Die Geschäfte des Kunden können schlecht laufen. So kann er sein Geld verlieren, ohne dass er leichtfertig gehandelt hätte. Bricht ein Großunternehmen zusammen, zieht es regelmäßig weitere Unternehmen in die Insolvenz; Zulieferer und Subunternehmer, die vergebens auf ihr Geld warten.

Ohne Sicherheiten kann es keinen Firmenkredit geben.

8.2 Arten der Sicherheiten

Zu unterscheiden ist zwischen

- Personalsicherheiten und Realsicherheiten,
- Sicherheiten, die der Schuldner selbst gibt oder die ein anderer gewährt (Drittsicherheiten), und
- Sicherheiten, die der gesicherten Forderung folgen (akzessorische Sicherheiten), und solche, die nur durch die Sicherungsabrede mit ihr verbunden sind (nicht akzessorische Sicherheiten).

8.2.1 Personalsicherheiten

Personalsicherheiten sind Drittsicherheiten; bei ihnen tritt neben dem Darlehensschuldner als Sicherungsgeber eine weitere Person. Die Bank hat im Sicherungsfall die Möglichkeit, auch auf das Vermögen des Dritten zuzugreifen.

Die wesentlichen Personalsicherheiten in diesem Sinne sind Bürgschaft und Mithaftung.

Garantieversprechen und Bürgschaft „auf erstes Anfordern" haben als Sicherungsmittel nur insoweit Bedeutung, als sie von Banken gewährt werden. Im Verein mit der Bankbürgschaft sind dies von Banken zur Sicherung eines Geschäfts gewährte Haftungskredite.

Bankbürgschaften (Erfüllungsbürgschaften, Gewährleistungsbürgschaften) verstärken die vom Kunden geschuldete Leistung, indem die Bank als solvente Sicherungsgeberin neben den Kunden tritt und sich dessen Geschäftspartner gegenüber verpflichtet, für die Leistung des Kunden einzustehen. Die Haftung der Bank bei der Bürgschaft geht aber nur so weit, als auch der Kunde haftet, für den sie sich verbürgt hat.

Die Bankgarantie geht weiter. Bei ihr steht die Bank für einen bestimmten Erfolg ein (die Lieferung, die Mangelfreiheit der gelieferten Sache), unabhängig davon, ob der Kunde sie schuldet.

Die Bürgschaft auf erstes Anfordern steht zwischen der einfachen Bankbürgschaft und dem Garantieversprechen.

Haftungskredite, wie Bankbürgschaft und Bankgarantie können als Kreditsicherungsmittel dann von Bedeutung sein, wenn eine andere Bank einen gewährten Kredit entsprechend besichert. Solches ist bei Krediten ausländischer Banken denkbar.

Bei der Bürgschaft verspricht der Sicherungsgeber, für die Leistung dessen, für den er sich verbürgt hat, einzustehen. Bei der Mithaftung (Schuldmitübernahme, Schuldbeitritt), wird der Sicherungsgeber Partner des Kreditvertrags, für dessen Erfüllung er neben dem Darlehensnehmer gesamtschuldnerisch haftet.

Die Bürgschaft ist gesetzlich geregelt (§ 765 ff. BGB). Die Mithaftung ist dagegen als Sicherungsmittel erst durch die Rechtsprechung entwickelt worden. Wenn die Gerichte beide Personalsicherheiten oft gleich behandeln, etwa bei der Frage ihrer Unwirksamkeit wegen finanzieller Überforderung des Sicherungsgebers, so sind ihre Voraussetzungen und Folgen doch unterschiedlich. Auf die Mithaftung werden die gesetzlichen Vorschriften des Bürgschaftsrechts auch nicht entsprechend angewandt. So bedarf das Bürgschaftsversprechen zu seiner Wirksamkeit der Schriftform (§ 766 BGB), wenn es nicht von einem Kaufmann im Rahmen seines Geschäftsbetriebes abgegeben wird. Eine Mithaftungserklärung ist auch mündlich wirksam, wenn sie auch aus Gründen des Nachweises regelmäßig schriftlich erfolgt.

Bürgschaft und Mithaftung sind akzessorisch, das heißt, sie sind vom Bestand der gesicherten Forderung abhängig. Dies gilt für die Bürgschaft uneingeschränkt.

Der Bürge kann dem Gläubiger gegenüber alle Einwendungen erheben, die der Hauptschuldner, für die er sich verbürgt hat, geltend machen kann. Für die Mithaftung gilt dies insoweit eingeschränkt, als der Mithaftende dem Gläubiger entgegenhalten kann, dass die Schuld erfüllt ist (§ 422 BGB). Auch ein mit dem Schuldner vereinbarter Erlass der Forderung kommt dem Mithaftenden zugute (§ 423 BGB). Ist der Gläubiger mit der Annahme der geschuldeten Leistung in Verzug, wirkt dies ebenfalls gegenüber allen Mitschuldnern (§ 424 BGB).

Dagegen wirken alle anderen Regelungen nur gegenüber dem, mit dem sie getroffen sind, etwa eine Stundung der Forderung (§ 425 BGB). Die Kündigung des Kreditvertrags muss aber gegenüber allen Mitschuldnern erfolgen, um unwirksam zu sein.

Bürgschaft und Mithaftung stellen notwendig Sicherungen dar, die durch einen Dritten erfolgen.

8.2.2 Realsicherheiten

Bei den Personalsicherheiten haftet der Sicherungsgeber mit seinem gesamten, auch künftigen Vermögen. Damit unterscheiden sie sich wesentlich von den Realsicherheiten, bei denen sich die Haftung auf das Sicherungsgut beschränkt.

Sicherungsgut bei Realsicherheiten sind

- Immobilien und grundstücksgleiche Rechte, wie Erbpacht oder Wohnungseigentum,
- bewegliche Sachen und
- Rechte, insbesondere Forderungen.

Entsprechend werden Realsicherheiten begründet durch

- Grundpfandrechte, dies sind Hypothek oder Grundschuld,
- Sicherungseigentum oder
- Sicherungsabtretung.

Im Gesetz geregelt sind davon ausschließlich die Grundpfandrechte. Von ihnen ist die Hypothek ausführlich dargelegt (§§ 1113 ff. BGB), während für die Grundschuld weitgehend auf die Bestimmungen über die Hypothek Bezug genommen wird und nur einige Abweichungen dargetan sind (§§ 1192, 1191 ff. BGB). Praktische Bedeutung als Kreditsicherheit hat jedoch nur die Grundschuld.

Ausführlich im Gesetz geregelt ist das Pfandrecht an beweglichen Sachen und Rechten (§§ 1204 ff. BGB). Es hat als Sicherungsmittel für Bankkredite wenig Bedeutung, zumal das Pfandrecht an beweglichen Sachen deren Übergabe an den Sicherungsnehmer fordert, das Pfandrecht an Forderungen die Offenlegung der Pfändung an den Kreditschuldner

Sicherungseigentum an beweglichen Sachen und Sicherungsabtretung von Forderungen wurden von der Rechtsprechung entwickelt, nachdem sich im Rechtsleben entsprechende Bedürfnisse ergeben haben.

Von den Realsicherheiten ist lediglich die Hypothek akzessorisch. Sie setzt den Bestand der gesicherten Forderung voraus (§ 1113 I BGB). Zahlungen auf die gesicherte Forderung bringen die Hypothek zum Erlöschen. Forderung und Hypothek können nur gemeinsam übertragen werden (§ 1153 BGB).

Die übrigen Realsicherheiten – Grundschuld, Sicherungseigentum, Sicherungsabtretung – sind von der gesicherten (Darlehens-) Forderung unabhängig. Wird das Darlehen getilgt, bleibt das Sicherungsrecht bestehen. Der Sicherungsgeber kann und muss das Sicherungsrecht zurückfordern. Darlehensforderung und Sicherungsrecht sind bei den nicht akzessorischen Realsicherheiten durch die zwischen Sicherungsgeber und Bank getroffene Treuhandabrede verbunden. Die Bank darf das Sicherungsgut nur bei Eintritt des Sicherungsfalls und nur entsprechend dem vereinbarten Sicherungszweck verwerten.

Von einer treuhänderischen Bindung zwischen Sicherungsgeber und Bank als Sicherungsnehmerin spricht man deshalb, weil die Bank nach außen mehr Rechte hat – Eigentum an der zur Sicherung übereigneten beweglichen Sache, Grundschuld an der Immobilie, Inhaberschaft an der zur Sicherung abgetretenen Forderung – als ihr auf Grund der mit der Sicherungsabrede getroffenen Zweckbindung zustehen. Die Einräumung der Rechtsposition erfolgt nur zur Sicherung der Ansprüche aus dem gewährten Kredit.

Realsicherheiten können sowohl vom Darlehensschuldner als auch von einem Dritten gewährt werden. Im letzten Fall spricht man von Drittsicherheiten.

Gibt der Kreditkunde eine eigene Realsicherheit, ist die Vereinbarung über die Zurverfügungstellung der Sicherheit und die Sicherungsabrede regelmäßig Teil des Kreditvertrags (vgl. f. d. Verbraucherkreditvertrag § 492 I Nr. 7 BGB).

Drittsicherheiten werden dagegen regelmäßig durch einen zwischen Bank und sicherndem Dritten geschlossenen gesonderten Sicherungsvertrag begründet, in dem der Sicherungszweck und weitere Einzelheiten geregelt sind. Der mit dem Kunden geschlossene Kreditvertrag ist aufschiebend bedingt, bis der Sicherungsvertrag mit dem Dritten zustande gekommen ist.

8.3 Wertung der Kreditsicherheiten

Welchen Wert eine Kreditsicherheit für die Bank hat, hängt von den Umständen des Einzelfalls ab; dennoch lassen sich einige allgemeine Feststellungen treffen.

Eine Grundschuld an erster Rangstelle – bis 60 Prozent des Beleihungswertes – gibt regelmäßig eine gute Sicherheit. Entsprechend günstig sind für die Bank die Refinanzierungsbedingungen und entsprechend günstig kann die Bank den vom Kunden zu zahlenden Realkreditzins gestalten. Für eine Grundschuld an zweiter Rangstelle (60 bis 80 Prozent des Beleihungswertes) gilt dies nur noch mit Einschränkungen.

Grundschulden haben gegenüber anderen Kreditsicherheiten den Nachteil, dass ihre Verwertung durch Zwangsversteigerung der Immobilie zeit- und kostenaufwendig ist.

Die Verwertung zur Sicherung übereigneter beweglicher Sachen, etwa eines Warenlagers des Kunden, birgt demgegenüber größere Risiken. Oft ist die Ware mit vom Lieferanten bis zur Zahlung des Kaufpreises vorbehaltenem Eigentum belegt, sodass an ihr Sicherungseigentum nicht begründet werden kann. Die Erfahrung lehrt zudem, dass im Sicherungsfall Ware nur mit ganz erheblichen Abschlägen verkauft werden kann.

Ähnliche Probleme stellen sich bei zur Sicherung übertragener Forderungen, etwa aus vom Firmenkunden vorgenommenen Verkäufen. Hier besteht die Gefahr, dass der Kunde sich unredlich verhält und die Forderungen bereits einem anderen abgetreten hat. Die Sicherungsabtretung an die Bank geht dann ins Leere; es gibt keinen Gutglaubenschutz beim Erwerb von Forderungen. Außerdem erweist sich in der Krise eines Unternehmens die Realisierung von Kundenforderungen als problematisch; die Kunden zahlen nicht mehr, zur gerichtlichen Geltendmachung fehlen der Bank regelmäßig die notwendigen Unterlagen und Kenntnisse.

Eine Bürgschaft ist so gut wie der Bürge selbst. Das Gleiche gilt für die Mithaftung. Indem Bürge oder Mithaftender mit seinem Vermögen haftet, wie es sich im Zeitpunkt des Sicherungsfalls darstellt, bieten Personalsicherheiten Chancen und Risiken zugleich. Gerät der Bürge selbst in Vermögensverfall, wird die Kreditsicherung wertlos. Dies ist aber nur in Ausnahmefällen gegeben. Bürgschaft und Mithaftung sind in den letzten Jahren in Misskredit geraten, weil die Sicherungsgeber immer wieder versuchen, die Nichtigkeit des Sicherungsvertrags wegen finanzieller Überforderung geltend zu machen. Dies gelingt nach der Rechtsprechung aber nur in den seltensten Fällen (vgl. 9.1.6). Die konsequente Haftung von Bürgen und Mithaftenden lässt sie nach wie vor als zuverlässiges Sicherungsmittel erscheinen, das im Wert nur durch eine Grundschuld an sicherer Rangstelle übertroffen wird.

8.4 Nichtigkeit des Sicherungsvertrags wegen Übersicherung

Beispiel *Müller hat bei der Bank einen Kredit über 100.000 Euro aufgenommen, um sein Mehrfamilienhaus zu sanieren. Die Bank lässt sich folgende Sicherheiten geben:*
- *eine erstrangige Grundschuld auf dem unbelasteten Haus,*
- *die sicherungsweise Abtretung aller Mieteinkünfte aus dem Haus und*
- *die Bürgschaft des vermögenden Müller sen.*

Als Müller seiner Zahlungspflicht nicht mehr nachkommt, will die Bank die Sicherheiten geltend machen. Ihr wird entgegengehalten, die Sicherungsvereinbarung sei wegen Übersicherung nichtig.

Ein Rechtsgeschäft, das gegen die guten Sitten verstößt, ist nichtig (§ 138 BGB). Dies ist insbesondere der Fall, wenn Leistung und Gegenleistung in einem auffallenden Missverhältnis zueinander stehen und hierbei ausgenutzt wird

- die Unerfahrenheit oder
- eine Zwangslage des Vertragspartners.

Dies kann auch dadurch geschehen, dass sich die Bank den gewährten Kredit unverhältnismäßig hoch absichern lässt und hierbei Unerfahrenheit oder Notlage des Sicherungsgebers ausgenutzt werden.

Ein gegen die guten Sitten verstoßendes Rechtsgeschäft ist nichtig. Nichtig wäre im obigen Beispielsfall im Zweifel das gesamte Kreditgeschäft. Die Folge wäre, dass der jeweilige Vertragspartner um die vom anderen erbrachten Leistungen ungerechtfertigt bereichert wäre. Dem Kunden beziehungsweise Drittsicherungsgeber wären erbrachte Sicherheiten, dem Kunden darüber hinaus alle an Tilgung, Zinsen und Kosten erbrachten Leistungen zurückzuerstatten, der Bank die gezahlte Darlehensvaluta. Geldansprüche könnten wechselseitig verrechnet werden.

Im obigen Beispielsfall hat das Gericht bereits verneint, dass die gewährten Sicherheiten im Verhältnis zum Risiko der Bank unverhältnismäßig seien. Die Grundschuld umfasst im Sicherungsfall auch Mieteinkünfte, sodass die Gläubigerin durch die sicherungsweise Abtretung von Mietzins lediglich einen Zeitvorteil hat. Die zusätzliche Bestellung der Bürgschaft stellt sich wirtschaftlich nicht anders dar, als würden von vornherein mehrere aus dem Kredit haften. Eine sittenwidrige Übersicherung wurde daher verneint.

Es ist regelmäßig unbedenklich, sich für einen Kredit zugleich Realsicherheiten und Personalsicherheiten gewähren zu lassen. Solches allein rechtfertigt nicht die Annahme einer gegen die guten Sitten verstoßenden Übersicherung.

Das Problem der Übersicherung stellt sich naturgemäß nur bei nicht akzessorischen (treuhänderischen) Sicherheiten. Bei akzessorischen Sicherheiten (Bürgschaft, Mithaftung, Hypothek) ist gewährleistet, dass die Sicherheit nicht höher sein kann als die gesicherte Darlehensforderung.

Bei der Grundschuld liegt eine Übersicherung bereits mit Zahlung der ersten Tilgungsrate vor. Der Sicherungsgeber kann in Höhe des getilgten Teils der gesicherten Forderung die Bildung einer Teilgrundschuld und deren Abtretung fordern, vorausgesetzt, die Grundschuld haftet nicht noch für andere Verbindlichkeiten.

Eine Übersicherung kann von Anfang an gegeben sein oder nachträglich entstehen.

Ob ein Rechtsgeschäft gegen die guten Sitten verstößt und nichtig ist, bestimmt sich stets nach den Umständen, wie sie bei Abschluss des Rechtsgeschäfts gegeben sind. Damit stellt sich die Frage einer Nichtigkeit der Sicherungsvereinbarung nur bei der ursprünglichen Übersicherung.

Gefestigte Rechtsprechung gibt es zur Sittenwidrigkeit einer ursprünglichen Übersicherung noch nicht. Hier wird man stets auf die Besonderheiten des Einzelfalls abstellen müssen. Wegen der Konsequenz der Nichtigkeit des Sicherungsvertrags – und mit ihm oft des Kreditvertrags insgesamt – wird man die Anforderungen an eine sittenwidrige Übersicherung hoch ansetzen müssen. Ein Anhaltspunkt könnte sein, dass entsprechend der Rechtsprechung zum Wucher die Deckungsgrenze bei der Gewährung der Sicherheit bereits um 100 Prozent überschritten war.

Die Deckungsgrenze ist auch für die Feststellung einer nachträglichen Übersicherung wichtig.

Bei beweglichen Sachen oder Forderungen als Sicherungsgut ist die Deckungsgrenze bei 150 Prozent des Wertes der Sachen oder Forderungen anzusetzen. Damit wird dem Umstand Rechnung getragen, dass im Sicherungsfall das Sicherungsgut regelmäßig nur mit Verlust verwertet werden kann und darüber hinaus bei der Verwertung auch Kosten anfallen, die den Erlös schmälern. Liegt der Wert des Sicherungsguts höher, kann der Sicherungsgeber auch hier Freigabe fordern.

Beispiel *Firma Müller GmbH hat bei der Bank einen Kredit über 100.000 Euro aufgenommen und zur Sicherheit ein Warenlager mit wechselndem Bestand im Wert von 150.000 Euro übereignet. Nach zwei Jahren beläuft sich der Kredit noch auf 80.000 Euro, während sich der Wert des Warenlagers durch Zukäufe auf 170.000 Euro erhöht hat.*

Im Beispielsfall kann der Kunde Freigabe eines Teils des Warenlagers fordern und zwar des Teils, der über den Wert von 120.000 Euro (150 Prozent von 80.000 Euro) hinausgeht. Das Warenlager ist also zu teilen. Ein Teil des Lagers im Wert von 50.000 Euro ist als Sicherheit frei zu geben. Der Firmenkunde kann diesen Teil für einen weiteren Kredit als Sicherheit nutzen.

Bei der Feststellung ist stets auf die realisierbaren Werte abzustellen. Diese können je nach Sicherungsgut unterschiedlich sein. Bei Forderungen wird man von deren Nennwert ausgehen, bei Waren von deren Verkaufswert. Handelt es sich um Anlagevermögen, ist zu berücksichtigen, dass der Verkehrswert gebrauchter Sachen entsprechend niedriger ist.

Der so ermittelte Wert der Sicherheit wird mit einem Zuschlag von zehn Prozent an Verwertungskosten und mit einem weiteren Verwertungsrisikozuschlag von 40 Prozent versehen, sodass sich die Deckungsgrenze bei 150 Prozent des Wertes des Sicherungsguts errechnet.

Dabei handelt es sich um Richtwerte. Im Einzelfall, bei entsprechend „sicherem" Gut, wird die Deckungsgrenze bis auf 110 Prozent heruntergehen können, bei wenig marktgängigen Luxusgütern oder zweifelhaften Forderungen aber auch erheblich über der 150-Prozent-Marke liegen. Der Nachweis, dass die 150-Prozent-Marke unangemessen hoch oder niedrig ist, muss derjenige führen, dem der Umstand zugute kommt.

Beispiel *Firma Müller GmbH hat der Bank für ein Darlehen in Höhe von 100.000 Euro Maschinen zur Sicherung übereignet, die nach dem Gutachten eines vereidigten Sachverständigen einen Verkehrswert von 200.000 Euro haben. Sie bringt zudem Kaufangebote anderer Firmen in Höhe dieses Wertes bei.*

Hier liegt eine anfängliche Übersicherung vor, die den Kunden berechtigt, die Freigabe von Maschinen im Wert von 90.000 Euro zu fordern (Verkehrswert des Sicherungsguts 200.000 Euro abzüglich gesicherte Forderung abzüglich Verwertungskostenzuschlag von zehn Prozent).

Beispiel *Firma Müller GmbH hat einen Kredit über 100.000 Euro erhalten. Die Bank war zur Kreditgewährung nur bereit unter Übereignung des gesamten Warenlagers. Der Kredit wird später fällig gestellt. Firma Müller wendet ein, Sicherungsübereignung und Kreditvertrag seien nichtig, und bringt ein Sachverständigengutachten bei, wonach das Warenlager von Anfang an einen Wert von 320.000 Euro hatte.*

Liegt eine ursprüngliche Übersicherung von mehr als dem Doppelten der Deckungsgrenze vor, dürfte die Sicherungsabrede wegen Verstoßes gegen die guten Sitten nichtig sein (§ 138 BGB). Voraussetzung ist, dass der Kreditgeber mit seiner Forderung nach einer solchen Sicherheit zugleich eine beim Kunden gegebene Notlage ausgenutzt hat. Damit ist die Sicherungsvereinbarung und im Zweifel auch der Kreditvertrag insgesamt nichtig, wäre letzterer doch ohne die Sicherheit nicht zustande gekommen (§ 139 BGB).

Beispiel   *Firma Müller GmbH ist inzwischen insolvent. Der Insolvenzverwalter verlangt die Freigabe des Warenlagers.*

Die Bank hat das Sicherungsgut freizugeben. Ihre Darlehensforderung nimmt als ungesicherte Forderung am Insolvenzverfahren teil.

Zur Vermeidung einer Nichtigkeit des Kreditvertrags wegen ursprünglicher Übersicherung sollte der Wert des Sicherungsgutes bei Vertragsschluss gemeinsam festgestellt und festgehalten werden.

8.5   Nichtigkeit des Sicherungsvertrags bei Sanierungsfällen

Beispiel   *Firma Müller GmbH ist zahlungsunfähig. 120 Arbeitsplätze stehen auf dem Spiel. Die Bank, ihre Kreditgeberin, wird durch Presse und Öffentlichkeit stark unter Druck gesetzt, durch einen weiteren Kredit die Gesellschaft zu sanieren. Sie entschließt sich, einen entsprechend hohen Sanierungskredit zur Verfügung zu stellen, aber nur unter der Voraussetzung, dass ihr sämtliche, auch künftigen Außenstände der Firma abgetreten werden und dem wenig vertrauenswürdigen Geschäftsführer Müller ein Unternehmensberater zur Seite gestellt wird, ohne dessen Zustimmung Müller keine Entscheidungen mehr treffen kann.*
Die Insolvenz lässt sich trotzdem nicht vermeiden. Der Insolvenzverwalter hält die Forderungsabtretungen für unwirksam und verlangt von der Bank alle bereits eingezogenen Beträge heraus.

Ist ein Vertragspartner in seiner Handlungsfreiheit so eingeengt, dass ihm kein Entscheidungsspielraum mehr verbleibt beziehungsweise jede wirtschaftliche Entscheidung kontrolliert und mitbestimmt wird, ist die mit ihm getroffene Vereinbarung als eine gegen die guten Sitten verstoßende Knebelung unwirksam. Diese Voraussetzung ist im Beispielsfall gegeben. Die Bank hat auf Grund der Globalabtretung die volle Verfügungsmacht über eingehende Gelder, der Geschäftsführer ist durch den ihm zur Seite gestellten Berater gleichsam entmündigt.

Da die getroffenen Vereinbarungen (Kreditvertrag, Geschäftsbesorgungsvertrag, Sicherungsvertrag) eine wirtschaftliche Einheit bilden, sind sie insgesamt nichtig (§ 139 BGB). Nichtig ist damit auch die Globalabtretung mit der Folge, dass der Insolvenzverwalter nicht nur die künftig fließenden Kundengelder beanspruchen kann, sondern auch die auf Grund der Abtretung bereits gezahlten Beträge herausverlangen kann.

> Die Bank könnte, was die herausverlangten Gelder anbelangt, allenfalls die Verjährung geltend machen. Bereicherungsansprüche unterliegen der dreijährigen Verjährung.

In Sanierungsfällen besteht seitens der Banken die Neigung, auf die Geschäftsführung Einfluss zu nehmen, um die ordnungsgemäße Verwendung der zur Verfügung gestellten Mittel zu gewährleisten. Dies ist nicht nur unter dem Gesichtspunkt der Knebelung riskant. Die Bank kann dadurch in eine quasi-Gesellschafterstellung gelangen. Von einem Gesellschafter gewährte Darlehen sind aber wie Stammkapital zu behandeln und können in der Krise der Gesellschaft nicht zurückgefordert werden (§§ 32 a ff. GmbHG). Damit würde die Bank das Sanierungsdarlehen nicht einmal mehr im Insolvenzverfahren geltend machen können.

Es ist daher darauf zu achten, dass der Geschäftsführung bei einem verständlichen Kontrollbedürfnis durch die Bank ausreichende Gestaltungsspielräume verbleiben, insbesondere auch Mittel zur Bedienung von Verbindlichkeiten anderer Gläubiger.

Oft wird es sinnvoller sein, das Unternehmen in Insolvenz gehen zu lassen und aus der Insolvenzmasse heraus erhaltenswerte Teile als neues Unternehmen zu fördern.

Problematisch sind insbesondere auch Fälle, in denen die zur Verfügung gestellten Mittel zur Sanierung nicht ausreichen.

Beispiel   *Firma Müller GmbH ist zahlungsunfähig. Die Bank hat Kredite im Wert von drei Millionen Euro zur Verfügung gestellt, die notleidend geworden sind. Um wenigstens einen Teil des Geldes wieder hereinzubekommen, gewährt sie einen weiteren Kredit über 500.000 Euro, der für sie erkennbar zur Sanierung nicht ausreicht und lässt sich die Außenstände der Firma abtreten. So gelingt es ihr, ihr Kreditengagement auf 1.500.000 Euro herunterzufahren, ehe die Firma endgültig illiquide ist.*

Ist eine Gesellschaft zahlungsunfähig, ist der Geschäftsführer verpflichtet, ohne schuldhaftes Zögern, spätestens innerhalb von drei Wochen Insolvenzantrag zu stellen (§§ 13, 15, 17, 18 InsO, 64 GmbHG). Das Gleiche gilt bei der GmbH im Falle der Überschuldung, wenn also die Verbindlichkeiten höher sind als die vorhandenen Vermögenswerte (§ 19 InsO).

> Auch die Gläubiger sind berechtigt, Insolvenzantrag zu stellen, wenn sie hieran ein berechtigtes Interesse haben, wenn also ihre Forderungen nicht mehr befriedigt werden (§§ 13, 14 InsO).

Versäumt der Geschäftsführer einer GmbH, bei einer Einzelfirma der Schuldner selbst, die rechtzeitige Stellung eines Insolvenzantrages, ist er verpflichtet, Gläubigern den durch die verzögerte Antragstellung entstehenden Schaden zu ersetzen (§ 84 GmbHG). Daneben können sich für ihn strafrechtliche Konsequenzen ergeben.

Der Vorwurf der Insolvenzverschleppung und einer damit verbundenen Benachteiligung anderer Gläubiger kann auch die Bank treffen, wenn sie durch weitere Mittel die Insolvenz lediglich verzögert, um auf diese Weise sich Vorteile zu verschaffen. Dies hat im Beispielsfall die Bank getan, indem sie lediglich Zeit gewinnen wollte, um durch die gleichzeitig vereinbarte Abtretung der Außenstände und deren Realisierung ihre Darlehensforderungen zurückführen zu können.

War im Beispielsfall auch der Kundin erkennbar, dass die Vereinbarung lediglich dazu dienen sollte, der Bank einen gegenüber anderen Gläubigern vorteilhaftere Position zu verschaffen, dürfte die Vereinbarung gegen die guten Sitten verstoßen und damit nichtig sein (§ 138 I BGB). Auf jeden Fall haben die übergangenen Gläubiger das Recht, den nach Abschluss der Vereinbarung getätigten Einzug der Kundenforderungen als Gläubigerbenachteiligung anzufechten (§ 3 Anfechtungsgesetz (AnfG).

Die Gläubigeranfechtung erfolgt durch gerichtliche Klage auf Duldung der Zwangsvollstreckung in die anfechtbar erlangten Vermögensgegenstände. Wurde etwa eine Immobilie in anfechtbarer Weise übertragen, geht die Klage auf Duldung der Zwangsvollstreckung in die Immobilie wegen der Forderung der Gläubigers inklusive Zinsen und den Kosten der Rechtsverfolgung. Im Beispielsfall hat die Bank Geld in anfechtbarer Weise erlangt und für sich verwertet. Hier richtet sich die Klage auf Zahlung eines Geldbetrags in Höhe der Forderung des benachteiligten Gläubigers, wiederum inklusive Zinsen und Kosten der Rechtsverfolgung.

Mit Eröffnung des Insolvenzverfahrens steht das Anfechtungsrecht dem Insolvenzverwalter zu.

Daneben können sich Schadenersatzansprüche benachteiligter Gläubiger gegen die Bank aus vorsätzlicher sittenwidriger Schädigung ergeben (§ 826 BGB).

Bei Sanierungsdarlehen ist daher stets darauf zu achten, dass – aus der Sicht bei Vertragsschluss gesehen – zur Verfügung gestellte Mittel auch zur Sanierung ausreichen. Wo dies erkennbar nicht der Fall ist und eine drohende Insolvenz nur verzögert wird, kann die Bank nicht damit rechnen, dass ihr so erlangte Vorteile verbleiben.

9. Bürgschaft

Die Bürgschaft ist ein Vertrag zwischen dem Gläubiger und dem Sicherungsgeber (Bürgen), für die Erfüllung der Verbindlichkeit eines Dritten (Hauptschuldners) einzustehen (§ 765 I BGB).

9.1 Zustandekommen der Bürgschaft

Die Bürgschaft ist ein Vertrag, kommt also durch Angebot zum Abschluss des Bürgschaftsvertrags und dessen Annahme zustande.

Beispiel   *Müller sen. will sich für ein von der Bank Müller jun. zu gewährendes Darlehen verbürgen. Die Bank gibt Müller jun. das bereits ausgefüllte Bürgschaftsformular mit, der es von Müller sen. unterschreiben lässt und der Bank zurückbringt. Die Bank nimmt es zu den Darlehensakten.*

Die Rückgabe der vom Senior unterschriebenen Urkunde ist als Angebot zum Abschluss des Bürgschaftsvertrags zu werten. Die Annahme dieses Angebots durch die Bank kann auch stillschweigend erfolgen (§ 151 BGB), indem diese die Urkunde zu ihren Akten nimmt.

Beispiel   *Müller sen. hat im obigen Beispielsfall die Erklärung zwar bereits unterschrieben, hat seinem Sohn aber erklärt, er solle sie noch liegen lassen, er wolle sich das mit der Bürgschaft noch einmal überlegen. Müller jun. übergibt sie trotzdem der Bank.*

Hier liegt kein wirksames Angebot von Müller sen. vor, denn er wollte eine rechtsverbindliche Erklärung noch nicht abgeben. Da er mit der Möglichkeit rechnen musste, dass das von ihm unterschriebene Formular auch gegen seinen Willen in den Rechtsverkehr gelangen konnte, kommt aber eine Rechtsscheinhaftung in Betracht. Die Bank kann ihn also an der Erklärung dennoch festhalten.

Findet ein unmittelbarer Kontakt zwischen Bank und Bürgen nicht statt, indem die Erklärung durch den Hauptschuldner überbracht wird, sollte die Annahme der Bürgschaft von der Bank per Einschreiben bestätigt werden.

9.1.1 Formerfordernis

Die Bürgschaft bedarf zur Wirksamkeit der Schriftform (§ 766 BGB). Dabei muss lediglich die Bürgschaftserklärung schriftlich erfolgen; Ihre Annahme kann mündlich oder auch durch schlüssiges Verhalten geschehen.

> Die gesetzlich vorgeschriebene Schriftform soll den Bürgen vor übereiltem und unüberlegtem Handeln schützen. Ein solcher Schutz ist geboten, haftet doch der Bürge mit seinem Vermögen für die Verbindlichkeit eines anderen, dessen wirtschaftliche Verhältnisse er nicht immer überschauen kann.

Formfrei ist lediglich die Bürgschaft eines Vollkaufmanns, wenn sie für ihn ein Handelsgeschäft darstellt, also im Rahmen des Geschäftsverkehrs abgegeben wird (§§ 350, 351 HGB).

Beispiel   *Firma Müller GmbH benötigt einen Kredit. Die Bank ist nur bereit, den Kredit zu gewähren, wenn Müller, Geschäftsführer und Mehrheitsgesellschafter der GmbH, die persönliche Bürgschaft übernimmt. Müller (auf Urlaubsreise in Fernost) telegrafiert der Bank: „Ich übernehme persönlich die selbstschuldnerische Bürgschaft für den der Firma Müller GmbH zu gewährenden Kredit über 100.000 Euro." Als er später aus der Bürgschaft in Anspruch genommen wird, lässt er sich rechtlich beraten und beruft sich auf die Unwirksamkeit der Bürgschaft.*

Kaufmann ist die GmbH, nicht aber deren Geschäftsführer oder Gesellschafter. Außerdem ist die Erteilung der Bürgschaft kein Handelsgeschäft des Geschäftsführers oder Gesellschafters, da diese persönlich keinen Handel betreiben. Nur für die GmbH selbst wäre sie ein Handelsgeschäft; diese ist aber nicht Bürgin sondern Hauptschuldnerin.

Die Bürgschaft des Geschäftsführers einer GmbH für eine Kreditverbindlichkeit derselben muss auch dann schriftlich erfolgen, wenn dieser Alleingesellschafter der GmbH ist.

Wirtschaftlich betrachtet besteht zwar zwischen einer GmbH und ihrem Alleingesellschafter und Geschäftsführer kein großer Unterschied. Die ansonsten oft gebotene wirtschaftliche Betrachtungsweise versagt aber zumeist dann, wenn es um die Anwendung von Schutzvorschriften geht.

Die Schriftform ist erfüllt, wenn der Text der Bürgschaftserklärung schriftlich niedergelegt und die Urkunde vom Bürgen eigenhändig unterschrieben ist (§ 126 I BGB). Durch ein Telegramm wird die Schriftform ebenso wenig gewahrt, wie durch ein Telefax. Ersetzt werden kann sie nur durch notarielle Beurkundung oder Protokollierung in einem gerichtlichen Vergleich (§§ 126 III, 127 a BGB).

Die Bürgschaft muss erteilt sein; das bedeutet, dass die Original-Bürgschaftsurkunde mit Willen des Bürgen der Bank als Gläubigerin zugehen muss (§ 766 BGB). Bis zum Zugang bei der Bank kann sie vom Bürgen widerrufen werden (§ 130 I BGB).

9.1.2 Anforderungen an den Inhalt der Bürgschaftsurkunde

Mit dem Gebot der Schriftform hängen auch die von der Rechtsprechung gestellten Anforderungen an den Inhalt der Bürgschaftsurkunde zusammen.

Folgende Bestandteile müssen sich aus der Urkunde ergeben:

- der Wille, sich für eine fremde Schuld zu verbürgen,
- die Benennung der Verbindlichkeit, für die der Bürge sich verbürgt,
- die Bezeichnung des Gläubigers
- und diejenige des Schuldners der verbürgten Schuld

Diese Mindesterfordernisse müssen in der Urkunde enthalten sein, wobei es ausreicht, dass sie im Wege der Auslegung aus der Urkunde gewonnen werden können.

Beispiel *Müller jun. hat der Bank eine schriftliche Schuldurkunde gegeben, wonach er sich verpflichtet, an diese einen Betrag in Höhe von 3.000 Euro nebst sechs Prozent Zinsen ab Erstellung der Urkunde zu zahlen. Müller sen. hat sie mit dem Zusatz: „als Bürge" unterschrieben.*

Hier wird klar, dass der Vater des Schuldners sich für die Verbindlichkeit verbürgen will, wie sie sich aus der Urkunde ergibt. Es liegt eine wirksame Bürgschaftserklärung vor.

Hätte der Vater lediglich seine Unterschrift auf die Urkunde gesetzt, ohne den Zusatz „als Bürge", würde dies für die Annahme einer Bürgschaft nicht ausreichen. Der Wille, sich für die Verbindlichkeit verbürgen zu wollen, kommt nicht zum Ausdruck. Ob eine Auslegung als (formlos gültiger) Schuldbeitritt in Betracht kommt, hängt von den Umständen des Einzelfalls ab.

Die Hauptschuld ist möglichst exakt und umfassend anzugeben. Teile, die nicht angegeben sind, sind von der Bürgschaft nicht umfasst.

Nach dem Wortlaut der Bürgschaftsurkunde haftet im Beispielsfall der Bürge nur für den Anspruch auf Rückzahlung der Darlehensvaluta, nicht für Darlehens- oder Verzugszinsen, auch nicht für über die Rückzahlung hinausgehenden Schadenersatz.

> Es ist in der Rechtsprechung streitig, ob bei bloßer Angabe der Hauptsumme auch eine Haftung für Nebenforderungen, wie Zinsen und Sekundäransprüche, wie Schadenersatz gegeben ist. Durch unzureichende Angaben in der schriftlichen Bürgschaftsurkunde geht die Gläubigerin ein unnötiges Risiko ein.

Ist die Verbindlichkeit, für die sich der Bürge verbürgt hat, unzureichend angegeben, besteht zudem die Gefahr, dass die Bürgschaft insgesamt wegen Formmangels nichtig ist (§ 125 BGB).

Beispiel   *In alten Bürgschaftsformularen der Banken befinden sich sinngemäß Formulierungen, wonach die Bürgschaft umfasst: „Alle bestehenden und künftigen, bedingten und befristeten Forderungen der Bank gegen den Hauptschuldner aus ihrer Geschäftsverbindung sowie aus Wechseln, die von Dritten hereingegeben werden, Bürgschaften, Abtretungen oder gesetzlichem Forderungsübergang".*

Eine Bürgschaft kann zur Sicherung bestehender oder künftiger Forderungen gewährt werden. Sie kann auch eine Vielzahl verschiedener Forderungen umfassen, soweit diese bestimmbar sind. Eine Bürgschaft für „alle derzeitigen und künftigen Ansprüche der Bank, die sich aus der bankmäßigen Geschäftsverbindung mit dem Hauptschuldner ergeben", wird von der Rechtsprechung als bestimmt genug angesehen.

Eine solche „weite Zweckerklärung" kann aber aus anderen Gründen unwirksam sein (vgl. 9.1.5).

Anders im obigen Beispielsfall. Soll die Formulierung „außer Ansprüchen aus der bankmäßigen Geschäftsbeziehung" auch alle sonstigen nur denkbaren Ansprüche umfassen, fehlt es an der Bestimmtheit der Forderung, für die der Bürge einzustehen hat. Die Bürgschaft ist nichtig.

Das Ausfüllen von Bürgschaftsformularen sollte stets mit besonderer Sorgfalt erfolgen, insbesondere was die Angabe der verbürgten Hauptforderung anbelangt. Der Sicherungszweck sollte dagegen, bezogen auf die gesicherte Forderung, alle möglichen Ansprüche umfassen (Formulierungsvorschlag vgl. 9.3.1).

9.1.3 Stellvertretung

Eine Bürgschaftserklärung kann auch durch einen rechtsgeschäftlich bevollmächtigten Vertreter abgegeben werden.

Beispiel *Müller sen. bevollmächtigt seinen Sohn, mit der Darlehensurkunde in Vollmacht für ihn zugleich die Bürgschaftsurkunde bei der Bank zu unterschreiben.*

Wirksamkeitsvoraussetzung für die Bevollmächtigung zur Abgabe einer Bürgschaftserklärung ist aber, dass sie schriftlich erteilt wird und alle wesentlichen Angaben zur Bürgschaft enthält. Bedarf die Bürgschaft zur Wirksamkeit der Schriftform, gilt dies gleichermaßen für eine auf sie gerichtete Vollmacht.

Beispiel *Müller jun. will mit der Bank über einen weiteren Firmenkredit verhandeln. Die Kreditsumme steht noch nicht fest. Müller sen. gibt ihm daher eine bereits ausgefüllte und von ihm unterschriebene Bürgschaftsurkunde mit, bei der die Höhe der vereinbarten Forderung offen blieb, mit der Maßgabe, sie entsprechend der Summe des noch auszuhandelnden Kredits zu ergänzen, was auch geschieht. Später aus der Bürgschaft in Anspruch genommen und inzwischen rechtlich beraten, beruft sich Müller sen. auf die Nichtigkeit der Bürgschaft.*

Eine Blanko-Bürgschaft ist nach der Rechtsprechung des BGH unwirksam. Es hätte für eine wirksame Ergänzung der Bürgschaft durch Einsetzen der noch fehlenden Hauptforderung einer schriftlichen Vollmacht bedurft. In dieser hätte aber zugleich geregelt werden müssen, inwieweit die Bürgschaftsurkunde zu ergänzen gewesen sei; dies konnte aber nicht erfolgen, da die Höhe der zu verbürgenden Forderung noch nicht feststand.

Im Hinblick auf Tendenzen in der Rechtsprechung und Gesetzgebung, an die Vollmacht höhere Anforderungen zu stellen (vgl. § 492 IV BGB), sollte das Handeln eines Dritten bei der Begründung von Sicherungsrechten vermieden werden. Es empfiehlt sich, den Bürgen in die Bank zu bestellen, dort mit ihm gemeinsam das Formular durchzusprechen und auszufüllen und es von ihm unterschreiben zu lassen.

9.1.4 Globalbürgschaften

Für Bürgschaftsversprechen werden regelmäßig von Banken vorformulierte Vertragsmuster verwandt. Sie haben sich damit am AGB-Recht zu messen.

> Als Allgemeine Geschäftsbedingungen des AGB-Rechts gelten alle vorformulierten Vertragsbestandteile, nicht nur die eigentlichen Geschäftsbedingungen, wie sie sich regelmäßig im Anhang von Verträgen befinden (§ 305 I BGB).

Wie andere vorformulierte Bankverträge werden Bürgschaftsformulare im Wesentlichen an zwei Bestimmungen gemessen, dem Verbot unangemessener Klauseln (§ 307 BGB) und dem Verbot überraschender Klauseln (§ 305 c BGB).

Bestimmungen in Allgemeinen Geschäftsbedingungen, die den Vertragspartner entgegen dem Gebot von Treu und Glauben unangemessen beachteiligen, sind nichtig (§ 307 I 1 BGB). Eine solche unangemessene Benachteiligung liegt insbesondere vor, wenn die Regelung von wesentlichen Grundgedanken des Gesetzes zum Nachteil des Vertragspartners abweicht, gleichsam das Gesetz ins Gegenteil verkehrt wird (§ 307 II BGB).

Auch überraschende Klauseln sind nichtig. Solche liegen dann vor, wenn die Regelung so ungewöhnlich ist, dass der Vertragspartner mit ihnen nicht zu rechnen braucht (§ 305 c I BGB). Bei ihnen kann der Verwender einer Unwirksamkeit jedoch dadurch begegnen, dass er den Vertragspartner auf sie in besonderer Weise aufmerksam macht und der Regelung damit ihren überraschenden Charakter nimmt.

> Durch diese beiden Bestimmungen, die mit weiteren Regelungen des AGB-Gesetzes nunmehr ins BGB übernommen wurden (§§ 305 ff. BGB), sind in den letzten 15 Jahren weite Teile des Bankrechts umgestaltet worden. Die AGB-Banken und AGB-Sparkassen mussten mehrfach geändert werden. Das Gleiche gilt für verwandte Vertragsformulare. Hier hat sich der Verbraucherschutz wohl am stärksten niedergeschlagen.

Die Generalklausel des § 307 BGB ist auch für Verträge unter Kaufleuten verbindlich, findet also auch auf Firmenkredite Anwendung.

Beispiel   *Firma Müller GmbH hat bei der Bank einen Kredit über 50.000 Euro aufgenommen. An der Gesellschaft sind Müller mit 60 Prozent, Meyer mit 20 Prozent und Schmidt 20 Prozent beteiligt. Alle drei haben sich für den Kredit verbürgt. Die vorgefertigten Bürgschaftserklärungen enthalten die Klausel: „Die Bürgschaft umfasst alle derzeitigen und künftigen Forderungen der Bank gegen den Hauptschuldner aus bankmäßiger Geschäftsverbindung."*
Die GmbH ist illiquide. Der Kredit ist zurückbezahlt. Wegen einer Kontoüberziehung nimmt die Bank die drei Bürgen auf Zahlung in Anspruch. Diese wehren sich mit dem Einwand, die weite Zweckerklärung sei nichtig, da sie sie unangemessen benachteilige.

Eine Bürgschaft, die alle gegebenen und künftigen Ansprüche der Gläubigerbank gegen den Hauptschuldner sichert, wird als Globalbürgschaft bezeichnet, eine derart umfassende Haftungserklärung als weite Zweckerklärung.

Wie ausgeführt, sind Geschäftsführer und Gesellschafter einer GmbH keine Kaufleute (vgl. 9.1.2). AGB-Recht findet auf sie uneingeschränkt Anwendung. Dies gilt nicht nur für die Generalklausel (§ 307 BGB), sondern auch für die Überraschungsklausel (§ 305 c BGB).

> Beide Bestimmungen bedingen durch ihre unterschiedlichen Rechtsfolgen eine bestimmte Prüfungsfolge. Zunächst ist zu prüfen, ob eine Regelung gegen die Generalklausel verstößt. Ist die Regelung mit wesentlichen Grundsätzen der Rechtsordnung schlechthin nicht in Einklang zu bringen, ist sie immer nichtig. Ist solches nicht festzustellen, muss überprüft werden, ob die Regelung überraschenden Charakter hat, ob also der Vertragspartner bei der Art des Rechtsgeschäfts mit einer solchen Regelung nicht zu rechnen braucht. Bejaht man dies, ist in einer zweiten Stufe zu überprüfen, ob der Regelung durch individuellen Hinweis der überraschende Charakter genommen wurde. Wenn dies nicht geschah, bleibt es bei der Nichtigkeit gemäß § 305 c BGB.

Wenn sich jemand aus Anlass der Gewährung eines Kredits verbürgt, rechnet er nicht damit, dass er auch für weitere, über den Kreditvertrag hinausgehende, insbesondere künftige Verbindlichkeiten des Hauptschuldners haftet, die er möglicherweise gar nicht kennt und auf deren Entstehung er keinerlei Einfluss hat.

> Die Haftung bei der Bürgschaft ist ohnehin sehr streng, indem sie das gesamte Vermögen des Bürgen umfasst. Hierin liegt der wesentliche Unterschied zu Realsicherheiten, bei denen der Sicherungsgeber weiß, dass im Sicherungsfall nur das Sicherungsgut verloren zu gehen droht. Eine Ausweitung der Haftung des Bürgen auf weitere, auch künftige Verbindlichkeiten des Hautschuldners zur Bank ist daher besonders problematisch.

Die Rechtsprechung hält Globalbürgschaften, also solche mit weiter Zweckerklärung, schon wegen Verstoßes gegen die Generalklausel (§ 307 BGB) für nichtig. Dies bedeutet aber nicht, dass damit die Bürgschaft insgesamt unwirksam ist. Sie beschränkt sich vielmehr auf die Verbindlichkeit, deren Begründung Anlass für die Erteilung der Bürgschaft war. War dies, wie im obigen Beispielsfall, die Gewährung eines Kredits, beschränkt sich die Haftung des Bürgen nur auf diesen.

Hiervon werden wiederum ausgenommen

▦ Geschäftsführer und
▦ Mehrheitsgesellschafter,

die sich für die GmbH verbürgen.

Bei ihnen ist die Vereinbarung einer weiten Zweckerklärung weder unangemessen noch unüblich. Sie werden nicht als schutzwürdig angesehen, da sie es in der Hand haben, ob und in welchem Umfang die GmbH als Hauptschuldnerin Verbindlichkeiten eingeht. Sie können auch steuern, inwieweit solche zurückgeführt werden.

Anderes muss für den Minderheitsgesellschafter gelten. Für ihn ist es oft schwierig, den aktuellen Bestand der Verbindlichkeiten der GmbH festzustellen. Auf Rückführung alter oder Begründung neuer Verbindlichkeiten hat er keinen Einfluss. Er wird daher ebenso schützenswert angesehen, wie jeder andere Bürge. Die so genannte Anlassrechtsprechung des BGH, wonach der Bürge trotz weiter Zweckerklärung grundsätzlich nur für den Kredit haftet, der Anlass für das Bürgschaftsversprechen war, gilt uneingeschränkt auch für Höchstbetragsbürgschaften.

> Bei ihnen wird die Haftung des Bürgen auf einen Höchstbetrag beschränkt. Sie dienen regelmäßig zur Sicherung von Krediten mit wechselndem Bestand (Kontokorrentkrediten) und grenzen das Risiko des Bürgen ein. Durch Angabe einer Haftungsobergrenze des Bürgen begegnet die Bank der Gefahr, dass die Bürgschaft insgesamt wegen finanzieller Überforderung des Bürgen nichtig wäre. Der Höchstbetrag der Haftung des Bürgen sollte daher seinen wirtschaftlichen Verhältnissen angepasst werden.

Eine weite Zweckerklärung, die sich also auf alle weiteren bestehenden oder künftig entstehenden Verbindlichkeiten des Hauptschuldners erstreckt, ist bei Höchstbetragsbürgschaften auch dann unwirksam, wenn die Haftung insgesamt im Rahmen des Höchstbetrags bleibt.

> Es entspricht dagegen dem Wesen der Höchstbetragsbürgschaft als Sicherheit für einen Kontokorrentkredit, dass die Haftung erhalten bleibt, wenn der Kredit zurückgeführt wird und sich erneuert, wenn er wieder in Anspruch genommen wird. Die Haftung besteht so lange, wie der Kontokorrentkredit besteht.

Beispiel   *Müller hat von der Bank für sein Unternehmen einen unlimitierten Kontokorrentkredit eingeräumt bekommen, für den sich Frau Müller verbürgte, ohne dass ein Höchstbetrag angegeben wurde. Im Zeitpunkt der Bürgschaftserteilung belief sich der in Anspruch genommene Kontokorrentkredit auf 15.000 Euro. Als sich der Kredit auf 200.000 Euro beläuft und Müller zahlungsunfähig ist, nimmt die Bank Frau Müller in Anspruch.*

Hier bewirkt die Anlassrechtsprechung, dass die Bürgin nur in der Höhe haftet, in der sich der Kredit im Zeitpunkt der Bürgschaftsübernahme belief. Im Beispielsfall haftet die Ehefrau nur in Höhe von 15.000 Euro.

Die Verwendung von Bürgschaften mit weiter Zweckerklärung ist heute nicht mehr üblich und sollte nur noch erfolgen, wenn sich Geschäftsführer und Mehrheitsgesellschafter einer GmbH für deren Kreditverbindlichkeiten verbürgen. Andererseits sollten Ansprüche aus dem Kredit, dessen Gewährung Anlass für die Bürgschaft war, möglichst umfassend umschrieben werden.

Formulierungsvorschläge:

> Die Bürgschaft wird übernommen für alle bestehenden, künftigen und bedingten Ansprüche, die der Bank gegen den Hauptschuldner aus nachstehend bezeichneter Forderung zustehen: (Es folgt die Bezeichung der Forderung, die für die Bürgschaftsübernahme Anlass war, etwa Kreditvertrag vom (Datum) über (Summe Euro, Kreditkontonummer ...).
> oder
> Die Bürgschaft wird übernommen bis zum Höchstbetrag von (Summe) Euro für alle bestehenden künftigen und bedingten Ansprüche, die der Bank gegen den Hauptschuldner aus nachstehend bezeichneter Forderung zustehen:
> (wie oben).

9.1.5 Bürgschaften von Verwandten und anderen nahestehenden Personen ohne Einkommen und Vermögen

Die Wirksamkeit von Bürgschaften von dem Hauptschuldner emotional verbundener, wirtschaftlich überforderter Personen nimmt in der Rechtsprechung der letzten Jahre breiten Raum ein.

> Ursprünglich hatte der BGH Bürgschaften einkommens- und vermögensloser Ehefrauen bzw. gerade volljährig gewordener, von ihren Eltern wirtschaftlich noch abhängiger Kinder für wirksam gehalten. Dies führte zu mehreren Verfassungsbeschwerden. Das Bundesverfassungsgericht hat festgestellt, dass Zivilgerichte Verträge darauf zu überprüfen haben, ob sie einen der Vertragspartner ungewöhnlich belasten und Ergebnis „strukturell ungleicher Verhandlungsstärke" sind. Dies hat zu einer grundlegenden Änderung der Rechtsprechung zu einkommens- und vermögensloser Familienangehöriger geführt.

9.1.5.1 Allgemeine Grundsätze

Es wurden folgende Grundsätze entwickelt:

Allein der Umstand, dass der Bürge im Zeitpunkt des Abschlusses des Bürgschaftsvertrags nicht über die zur Erfüllung des Bürgschaftsversprechens erforderlichen Mittel verfügt, sollte er aus ihnen in Anspruch genommen werden, reicht für die Annahme einer Sittenwidrigkeit nicht aus. Dies gilt auch dann, wenn der Bürge dem Hauptschuldner durch Verwandtschaft oder in anderer Weise emotional verbunden ist.

Es müssen weitere, dem Gläubiger anrechenbare Umstände hinzukommen:

▪ der Gläubiger hat in verwerflicher Weise auf die Entscheidung des Bürgen zur Abgabe des Bürgschaftsversprechens eingewirkt,

▨ der Gläubiger nutzt eine entsprechende verwerfliche Einflussnahme des Hauptschuldners auf den Bürgen bewusst für sich aus oder

▨ der aus emotionaler Verbundenheit zum Hauptschuldner veranlasste Bürge ist mit seiner Verpflichtung so krass überfordert, dass eine Haftung sich für einen verständigen Gläubiger als wirtschaftlich sinnlos darstellt.

Eine verwerfliche Einflussnahme der Bank als Gläubigerin auf den Bürgen liegt dann vor, wenn die Bürgschaftsverpflichtung bewusst verharmlost wird.

Beispiel   *Meyer, Kreditsachbearbeiter der Bank, veranlasst Frau Müller zur Unterschrift unter eine Bürgschaftsurkunde zur Sicherung eines Geschäftskredits ihres Mannes mit der Bemerkung: „Unterschreiben Sie das mal, Sie gehen keine große Verpflichtung ein. Es ist nur für unsere Unterlagen".*
Kreditsachbearbeiter Meyer veranlasst Müller, Geschäftsführer und Gesellschafter der Firma Müller GmbH, die Mithaftung für einen der GmbH gewährten Kredit zu übernehmen mit dem Bemerken: „Wir sind uns einig, dass Sie daraus nicht in Anspruch genommen werden. Ich brauche das nur für die Innenrevision".

Zwei Fälle, die gleich gelagert zu sein scheinen. Rechtlich gibt es aber einen bedeutsamen Unterschied.

Im ersten Fall ist die Haftung der Bürgin nicht in Frage gestellt, aber in ihrer Bedeutung heruntergespielt worden. Auf diese Weise ist die Ehefrau vom Mitarbeiter der Bank veranlasst worden, die Bürgschaft zu übernehmen, ohne dass ihr deren Tragweite bewusst wurde. Dass dies verwerflich ist, liegt auf der Hand. Ist die Ehefrau damit finanziell überfordert und unzumutbar belastet, wird sie sich auf die Nichtigkeit ihrer Verpflichtung wegen Verstoßes gegen die guten Sitten berufen können.

Im zweiten Fall war die Haftung des Gesellschafter-Geschäftsführers für die Verbindlichkeit der GmbH erst gar nicht gewollt. Solche wurde nur zum Schein begründet. Die Bürgschaft ist als Scheingeschäft nichtig (§ 117 BGB).

Ist eine Rechtsfolge wie die Inanspruchnahme aus einem Sicherungsgeschäft nur von einem der Vertragspartner nicht gewollt, stellt dies einen geheimen Vorbehalt dar, der unbeachtlich ist und den Vertrag und seine Verbindlichkeit nicht in Frage stellt (§ 116 BGB).

Anders, wenn beide Vertragspartner das Erklärte nicht wollen. Sind sie sich einig, dass das Sicherungsgeschäft nur zum Schein erfolgt, ist es nichtig (§ 117 BGB). Allerdings hat der abgeschlossene Vertrag erst einmal die Vermutung der Richtigkeit und Vollständigkeit für sich. Der Sicherungsgeber wird daher den Nachweis erbringen müssen, dass der formal ordnungsgemäße Sicherungsvertrag von beiden Vertragspartnern tatsächlich nicht gewollt war, was nur in Ausnahmefällen gelingen dürfte.

In gleicher Weise verwerflich ist es, wenn die Bank sich eine zu missbilligende Einflussnahme des Hauptschuldners auf den Bürgen nutzbar macht.

Oft ist aber eine verwerfliche Einflussnahme durch Hauptschuldner oder einen Angestellten der Bank nicht nachzuweisen. In solchen Fällen ist eine Bürgschaft wegen Verstoßes gegen die guten Sitten nichtig, wenn ein besonders krasses Missverhältnis zwischen Leistungsvermögen und Haftung gegeben ist. Es muss als verwerflich erscheinen, in einem solchen Fall überhaupt eine Bürgschaft angefordert zu haben, da sie wirtschaftlich keinen Sinn gibt.

Wann dies gegeben ist, ist nach den besonderen Verhältnissen jedes einzelnen Falles zu beurteilen. Dies hängt insbesondere von der Höhe der verbürgten Forderung ab. Ist diese extrem hoch, etwa mehrere Millionen Euro, kann auch ein gewisses Vermögen und mittlere Einkünfte des Bürgen den Sittenverstoß nicht in Frage stellen. Anders, wenn die verbürgte Forderung überschaubar ist.

> Liegt die Forderung, für die der Verwandte sich verbürgte, im Bereich üblicher Konsumentenkredite, etwa bis zu 5.000 Euro, dürfte eine Berufung des Bürgen auf mangelnde Leistungsfähigkeit gar nicht in Betracht kommen.

Reicht der pfändungsfreie Betrag des ansonsten vermögenslosen Ehegatten für sich genommen nicht einmal aus, die laufenden Zinsen des verbürgten Kredits zu zahlen, ist von einem so krassen Missverhältnis zwischen Leistungsfähigkeit und Haftung auszugehen, dass eine Nichtigkeit wegen Verstoßes gegen die guten Sitten indiziert ist.

Dabei hat die Leistungsfähigkeit des Hauptschuldners außer Betracht zu bleiben, wird doch die Bürgschaft übernommen gerade für den Fall, dass dieser nicht mehr leisten kann. Kann dann der Bürge bei der Höhe des Kredits nicht einmal die Zinsen entrichten, hätte er keine Chance, aus der Verpflichtung noch einmal herauszukommen.

Nun ist niemand gehindert, sich bis zu seinem Ruin selbst zu schädigen, so lange dies auf einem freien und unbeeinflussten Willensentschluss beruht. Dies gilt auch für einen Sicherungsgeber. Liegt aber ein solch krasses Missverhältnis zwischen Verbindlichkeit und eigener Leistungsfähigkeit vor, wie oben dargetan, folgt daraus eine widerlegbare Vermutung, dass für die Übernahme der wirtschaftlich unsinnigen Bürgschaft die emotionale Verbundenheit zum Partner entscheidend war und damit gerade kein freier Willensentschluss vorlag.

An einer solchen emotionalen Verbundenheit fehlt es bei Geschäftsführern und Gesellschaftern, die sich für die GmbH verbürgen. Bei ihnen stehen wirtschaftliche Interessen im Vordergrund, sie können sich auf eine finanzielle Überforderung nicht berufen und haften uneingeschränkt.

Dies muss grundsätzlich auch dann gelten, wenn der Mitgesellschafter dem Hauptgesellschafter, etwa als Ehepartner, emotional verbunden ist; es sei denn, der Anteil des Mitgesellschafters an der Gesellschaft ist so gering, dass ihm kein wirtschaftlicher Wert zukommt, insbesondere, wenn Haftungsrisiko als Bürge und Anteilswert außer Verhältnis sind.

Die dargelegten Grundsätze kommen nur bei nahen Angehörigen in Betracht und gelten uneingeschränkt für Ehepartner und Lebensgefährten in einer emotional einer Ehe entsprechenden Lebensgemeinschaft. Bei Geschwistern als Hauptschuldner und Bürgen und weiteren Verwandten haben Sie Gültigkeit, wenn eine entsprechende emotionale Bindung dargetan ist.

Verbürgen sich Eltern für ihre Kinder, wird man die Grundsätze nur mit einer gewissen Zurückhaltung anwenden können. Zwar ist die emotionale Bindung bei ihnen regelmäßig mindestens ebenso stark, wie etwa zwischen Ehegatten. Eltern setzen ihre Aufgabe aber gerade darin, ihren Kindern eine Existenz aufzubauen, auch auf Kosten ihrer eigenen Existenzsicherung. Durch die Rechtsprechung sind solche Differenzierungen noch nicht geklärt.

9.1.5.2 Bürgschaften von Kindern für ihre Eltern

Die oben dargelegten Grundsätze der Sittenwidrigkeit von Bürgschaften mittelloser Verwandter können auch nicht ohne weiteres auf Bürgschaften von Kindern für Verbindlichkeiten ihrer Eltern übertragen werden.

Beispiel *Meyer, Kreditsachbearbeiter der Bank, sucht Eheleute Müller wegen der Vereinbarung eines Kredits für deren gemeinsam betriebene Gaststätte auf. Dort trifft er die beiden 20 und 21 Jahre alten Söhne an und veranlasst sie, sich für die Kreditverbindlichkeit der Eltern zu verbürgen. Der eine Sohn besucht noch die Schule, der andere hat gerade mit dem Studium begonnen.*

Das Verhältnis von Eltern zu ihren Kindern ist geprägt von der besonderen Fürsorge, derer die Kinder bedürfen, bis sie im Leben ihren eigenen Platz gefunden haben (vgl. § 1618 a BGB). Dies bedingt zugleich ein Vertrauen der Kinder in die Richtigkeit von Handlungen ihrer Eltern und die Redlichkeit ihrer Handlungsmotive. Kinder, die zwar schon volljährig, von ihren Eltern aber noch finanziell abhängig sind, werden der Forderung oder dem Wunsch ihrer Eltern, sich für ihre Verbindlichkeiten zu verbürgen, in aller Regel nachkommen, ohne dies zu hinterfragen und ohne sich die Konsequenzen klarzumachen.

> Sind die Kinder noch nicht volljährig, werden sie von ihren Eltern vertreten. Für die Übernahme einer Bürgschaft durch ein minderjähriges Kind bedürfen die Eltern aber der vormundschaftsgerichtlichen Genehmigung (§ 1822 Nr. 10 BGB).

Bürgschaften gerade volljähriger, finanziell noch abhängiger Kinder für Verbindlichkeiten ihrer Eltern verstoßen regelmäßig gegen die guten Sitten und sind nichtig, auch ohne dass eine besondere Drucksituation dargetan ist. Dies muss auch der Bank klar sein. Da entscheidend sind die Verhältnisse, wie sie bei Abgabe der Bürgschaft vorliegen, ist es unbedeutend, dass ein Kind nach Abschluss der Ausbildung leistungsfähig sein wird

Dieser Grundsatz gilt jedoch mit Einschränkungen.

Beispiel   *Firma Müller GmbH benötigt einen größeren Kredit. Die Bank ist nur dann bereit, den Kredit zu gewähren, wenn außer Müller sen., Gesellschafter und Geschäftsführer der GmbH, auch Müller jun. die Bürgschaft übernimmt. Müller jun. ist zwar noch in der Ausbildung, soll aber in absehbarer Zeit den Betrieb übernehmen.*

Hier hat die Bank ein besonderes Interesse, den vorgesehenen Nachfolger im Betrieb von vornherein mit in die Haftung zu nehmen. Da die Unternehmensübernahme durch den Junior lediglich eine Erwartung und noch keine Gewissheit ist, sollte die Bank die Bürgschaft auf den Fall der Übernahme beschränken.

Beispiel   *Die Bank möchte, dass Frau Müller sich für einen Kredit verbürgt, den Herr Müller für sein Unternehmen benötigt. Frau Müller ist zwar einkommens- und vermögenslos, ihre Eltern sind aber wohlhabend. Die Bank erwartet, dass sie als einziges Kind im Wege der Erbnachfolge Vermögen erlangen wird und möchte sie für diesen Fall in die Haftung nehmen.*

Da es für die Sittenwidrigkeit einer Bürgschaft auf die Umstände bei Vertragsschluss ankommt, wäre eine unbeschränkte Bürgschaft nichtig. Die spätere Erbschaft stellt eben nur eine Erwartung da, die keinesfalls gesichert ist. Vielleicht verbrauchen die Eltern ihr Vermögen lebzeitig, vielleicht verlieren sie es anderweitig oder sie zerstreiten sich mit ihrer Tochter und treffen andere Verfügungen.

Gegen die Wirksamkeit der Bürgschaft bestünden aber keine Bedenken, wenn sie auf den Fall beschränkt wird, dass die Ehefrau durch Erbfall oder Schenkung (vorweggenommene Erbfolge) Vermögen erhält.

Allein die Möglichkeit einer Vermögensverschiebung unter Eheleute war für den 9. Zivilsenat Grund, Bürgschaften und Mithaftungen von nicht leistungsfähigen Ehepartnern für wirksam zu halten. Der 11. Zivilsenat ist dem stets entgegengetreten. Nachdem die Zuständigkeit auch für Bürgschaften im Bankrecht auf den 11. Zivilsenat übergegangen ist, steht fest, dass die Möglichkeit einer späteren Vermögensverschiebung unter Eheleuten für sich genommen nicht rechtfertigt, den Ehepartner in die Haftung einzubeziehen. Dem haben sich inzwischen auch die übrigen Senate angeschlossen.

Hier ist die Bürgschaft der einkommens- und vermögenslosen Ehefrau wirksam, wenn sie von vorneherein auf den Fall beschränkt wird, dass ihr vom Ehemann Vermögen in anfechtbarer Weise übertragen wird.

Die Bank ist vor unredlichen Vermögensverschiebungen bereits durch das Anfechtungsgesetz weitgehend geschützt. Überträgt der Ehemann Vermögensgegenstände auf die Ehefrau, um sie dem Zugriff seiner Gläubiger zu entziehen, ist dies anfechtbar.

Anfechtbar ist eine Rechtshandlung, die der Schuldner in den letzten zehn Jahren vor der Anfechtung mit der Absicht vorgenommen hat, seine Gläubiger zu benachteiligen, wenn der Begünstigte diese Absicht kannte (§ 3 I AnfG). Eine solche Kenntnis wird unter nahen Angehörigen regelmäßig angenommen, wenn der Begünstigte keinen Rechtsanspruch auf die Leistung hatte, ein so genanntes inkongruentes Deckungsgeschäft getätigt wird.

Anfechtbar sind im Übrigen auch entgeltliche Verträge, die der Schuldner mit nahen Angehörigen geschlossen hat, durch die seine Gläubiger unmittelbar benachteiligt werden. Hier ist das Anfechtungsrecht aber auf zwei Jahre befristet. Die Anfechtung scheidet auch aus, wenn der Vertragspartner nachweist, dass ihm die Gläubigerbenachteiligungsabsicht unbekannt war (§ 3 II AnfG).

Die Anfechtung erfolgt durch Klage gegen den Begünstigten und ist auf Duldung der Zwangsvollstreckung in das übernommene Gut gerichtet.

Grundsätzlich richtet sich die Nichtigkeit der Bürgschaft eines finanziell überforderten Angehörigen nach den Verhältnissen, wie sie bei Abgabe des Bürgschaftsversprechens gegeben sind. Will die Bank die Erwartung künftiger Vermögenszuwächse (Schenkung, Erbschaft, Vermögensverschiebung) einbeziehen, muss sie die Bürgschaft von vorneherein auf den Fall eines solchen Vermögenserwerbs beschränken. Dies geschieht, indem sie die Bürgschaft unter eine entsprechende aufschiebende Bedingung stellt.

Formulierungsvorschlag:

Die Bürgschaft soll nur für den Fall gelten, dass der Bürge
- Vermögen von Todes wegen oder im Wege vorweggenommener Erbfolge bzw. Schenkung erhält,
- vom Hauptschuldner Vermögensgegenstände übertragen erhält,
- das Unternehmen des Hauptschuldners ganz oder teilweise übertragen erhält.

9.1.6 Anfechtung der Bürgschaft

9.1.6.1 Anfechtung wegen Irrtums

Die Kreditfähigkeit ist eine für den Abschluss des Kreditvertrags wesentliche Eigenschaft des Kreditkunden. Ist sie nicht gegeben, kann dies die Bank zur Anfechtung des Vertrags wegen Irrtums rechtfertigen (§ 119 BGB; vgl. 4.1.4.1).

Ein solches Anfechtungsrecht ist für den Bürgen nicht gegeben. Es entspricht dem Wesen der Bürgschaft, dass er für die Zahlungsfähigkeit des Hauptschuldners stets einzustehen hat.

Dies macht die Bürgschaft so gefährlich. Der Bürge haftet für die Erfüllung der Verbindlichkeit des Schuldners praktisch ohne Ausnahme.

Gerät der Hauptschuldner in Vermögensverfall, kann der Bürge sich auch nicht auf einen Fortfall der Geschäftsgrundlage berufen; soll er doch gerade für dessen Nicht-Zahlen-Können einstehen. Er hat in diesem Fall lediglich die Möglichkeit, die Bürgschaft zu kündigen. Die Kündigung enthaftet den Bürgen jedoch nicht. Sie bewirkt lediglich, dass sich seine Haftung der Höhe nach auf die Hauptschuld beschränkt, wie sie im Zeitpunkt des Wirksamwerdens der Kündigung besteht. An künftigen negativen Entwicklungen nimmt der Bürge nicht mehr teil (vgl. 9.4.2).

9.1.6.2 Anfechtung wegen arglistiger Täuschung und Drohung

Hier gelten die gleichen Grundsätze wie beim Kreditvertrag (vgl. 4.1.4.1, 5.2.2.8).

Auf die mit der Bürgschaft verbundenen Risiken braucht die Bank den Bürgen nicht gesondert hinzuweisen. Übernimmt jemand eine Bürgschaft, muss er sich über die Konsequenzen im Klaren sein. Das gilt sogar dann, wenn der Bürge Ausländer und der deutschen Sprache nicht mächtig ist.

Im Übrigen bestehen Aufklärungs- und Hinweispflichten, wie beim Kreditvertrag (vgl. 5.2.2). Sache des Bürgen ist es, sich über die Kreditwürdigkeit der Person zu informieren, für die er sich verbürgt.

Anders, wenn die Bank dem Bürgen bewusst falsche Angaben über die wirtschaftlichen Verhältnisse des Hauptschuldners macht und den Bürgen dadurch zur Abgabe des Bürgschaftsversprechens verleitet. Das selbe muss gelten, wenn der Bürge sich bei der Bank nach den Verhältnissen des Kreditnehmers erkundigt und sie ihm ihr bekannte negative Umstände verschweigt. In diesen Fällen kann der Bürge den Sicherungsvertrag anfechten und die Bank für den ihm entstandenen Schaden haftbar machen (§§ 123, 280 BGB).

> Oft hat die Bank zum Bürgen gar keinen unmittelbaren Kontakt; sie überlässt es dem Hauptschuldner, die Bürgschaft beizubringen. Dies wirft die Frage auf, ob sie sich ein arglistiges Verhalten des Hauptschuldners anrechnen lassen muss.
>
> Dies ist regelmäßig nicht der Fall. Wenn der Kreditnehmer einen Dritten zur Übernahme der Bürgschaft zu bewegen versucht, verfolgt er damit in erster Linie eigene Interessen. Er ist insoweit nicht Erfüllungsgehilfe der Bank sondern Dritter. Ein arglistiges Verhalten des Dritten braucht sich die Bank aber nur dann anrechnen zulassen, wenn sie es kannte oder zumindest hätte erkennen können (§ 123 II BGB). Solches dürfte selten gegeben sein.

Auch dann, wenn die Bank dem Kreditkunden das vorbereitete Bürgschaftsformular überlässt, um es vom Bürgen unterschreiben zu lassen, wird der Kunde damit noch nicht zum Erfüllungsgehilfen (Abschlussgehilfen) der Bank. Täuscht der Kunde den Bürgen arglistig über seine wirtschaftlichen Verhältnisse, kann der Bürge dies der Bank grundsätzlich nicht entgegenhalten.

9.1.7 Bürgschaft und Haustürwiderrufsrecht

Beispiel   *Müller, Geschäftsführer der Firma Müller GmbH, bestellt den Kreditsachbearbeiter in die Firma, um einen Kreditvertrag für die Firma abzuschließen. Die Bank ist nur bereit, den Kredit zu gewähren, wenn Müller persönlich die Bürgschaft übernimmt, was auch geschieht.*
Müller, später aus der Bürgschaft in Anspruch genommen, macht geltend, er hätte über ein Widerrufsrecht belehrt werden müssen, da die Bürgschaft an seinem „Arbeitsplatz" vereinbart worden sei und die Bestellung des Sachbearbeiters nur für die Kreditaufnahme durch die Firma, nicht für die Bürgschaft erfolgt sei. Von der Bürgschaft sei erstmals bei dem Besuch des Sachbearbeiters die Rede gewesen.

Der Beispielsfall stellt die Frage nach der Anwendbarkeit des Haustürwiderrufsrechts (§ 312 BGB) auf ein Bürgschaftsversprechen.

Inzwischen ist geklärt, dass das Haustürwiderrufsrecht keine Anwendung findet, wenn es sich bei der verbürgten Hauptschuld um einen Firmenkredit handelt.

Nur wenn Bürge und Kreditnehmer Verbraucher sind und bei beiden ein Haustürgeschäft vorliegt, kommt ein Widerrufsrecht auch für den Bürgen in Betracht.

Auch das Widerrufsrecht für Verbraucherkredite (§ 495 BGB) findet auf Sicherungsrechte wie Bürgschaften generell keine Anwendung.

9.2 Haftung des Bürgen

9.2.1 Bürgschaft als schuldrechtlicher Vertrag

Die Bürgschaft ist zunächst ein schuldrechtlicher Vertrag wie jeder andere auch. Der Bürge kann dem Gläubiger alle Einwendungen entgegenhalten, die sich aus dem Bürgschaftsvertrag selbst ergeben.

Wie oben dargelegt, kann er sich auf die Nichtigkeit der Bürgschaft berufen, wenn etwa der Vertrag gegen die guten Sitten verstößt. Er kann ihn anfechten, wenn er bei dessen Abschluss arglistig getäuscht wurde.

Hat er gegen den Gläubiger eine eigene Forderung, kann er mit dieser gegenüber dessen Zahlungsanspruch aufrechnen (§§ 387 ff. BGB). Auch kann ihm ein Zurückbehaltungsrecht zustehen (§ 273 BGB).

Beispiel *Die Bank nimmt den Bürgen auf Zahlung in Anspruch. Dieser kann die Leistung verweigern, bis die Bank ihm die Bürgschaftsurkunde herausgibt; er ist also nur Zug um Zug gegen Herausgabe der Urkunde zur Leistung verpflichtet.*

Die Bürgschaftsforderung als solche unterliegt der Verjährung und zwar der Regelverjährung, die sich seit dem 01.01.2002 auf drei Jahre beläuft (vgl. 7.2). Voraussetzung für den Beginn der Verjährung ist aber die Fälligkeit der Bürgschaftsforderung. Fällig ist sie, wenn der Sicherungsfall eingetreten ist.

Die Verkürzung der Verjährung von 30 Jahren auf nur noch drei Jahre stellt auch bei der Verwertung von Sicherheiten an die Banken erhöhte Anforderungen. Ist der Sicherungsfall eingetreten, darf sie die Bürgschaft nicht „auf Eis" legen. Will sie erst einmal andere Sicherheiten realisieren, was ja durchaus im Interesse auch des Bürgen sein kann, muss sie mit ihm eine Verlängerung der Verjährungsfrist oder einen befristeten Verjährungsverzicht vereinbaren.

9.2.2 Einwendungen aus der Bürgschaft selbst

Dem Bürgen stehen gegenüber dem Gläubiger Einwendungen zu, die sich aus der gesetzlichen Gestaltung der Bürgschaft ergeben.

9.2.2.1 Einrede der Vorausklage

Es ist dies in erster Linie die Einrede der Vorausklage (§§ 771 ff. BGB). Danach kann der Bürge fordern, dass der Gläubiger zunächst beim Hauptschuldner Befriedigung sucht. Erst wenn eine Zwangsvollstreckung gegen den Hauptschuldner erfolglos war, kann der Bürge in Anspruch genommen werden.

Die Einrede der Vorausklage stellt ein Leistungsverweigerungsrecht des Bürgen dar; sie findet im Rechtsstreit nur dann Beachtung, wenn sich der Bürge auf sie beruft.

> Die gesetzliche Regelung hat sich als unzweckmäßig erwiesen. Es ist viel zu zeitaufwendig, erst den Hauptschuldner zu verklagen und abzuwarten, ob eine Zwangsvollstreckung gegen ihn fruchtlos verläuft. Es entstehen außerdem unnötige Kosten, insbesondere dann, wenn eine Rechtsverfolgung gegen den Hauptschuldner wenig Erfolg versprechend ist. Stellt der Kreditnehmer die Zahlung ein, wird bei ihm oft nichts mehr zu holen sein. Da der Bürge dem Gläubiger auch die Kosten der Rechtsverfolgung gegen den Hauptschuldner zu ersetzen hat (§§ 767 II BGB), kann es auch nicht in seinem Interesse liegen, wenn die Bank ihr Recht zunächst beim Hauptschuldner suchen muss.

Es ist daher üblich, das Bürgschaftsversprechen als selbstschuldnerische Bürgschaft auszugestalten, indem der Bürge auf die Einrede der Vorausklage verzichtet. Solches bedarf zur Wirksamkeit der Schriftform (§ 766 BGB), kann aber auch formularmäßig erfolgen.

> Der Verzicht auf die Vorausklage verstößt nicht gegen AGB-Recht (§ 307 BGB), da das Gesetz selbst die Einrede der Vorausklage für bestimmte Fälle ausschließt (vgl. § 773 BGB). Damit wird durch einen vertraglichen Verzicht auf die Einrede nicht wesentlich vom gesetzlichen Leitbild des § 771 BGB abgewichen.

Formulierungsvorschlag:

Bezeichnung als

- „selbstschuldnerische Bürgschaft"

und im Text

- „ich/wir (nachstehend der Bürge) übernehmen die selbstschuldnerische Bürgschaft ..."

9.2.2.2 Aufgabe von Sicherheiten durch die Bank

Wird der Bürge aus der Bürgschaft in Anspruch genommen und leistet er, geht die gesicherte Forderung auf ihn über (§ 774 I BGB). Mit übergehen auf ihn für die Forderung bestellte weitere Sicherheiten (§ 401 BGB). Dies erfolgt bei der Hypothek als akzessorische Sicherheit kraft Gesetzes (§ 1153 BGB). Bei nicht akzessorischen Sicherheiten hat der leistende Bürge gegen den Gläubiger einen Abtretungsanspruch.

Beispiel *Müller sen. ist aus einer Bürgschaft in Anspruch genommen worden, die er für einen Müller jun. gewährten Kredit erteilte. Die Bürgschaft war zugleich durch eine Grundschuld auf dem Haus von Müller jun. gesichert.*

Der Bürge braucht im Beispielsfall erst zu leisten, wenn ihm die Grundschuld von der Bank abgetreten wird. Solange dies nicht erfolgt ist, hat er auch hier ein Zurückbehaltungsrecht (§ 273 BGB). Dies führt regelmäßig zur Zug-um-Zug-Leistung.

Abtretung des Sicherungsrechts kann der Bürge aber nur fordern, soweit er aus der in Anspruchnahme aus der Bürgschaft gegen Schuldner oder Mithaftenden einen zu sichernden Anspruch hat.

Haben sich mehrere Personen verbürgt, haften sie dem Gläubiger als Gesamtschuldner (§§ 769, 774 II, 426 BGB). Nur insoweit dem Leistenden ein Gesamtschuldnerausgleich zusteht, kann er die Übertragung der Sicherheit fordern.

Beispiel *Die Eheleute Müller haben sich für eine Verbindlichkeit von Müller jun. verbürgt. Es kommt zur Scheidung und Vermögensauseinandersetzung der Eheleute. Danach wird Müller sen. aus der Bürgschaft in Anspruch genommen und leistet.*

Gesamtschuldnerische Haftung bedeutet, dass jeder Schuldner dem Gläubiger voll haftet, der Gläubiger die Leistung aber nur einmal fordern kann. Dem Gläubiger steht es frei, ob er sich wegen der Leistung an den einen oder an den anderen hält oder beide gleichzeitig in Anspruch nimmt.

Leistet im obigen Beispielsfall der Ehemann, ist die Ehefrau verpflichtet, ihm die Hälfte seiner Aufwendungen zu erstatten (§ 426 I BGB).

Dies gilt „soweit nichts anderes bestimmt ist". Eine andere Regelung könnte aber geboten sein bei einer arbeitsteiligen Ehe, bei der der Mann als Alleinverdiener alle finanziellen Aufwendungen trägt und die Ehefrau als Hausfrau über kein eigenen Einkünfte verfügt. Hier kann die Ehefrau geltend machen, dass im Verhältnis untereinander nur der Ehemann zur Zahlung verpflichtet ist. Ob sie diesen Einwand auch noch bei einer Inanspruchnahme des Mannes nach erfolgter Scheidung und Vermögensauseinandersetzung bringen kann, ist jedoch fraglich.

Generell gilt, dass, wenn nichts anderes geregelt ist, Sicherungsgeber untereinander als Gesamtschuldner haften.

Beispiel *Müller jun. hat bei der Bank für sein Unternehmen einen Kredit über 50.000 Euro aufgenommen. Müller sen. hat sich für diesen Kredit verbürgt, der Schwiegervater Meyer der Bank zur Sicherung auf seinem Haus eine Grundschuld eingeräumt. Müller sen. wird aus der Bürgschaft in Anspruch genommen und zahlt.*

Hier stehen beide Sicherungsrechte gleichrangig nebeneinander. Zahlt einer der Sicherungsgeber kann er vom anderen als Gesamtschuldner im Zweifel Erstattung der Hälfte seiner Aufwendungen fordern (§ 426 I BGB). Zur Sicherung seines Ausgleichsanspruchs kann im Beispielsfall der Bürge von der Bank die Übertragung der Grundschuld nur zur Hälfte verlangen.

Wegen der anderen Hälfte kommt dem Sicherungsgeber die Leistung des Mithaftenden voll zugute. Er kann insoweit die Löschung der Grundschuld fordern.

Verfügt die Bank über weitere Sicherheiten für die verbürgte Forderung, sind diese für den Bürgen von besonderer Bedeutung. Gibt sie als Gläubigerin eine solche Sicherheit auf, wird der Bürge von einer Leistungspflicht insoweit frei, als er aus dem aufgegebenen Recht hätte Ersatz verlangen können und zwar auch dann, wenn das aufgegebene Recht erst nach Übernahme der Bürgschaft entstanden ist (§§ 776, 774 BGB).

Beispiel *Müller sen. hat sich für eine Verbindlichkeit von Müller jun. verbürgt. Meyer hat für sie eine Grundschuld bestellt. Im Hinblick auf Leistungen, die Meyer für andere Bankverbindlichkeiten von Müller jun. erbringt, bewilligt die Bank die Löschung der Grundschuld.*

Diente die Grundschuld nur der Absicherung des verbürgten Kredits, ist Müller sen. durch die Rückgewähr der Grundschuld aus der Bürgschaft frei, soweit sie seinen Ausgleichsanspruch gemäß § 426 BGB gesichert hätte (§ 776 BGB). Er haftet der Bank nurmehr für die Hälfte der Darlehensforderung, für die er sich verbürgte.

Anderes gilt, wenn im Beispielsfall die Grundschuld durch wirksame weite Zweckerklärung auch zur Sicherung der weiteren Ansprüche der Bank gegen den Hauptschuldner diente. Hier steht es der Bank frei, wie sie Zahlungen des weiteren Sicherungsgebers verrechnet. Sie braucht auf den Bürgen keine Rücksicht zu nehmen.

> Dies ergibt sich bereits aus der Verrechnungsregelung des § 366 II BGB. Zahlt ein Schuldner ohne Angabe, welche von mehreren fälligen Forderungen getilgt werden soll, kann die Bank die Zahlung auf die Forderung verrechnen, die ihr die geringste Sicherheit bietet. Das sind im Beispielsfall aber die durch die Bürgschaft nicht gesicherten Forderungen (vgl. 4.2.3.3).

Eine nachträgliche Erweiterung des Sicherungszwecks kann jedoch nicht zu Lasten des Bürgen gehen.

Beispiel *Die Bank vereinbart im obigen Beispielsfall mit Meyer, dass dessen Grund-schuld auch für weitere Müller jun. gewährte Kredite haftet, nachdem Müller sen. die Bürgschaft übernommen hat.*

Die Erweiterung des Sicherungszwecks stellt eine Beeinträchtigung der Rechtsposition des Bürgen dar, die dieser nicht hinzunehmen braucht. Er kann verlangen, so gestellt zu werden, als würde die Grundschuld ausschließlich für den verbürgten Kredit haften.

Bei der Haftung von Mitbürgen untereinander geht die Rechtsprechung noch einen Schritt weiter. Wird ein Mitbürge von der Bank aus der Haftung entlassen, berührt dies den Ausgleichsanspruch des anderen Mitbürgen nicht.

Beispiel *Müller und Meyer haben sich gemeinsam für eine Darlehensverbindlichkeit von Müller jun. verbürgt. Die Bank entlässt Meyer aus der Verbindlichkeit.*

Wird im Beispielsfall Müller aus seinem Bürgschaftsversprechen in vollem Umfang in Anspruch genommen, behält er gegen Meyer als Mitbürgen seinen Ausgleichsanspruch gemäß § 426 BGB. Der Verzicht der Bank auf eine Inanspruchnahme des Mitbürgen bringt diesem keinen Vorteil, dem in der Haftung bleibenden Bürgen aber auch keinen Nachteil.

Die Verpflichtung der Bank, nicht akzessorische Sicherheiten an den in Anspruch ge-nommenen Bürgen abzutreten, hat Konsequenzen insbesondere bei den nach den AGB-Banken und AGB-Sparkassen bestehenden Pfandrechten, etwa an einem Wertpa-pierdepot des Kreditnehmers. Die Bank müsste auch AGB-Pfandrechte an den Bürgen abtreten, was nicht praktikabel ist. Dies hat zur Folge, dass die Bank zunächst solche Pfandrechte realisieren muss, ehe sie den Bürgen haftbar macht.

> Dies scheint auch angemessen, jedenfalls dann, wenn der durch die Bürgschaft gesicherte Kredit die einzige fällige Bankverbindlichkeit des Hauptschuldners ist. Bestehen weitere Verbindlichkeiten, muss es der Bank freistehen, auf welche der Verbindlichkeiten sie den Gegenwert des Pfandguts verrechnet. Entsprechend der Regelung in § 366 II BGB kann sie zunächst die durch die Bürgschaft nicht gesicherten Verbindlichkeiten ablösen.
>
> Die Bank ist andererseits verpflichtet, eine nicht mehr benötigte Sicherheit dem Sicherungsgeber zurückzugewähren. Insoweit bestehen für die Bank widerstreitende Verpflichtungen. Diese Interessenkollision wird dahin zu lösen sein, dass die Verpflichtung der Bank zur Rückgabe der Sicherheit zurücktreten muss, so lange diese noch für den Ausgleichsanspruch eines anderen Sicherungsgebers haftet.

Eine weitere Frage ist, ob die Regelung in § 776 BGB, wonach der Bürge bei Aufgabe einer Sicherheit durch den Gläubiger von seiner Leistungspflicht frei wird, abdingbar ist; ob also in einem Formularvertrag wirksam vereinbart werden kann, dass der Bürge auch bei Aufgabe von Sicherheiten durch die Bank weiter haftet.

> Die Frage ist wiederum von besonderer Relevanz für alle Gegenstände, die dem AGB-Pfandrecht der Bank unterliegen. Es kann nicht angehen, dass etwa die Verfügung des Hauptschuldners über im Depot der Bank befindliche (und damit dem AGB-Pfandrecht der Bank unterliegende) Wertpapiere, die (teilweise) Befreiung des Bürgen aus der Bürgschaft gemäß § 776 BGB zur Folge hätte. Die Bank muss dem durch Gestaltung des Bürgschaftsvertrags entgegentreten können.

In der älteren Rechtsprechung des BGH wurde der generelle formularmäßige Verzicht auf den Schutz des § 776 BGB für zulässig gehalten. Der BGH hat dies nunmehr auf das AGB-Pfandrecht beschränkt, einen Verzicht auf frei vereinbarte Sicherungsrechte aber als unangemessene Benachteiligung des Bürgen angesehen, die gemäß § 307 BGB nichtig ist.

Wirksam wäre danach ein formularmäßiger Verzicht des Bürgen gemäß folgendem **Formulierungsvorschlag:**

> Der Bürge wird von seiner Bürgschaftsverpflichtung nicht frei, wenn die Bank Verfügungen über Gegenstände zulässt, die dem Pfandrecht auf Grund ihrer Allgemeinen Geschäftsbedingungen unterliegen und die im Rahmen der ordnungsgemäßen Durchführung der Geschäftsverbindung zum Hauptschuldner geschieht.

Mit dieser Einschränkung ist ein formularmäßiger Verzicht des Bürgen auf sein Freistellungsrecht gemäß § 776 BGB wirksam. Eine solche Regelung ist im Hinblick auf die aufgezeigte Unwägbarkeiten für die Bank aber auch notwendig.

9.3 Akzessorietät der Bürgschaft

Für die Verpflichtung des Bürgen ist der jeweilige Bestand der Hauptverbindlichkeit maßgebend (§ 767 I 1 BGB). Dies gilt insbesondere auch, wenn sich die verbürgte Verbindlichkeit durch Verschulden oder Verzug des Hauptschuldners ändert (§ 767 I 2 BGB). Durch Vereinbarungen zwischen Gläubiger und Hauptschuldner kann die Haftung des Bürgen nicht erweitert werden (§ 767 I 3 BGB).

Dies sind die Kernaussagen des Gesetzes zur Abhängigkeit der Bürgschaft von der Hauptschuld.

9.3.1 Zustandekommen der verbürgten Schuld

Kommt der Kreditvertrag zwischen Bank und Kunde nicht zustande, geht auch die Bürgschaft ins Leere.

Beispiel *Müller jun. verhandelt mit der Bank über einen Firmenkredit über 50.000 Euro. Müller sen. hat hierfür bereits eine Bürgschaftsvereinbarung getroffen. Die Verhandlungen zwischen Bank und Kunden scheitern, da man sich über den Zins nicht einigen kann.*

Ergeben sich daraus, dass der Kreditvertrag nicht zustande kommt oder nicht zur Durchführung gelangt, Ansprüche der Bank gegen den Kunden, fragt sich, ob diese von der Bürgschaft mit umfasst sind.

Beispiel *Die Bank hat mit Müller jun. einen Darlehensvertrag geschlossen, für den Müller sen. sich verbürgt hat. Ehe die Darlehensvaluta ausgezahlt wird, ficht die Bank den Darlehensvertrag an, da sie über die Vermögensverhältnisse von Müller jun. arglistig getäuscht wurde. Sie nimmt Müller sen. als Bürgen wegen ihrer Schadenersatzansprüche in Anspruch, die sie gegen Müller jun. hat.*

Bezieht sich die Bürgschaft dem Wortlaut nach nur auf den Rückzahlungsanspruch der Bank, ist zweifelhaft, ob im Wege der Vertragsauslegung (§§ 133, 151 BGB) festzustellen ist, dass sie auch Schadenersatzansprüche mit umfasst.

Beispiel *Müller sen. wollte doch die Bürgschaft nur gewähren, wenn sein Sohn das Darlehen auch erhält.*

Wichtig ist daher, die Bürgschaft so weit zu fassen, dass sie solche Ansprüche mit umfasst (vgl. 9.1.2).

Die Verbände der Kreditinstitute geben folgenden **Formulierungsvorschlag:**

> Die Bürgschaft wird übernommen für alle bestehenden, künftigen und bedingten Ansprüche, die der Bank gegen den Hauptschuldner aus nachstehend bezeichneter Forderung zustehen:
>
> (hier ist der Kredit nach Datum, Höhe und Kontonummer anzugeben).

9.3.2 Tilgung der verbürgten Schuld

Tilgt der Darlehensnehmer die verbürgte Darlehensverbindlichkeit, erlischt die Bürgschaft.

Ist die gesicherte Verbindlichkeit höher als die Bürgschaft, liegt also eine Teilbürgschaft vor, ist die Bank berechtigt, Leistungen des Hauptschuldners zunächst auf den nicht gesicherten Teil der Darlehensforderung zu verrechnen (entsprechend dem Grundgedanken des § 366 II BGB). Erst wenn der nicht gesicherte Teil getilgt ist, kommen die Zahlungen dem Bürgen zugute.

Wurde die Bürgschaft für einen Kontokorrentkredit gewährt, führen Zahlungen des Hauptschuldners nicht zu einer Haftungsminderung. Der Bürge haftet im Rahmen des vereinbarten Höchstbetrags, bis das Kontokorrentverhältnis beendet und der Kredit vollständig zurückgeführt ist.

Liegt eine Bürgschaft mit wirksamer weiter Zweckerklärung vor, wonach sie für alle gegebenen und künftigen bankmäßigen Verbindlichkeiten des Hauptschuldners haftet, findet die Bürgschaft erst mit Beendigung aller Bankrechtsverhältnisse und Rückführung aller Verbindlichkeiten des Kunden aus ihnen ihr Ende.

> Dies macht die Gefährlichkeit der Globalbürgschaft deutlich. Der Bürge gibt dem Hauptschuldner mit ihr gleichsam einen Freibrief, zu seinen Lasten die Sicherheit stets neu und weiter zu beanspruchen.

9.3.3 Erweiterung der Haftung

Eine nachträgliche Erweiterung der Haftung des Bürgen lässt das Gesetz nur zu, soweit sich diese aus einem Verschulden oder aus einem Verzug des Hauptschuldners ergibt. Damit ist gewährleistet, dass der Bürge auch für den Schaden haftet, der der Bank durch den Zahlungsverzug ihres Schuldners entsteht und der höher liegen kann, als die Darlehensforderung (Verzugszinsen statt Darlehenszinsen). Zugleich ist klargestellt, dass der Bürge für die Kosten der Kündigung des Kredits, insbesondere aber auch diejenigen einer Rechtsverfolgung gegen den Hauptschuldner haftet (§ 767 II BGB). Letztere können beträchtlich sein.

Dagegen ist es nicht möglich, dass Bank und Kreditkunde die Haftung des Bürgen durch Vereinbarung erweitern (§ 767 I 3 BGB). Dies würde dem Grundgedanken unseres Rechts widersprechen, dass ein Vertrag nicht zu Lasten eines Dritten gehen kann. Wann solches der Fall ist, ist oft schwer festzustellen.

Beispiel *Müller ist in Zahlungsschwierigkeiten und vereinbart mit der Bank, dass die Rückzahlungsraten für den von Müller sen. verbürgten Kredit für ein halbes Jahr ausgesetzt werden.*

Wird zwischen Gläubiger und Hauptschuldner eine Erweiterung des Kredits vereinbart, ist klar, dass dies nicht zu Lasten des Bürgen gehen kann. Das Gleiche gilt, wenn ein vereinbarter Zins nachträglich erhöht wird.

Aber auch dies gilt immer nur dann, wenn die Erweiterung des Kredits oder die Erhöhung des Zinses nicht bereits in der Bürgschaftsvereinbarung vorgesehen waren. War der weitere Kreditbedarf des Kunden abzusehen und wurde diese Möglichkeit in Höhe eines festen Betrags in die Bürgschaftsurkunde aufgenommen, ist sie von der Bürgschaft mit umfasst.

Das Gleiche gilt für Klauseln, die den Kreditzins geänderten Marktverhältnissen anpassen (Zinsanpassungsklauseln, vgl. 4.2.2.6).

Wird dem Kreditkunden wie im obigen Beispielsfall der Rückzahlungsanspruch gestundet, indem die Tilgungsraten für einen gewissen Zeitraum ausgesetzt werden, belastet dies den Bürgen insoweit, als sich sein Haftungszeitraum verlängert. Andererseits kommt es ihm entgegen, als es dazu dient, die Zahlungsfähigkeit des Hauptschuldners zu erhalten.

Die Aussetzung weniger Kreditraten wird der Bürge immer hinnehmen müssen. Geht es um einen längeren Zeitraum, haftet der Bürge jedenfalls nicht, soweit sich dadurch der Kredit, etwa durch auflaufende Zinsen oder Verwaltungskosten, erhöht.

Wird der Kredit abgelöst, stellt sich die Frage, ob dadurch die Bürgschaft insgesamt erlischt.

Nur dann, wenn man zu dem Ergebnis käme, dass die Parteien das alte Kreditverhältnis beenden und ein neues begründen wollten (so genannte Novation), würde sich auch die Bürgschaft erledigen. Dies war im Zweifel aber nicht gewollt. Lediglich die Bedingungen des Kredits wurden neu gestaltet. Da sie für den Bürgen günstiger sind – geben sie ihm doch Gelegenheit, bei Rückzahlung des Ratenkredits aus der Haftung frei zu werden –, bleibt es bei der unbeschränkten Haftung auch für den „neuen Kredit".

9.3.4 Wechsel von Vertragspartnern

Die Bürgschaft ist ein Vertragsverhältnis, an dem drei Personen beteiligt sind, Gläubiger, Schuldner und Bürge. Alle drei sind durch Vereinbarungen miteinander verbunden. Gläubiger und Schuldner außer dem Kredit als verbürgter Forderung regelmäßig durch eine Sicherungsabrede, aus der sich Zweck und Umfang der zu stellenden Sicherheit ergibt. Gläubiger und Bürge durch den Bürgschaftsvertrag, der der Sicherungsvereinbarung zwischen Gläubiger und Schuldner angepasst ist. Schuldner und Bürge durch ein Auftragsverhältnis (§§ 662 ff. BGB), auf Grund dessen der Bürge vom Schuldner Ersatz seiner Aufwendungen fordern kann (§ 670 BGB), wenn er aus der Bürgschaft in Anspruch genommen wird.

Bei allen drei Beteiligten stellt sich die Frage nach der Wirkung einer vereinbarten oder gesetzlichen Rechtsnachfolge.

Dabei sind die Rechtsfolgen je nach Interessenlage unterschiedlich.

Wer Gläubiger der von ihm verbürgten Verbindlichkeit ist, ist für den Bürgen von geringem Interesse; er hat diesem lediglich für den Sicherungsfall einzustehen.

Ganz anders ist das Verhältnis zwischen Bürgen und Hauptschuldner, dem er haftungsmäßig sein Vermögen anvertraut in der Hoffnung, von ihm nicht enttäuscht zu werden.

Die unterschiedliche Interessenlage bei Bürge-Gläubiger und Bürge-Schuldner finden auch in der Rechtsnachfolge ihren Niederschlag.

Bei einer Gesamtrechtsnachfolge in der Gläubigerposition geht die verbürgte Forderung auf die Nachfolgerbank über. Das Gleiche gilt für die Einzelnachfolge, wenn sich die Neugläubigerin bei Ablösung des Kredits von der Altgläubigerin die Ansprüche aus dem Kreditvertrag abtreten lässt (§ 401 BGB). In beiden Fällen sieht sich der Bürge einer neuen Gläubigerin gegenüber, ohne dass er dies verhindern könnte.

Anders bei einem Wechsel auf der Schuldnerseite.

Beispiel   *Müller jun. hat von der Bank einen Geschäftskredit erhalten, für den sich Müller sen. verbürgt hat. Müller jun. verkauft sein Geschäft an Meyer, der in Absprache mit der Bank den Kredit übernimmt.*

Bei der Schuldübernahme erlischt die Bürgschaft (§ 418 I BGB). Dem Bürgen kann gegen seinen Willen kein neuer Schuldner aufgezwungen werden.

Auch auf Seiten des Bürgen kann ein Wechsel stattfinden, etwa, wenn ein Bürge insolvent wird und der Schuldner einen Ersatzbürgen stellt, um eine Kündigung des Kredits zu vermeiden (§ 490 I BGB). Ein solcher Wechsel ist zwar nur mit Zustimmung der Bank möglich. Die Bank verliert aber ihr Recht zur außerordentlichen Kündigung des Kredits, wenn sie einen solventen Ersatzbürgen ablehnt.

Die Bürgschaftsverpflichtung bleibt im Übrigen vom Tod des Bürgen und vom Tod des Hauptschuldners unberührt. Stirbt der Bürge, geht die Verpflichtung auf seine Erben über. Stirbt der Hauptschuldner, haftet der Bürge für dessen Erben. Die Haftung besteht auch dann fort, wenn diese die beschränkte Erbenhaftung geltend machen.

Ist der Nachlass überschuldet, haben die Erben das Recht, die Erbschaft auszuschlagen. Die Erbschaft gilt dann als von Anfang an nicht angefallen (§ 1953 I BGB).

Sie können aber auch Nachlassverwaltung oder Nachlassinsolvenz betragen; in diesem Fall beschränkt sich ihre Haftung auf den Nachlass (§§ 1975 ff. BGB).

Sind die für eine Nachlassverwaltung oder eine Nachlassinsolvenz erforderlichen Mittel nicht vorhanden, kann der Erbe auch ohne ein solches Verfahren durch entsprechende Einrede seiner Haftung auf den Nachlass beschränken (§ 1990 BGB).

In all diesen Fällen haftet er für Nachlassverbindlichkeiten nicht mit seinem übrigen Vermögen. Die Haftung des Bürgen lässt dies aber unberührt.

Indem der Bürge auch dann in vollem Umfang weiter haftet, wenn der Erbe seine Haftung auf den (dürftigen) Nachlass beschränkt, sich also letztlich aus der Haftung entzieht, ist die ansonsten gegebene Akzessorietät der Bürgschaft zur Hauptforderung durchbrochen. Die Haftung des Bürgen geht weiter als diejenige des Erben des Hauptschuldners. Die Durchbrechung der Akzessorietät im Erbfall ist notwendig, soll die Bürgschaft auch im Fall des Todes des Hauptschuldners ihren Charakter als Sicherungsmittel bewahren.

9.3.5 Einreden des Bürgen aus der Hauptschuld

Nicht immer verhält sich der Schuldner redlich. Zuweilen legt er es darauf an, den Bürgen zahlen zu lassen, um nicht selbst leisten zu müssen.

Beispiel *Müller hat mit der Bank einen Kreditvertrag geschlossen, den er anfechten könnte. Der Kredit wurde bereits ausbezahlt. Müller sen. hat sich für den Rückzahlungsanspruch verbürgt. Seine Bürgschaft umfasst aber nicht den bei Erfolg der Anfechtung gegebenen Bereicherungsanspruch der Bank.*

Auch der Bank als Gläubigerin kann daran gelegen sein, Rechte zum Nachteil des Bürgen nicht auszuüben.

Beispiel *Die Bank hat ihrem Kunden Müller jun. einen Investitionskredit gewährt, für den allein sich Müller sen. verbürgt hat. Sie hat dem Kunden außerdem einen Avalkredit zur Verfügung gestellt, der durch ein Guthaben auf einem Sonderkonto gesichert ist.*

Die Bank könnte sich im Beispielsfall durch Verrechnung des Guthabens auch wegen ihres Investitionskredits befriedigen, hat aber kein Interesse daran, um das Guthaben als Sicherheit für ihren Avalkredit zu behalten.

Kann der Hauptschuldner den Kreditvertrag anfechten oder kann die Bank als Gläubigerin mit einem Bankguthaben des Kreditkunden aufrechnen, hat der Bürge ein Leistungsverweigerungsrecht (§ 768 I BGB). Der Bürge verliert die Einrede auch nicht dadurch, dass etwa der Hauptschuldner auf sie verzichtet (§ 768 II BGB).

Dagegen kann der Bürge selbst auf die Einrede der Aufrechnung verzichten. Dies kann auch formularmäßig geschehen und ist allgemein üblich. Die Bank hat ein Interesse daran, Guthaben des Kunden mit anderen, durch die Bürgschaft nicht gesicherten Ansprüchen zu verrechnen.

Formulierungsvorschlag:

Der Bürge kann sich nicht darauf berufen, dass die Bank ihre Ansprüche durch Aufrechnung gegen eine fällige Forderung des Hauptschuldners befriedigen kann (Verzicht auf die dem Bürgen nach § 770 II BGB zustehende Einrede der Aufrechenbarkeit).

9.4 Vorzeitige Beendigung der Bürgschaft

Die Bürgschaft endet, wenn der Hauptschuldner den gesicherten Kredit zurückgezahlt hat.

Die Bürgschaft endet auch, wenn der Bürge in Anspruch genommen wurde und gezahlt hat. Er kann dann beim Hauptschuldner Regress nehmen.

> Hierzu stehen dem Bürgen mehrere Anspruchsgrundlagen zur Verfügung. Kraft Gesetzes geht die getilgte Kreditforderung auf ihn über (§ 474 I BGB). Mit auf ihn über gehen akzessorische Sicherungsrechte (§ 401 BGB); bei nicht akzessorischen Sicherungen kann der Bürge von der Bank deren Abtretung fordern.
>
> Zwischen Bürgen und Hauptschuldner besteht zudem regelmäßig ein Auftragsverhältnis (§§ 662 ff. BGB). Der Bürge kann auch aus diesem Rechtsverhältnis vom Schuldner Erstattung seiner Aufwendungen in Höhe seiner Bürgschaftsleistung fordern (§ 670 BGB).

Der Übergang des Darlehens-Rückerstattungsanspruchs auf den Bürgen darf nicht zum Nachteil des Gläubigers geltend gemacht werden (§ 774 I 2 BGB). Dies ist von Bedeutung, wenn die Bürgschaft nicht die ganze Forderung des Gläubigers umfasst; wegen des noch offen stehenden Teils seiner Forderung kann der Gläubiger aus der Verwertung von Sicherheiten vorab Befriedigung erlangen.

9.4.1 Fortfall der Geschäftsgrundlage

Die Bürgschaft kommt als Sicherungsmittel dann zum Tragen, wenn der Hauptschuldner nicht leistungsfähig ist. Seine Leistungsfähigkeit kann daher nicht Geschäftsgrundlage für die Übernahme der Bürgschaft sein (vgl. § 313 BGB).

> Etwas anderes kann dann gelten, wenn der Kredit noch nicht ausbezahlt ist und der Bürge die Bank auf die mangelnde Leistungsfähigkeit des Kreditkunden hinweist. Hat die Bank ein außerordentliches Kündigungsrecht gemäß §§ 490 I, 314 BGB und macht sie davon keinen Gebrauch, kann es gegen Treu und Glauben verstoßen, den Bürgen in der Haftung für einen von vorneherein zum Scheitern verurteilten Vertrag zu belassen.

9.4.2 Kündigungsrecht des Bürgen

Das Gesetz sieht ein Kündigungsrecht des Bürgen nicht vor. Da die Bürgschaft regelmäßig unbefristet eingegangen wird, führt dies zu Unzumutbarkeiten.

Beispiel *Müller sen. hat sich für einen Kontokorrentkredit für das Unternehmen von Müller jun. verbürgt und zwar bis zum Höchstbetrag von 50.000 Euro. Nach zwei Jahren Laufzeit hat er sich mit seinem Sohn zerstritten und möchte die Bürgschaft beenden.*

Insbesondere bei Bürgschaften für Kontokorrentkredite ist ein Ende der Haftung nicht abzusehen, anders als etwa bei der Sicherung eines ratenweisen rückzahlbaren oder sonst befristeten Kredits. Die Rechtsprechung gewährt dem Bürgen ein Kündigungsrecht

- nach Ablauf einer angemessenen Zeit oder
- bei Eintritt eines wichtigen Grundes.

Wie im Beispielsfall gegeben, kann der Bürge nach Ablauf von mehreren Jahren sein Engagement kündigen. Das Gleiche gilt, wenn aus anderen Gründen eine Fortsetzung unzumutbar ist.

Beispiel *Müller, Mehrheitsgesellschafter der Firma Müller GmbH, hat für die Gesellschaft eine Globalbürgschaft erteilt. Er scheidet aus der Gesellschaft aus und möchte seine Haftung beenden.*

Das Ausscheiden des als Bürgen haftenden Gesellschafters aus der Gesellschaft ist ein Grund zur außerordentlichen Kündigung der Bürgschaft. Insbesondere bei einer Globalbürgschaft ist es geboten, dem ausscheidenden Gesellschafter die Möglichkeit zu geben, jedenfalls die Haftung für künftige Verbindlichkeiten auszuschließen. Das Gleiche gilt für den ausscheidenden Geschäftsführer.

Ein weiterer von der Rechtsprechung anerkannter Kündigungsgrund ist die Verschlechterung der Vermögensverhältnisse des Hauptschuldners.

Die Kündigung ist aber nur mit einer angemessenen Auslauffrist zulässig, damit sich Gläubiger und Schuldner auf die geänderten Verhältnisse einstellen können. Eine § 488 II 2 BGB entsprechende Kündigungsfrist von drei Monaten dürfte angemessen sein. Der Bürge haftet aber nach wie vor für Risikoerhöhungen während der Kündigungsfrist.

Die Kündigung bewirkt auch keinesfalls, dass der Bürge von seiner Haftung frei wäre. Vielmehr begrenzt sich seine Haftung auf das Kreditvolumen, wie es im Zeitpunkt des Wirksamwerdens der Kündigung gegeben ist.

Beispiel   *Müller sen. hat die Bürgschaft für den Kontokorrentkredit für Müller jun. unter Einhaltung einer angemessenen Kündigungsfrist zum 01.01.2002 gekündigt. Zu diesem Zeitpunkt belief sich der Kredit auf 30.000,00 Euro.*

Erhöht sich der Kontokorrentkredit später, haftet der Bürge für die Erhöhung auch dann nicht, wenn sie im Rahmen des vereinbarten Höchstbetrags liegt.

9.5 Verjährung

Der Anspruch der Bank gegen den Bürgen unterliegt der Regelverjährung von drei Jahren (§ 195 BGB, vgl. 7.2).

Der Bürge kann sich der Bank gegenüber auf die Verjährung der Bürgschaftsschuld berufen; er kann aber auch einwenden, dass die verbürgte Hauptforderung verjährt ist (§ 768 I 1 BGB).

Die Rechtsverfolgung gegenüber dem Hauptschuldner unterbricht nicht die Verjährung gegenüber dem Bürgen, die Rechtsverfolgung gegenüber dem Bürgen nicht diejenige gegenüber dem Hauptschuldner.

Der Bürge kann auch nach rechtskräftiger Verurteilung einwenden, dass die verbürgte Schuld zwischenzeitlich verjährt ist.

Es ist daher wichtig, Hauptschuldner und Bürgen gemeinsam zu verklagen.

Dies kann, muss aber nicht in einem gemeinsamen Rechtsstreit erfolgen. Hauptschuldner und Bürge sind keine Gesamtschuldner.

10. Mithaftung

Die Mithaftung als Kreditsicherung (uneigennützige Mithaftung) erfolgt durch Schuldmitübernahme oder Schuldbeitritt des Sicherungsgebers. Ihre Wirkung ist ähnlich wie die der Bürgschaft. Der Mithaftende verstärkt die Position des Gläubigers, indem er für die Erfüllung der Verpflichtung aus dem Kreditvertrag mit seinem ganzen Vermögen haftet.

Sie unterscheidet sich von der Bürgschaft, indem der Bürge für eine fremde Verbindlichkeit einsteht, der Mithaftende sich die Verbindlichkeit jedoch zu eigen macht, indem er neben dem Kreditkunden als weiterer Schuldner in das Kreditvertragsverhältnis eintritt; Schuldner und Mithaftender sind Gesamtschuldner.

Dies bedingt einige Unterschiede zur Bürgenhaftung, die im Nachfolgenden dargetan werden sollen. Im Übrigen werden Bürgschaft und Mithaftung als Mittel der Kreditsicherung von der Rechtsprechung weitgehend gleich behandelt. Dies gilt insbesondere für die Nichtigkeit der Sicherung wegen finanzieller Überforderung (vgl. 9.1.5).

Eine Mithaftung als Kreditsicherung liegt nur dann vor, wenn der Mithaftende kein unmittelbares Eigeninteresse an der Gewährung des Kredits hat. Im anderen Fall haftet er wie jeder andere Kreditnehmer auch (vgl. 2.2.1, 2.3.2).

> Ein lediglich mittelbares Interesse des Mithaftenden reicht hierzu nicht. So reicht es nicht aus, wenn die Ehefrau für einen Kredit des Ehemannes die Mithaftung übernimmt, um auf diese Weise den Familienunterhalt zu sichern oder ihren Arbeitsplatz in der Firma des Mannes zu erhalten. Auch in diesen Fällen geht die Rechtsprechung von einer uneigennützigen Mithaftung aus und gibt der Mithaftung reinen Sicherungscharakter.

10.1 Form der Mithaftung

Die Mithaftung als Kreditsicherung ist von der Rechtsprechung entwickelt worden. Sie ist gesetzlich nicht geregelt.

Die Mithaftung ist formlos gültig. Das Schriftformerfordernis der Bürgschaft (§ 766 BGB) findet keine entsprechende Anwendung.

Wie beim Kreditvertrag wird die Bank schon des besseren Nachweises wegen für die Mithaftung die Schriftform wählen. Wirksam ist jedenfalls auch eine Mithaftungsübernahme durch schlüssiges Verhalten (§ 151 BGB).

10.2 Anwendbarkeit von Verbraucherkreditvertragsrecht und Haustürwiderrufsrecht

Der Mithaftende wird Partner des Kreditvertrags. Auf ihn finden daher die Bestimmungen des Verbraucherkredits Anwendung (§ 491 ff. BGB).

Beispiel   *Müller, Inhaber eines Unternehmens, möchte für dieses einen Kredit aufnehmen. Die Bank ist nur bereit, den Kredit zu gewähren, wenn Frau Müller die Mithaftung übernimmt.*

Der Kreditnehmer ist im Beispielsfall Unternehmer (§ 14 BGB). Auf ihn findet der Verbraucherschutz keine Anwendung. Anders Frau Müller. Da der Kredit nicht ihren unternehmerischen Zwecken dient, sondern derjenigen ihres Mannes, ist sie Verbraucher (§ 13 BGB). Auf sie findet der Verbraucherschutz Anwendung. Insbesondere ist sie über ihr Widerrufsrecht zu belehren (§§ 491 ff. 495, 355 ff. BGB; vgl. 2.1).

Die gleiche Problematik stellt sich beim Haustürwiderrufsrecht.

Beispiel   *Müller, Geschäftsführer und Gesellschafter der Firma Müller GmbH, bittet den Kreditsachbearbeiter der Bank zu sich in die Firma, um über einen Firmenkredit zu verhandeln. Dort wird der Kreditvertrag gemeinsam ausgefüllt, wobei der Sachbearbeiter darauf besteht, dass Müller persönlich die Mithaftung übernimmt. Eine Widerrufsbelehrung erfolgt nicht. Einige Monate später widerruft Müller seine Mithaftung.*

Auch bei Haustürgeschäften hat ein Verbraucher ein Widerrufsrecht (§§ 312, 355 ff. BGB). Ein Haustürgeschäft ist gegeben, wenn der Kunde zum Vertragsschluss durch mündliche Verhandlungen

- im häuslichen Bereich oder
- am Arbeitsplatz

bestimmt worden ist. Dabei reicht es, dass die ersten Absprachen dort getroffen wurden, auch wenn der Vertragsschluss später in der Bank erfolgt.

Soweit sich der Gesellschafter/Geschäftsführer im Beispielsfall persönlich mitverpflichtet hat, ist er Verbraucher (§ 13 BGB); die Kreditaufnahme dient nicht seinen unternehmerischen Zwecken, sondern denjenigen der GmbH.

Es liegt auch keine vorherige Bestellung für den Mithaftenden vor, die das Widerrufsrecht entfallen ließe (§ 312 III BGB). Den Anruf tätigte Müller, um den Sachbearbeiter der Bank zum Abschluss des für die GmbH erwünschten Kreditvertrags einzubestellen. Bei dem Telefongespräch war noch keine Rede davon, dass sich der Geschäftsführer persönlich mitverpflichten müsste. Also kann der Mithaftende im obigen Fall mangels ordnungsgemäßer Belehrung über sein Widerrufsrecht seine Mithaftung widerrufen und zwar zeitlich unbefristet (§ 355 III 2 BGB; vgl. 2.1.2.3, 2.1.2.5).

> Etwas anderes würde im Beispielsfall dann gelten, wenn der Kreditsachbearbeiter der Bank den Geschäftsführer bereits beim Telefonat darauf hingewiesen hätte, dass er sich bei Zustandekommen des Kreditvertrags persönlich mit verpflichten müsste. Wenn der Geschäftsführer ihn dann trotzdem einbestellt, dürfte auch bezüglich seiner persönlichen Haftung eine vorherige Bestellung im Sinne des Gesetzes vorliegen.

In allen Mithaftungsfällen ist stets zu prüfen, ob der Kreditvertrag für den Mithaftenden nicht entsprechend den Formvorschriften des Verbraucherkreditvertragsrechts zu gestalten ist (§ 492 BGB) und ob der Mithaftende nicht über ein Widerrufsrecht zu belehren ist (§§ 495, 312, 355 BGB).

10.3 Akzessorietät der Mithaftung

Auch bei der Akzessorietät zur gesicherten Schuld gibt es bei der Mithaftung einige Unterschiede gegenüber der Bürgschaft.

Aus der Gesamtschuldnerschaft ergibt sich, dass die Tilgung der Forderung durch den Kreditschuldner auch dem Mithaftenden zugute kommt (§ 422 BGB). Da der Mithaftende die Forderung lediglich sichert, hat der Schuldner gegenüber dem Mithaftenden keinen Ausgleichsanspruch; andererseits kann der Mithaftende, wenn er den Gläubiger befriedigt, vom Kreditschuldner volle Erstattung seiner Aufwendungen fordern (§ 426 BGB). Wie bei der Bürgschaft besteht zwischen Schuldner und Sicherungsgeber ein Auftragsverhältnis, aus dem der Schuldner dem Sicherungsgeber zum Aufwendungsersatz verpflichtet ist (§ 670 BGB).

Der Bank steht es frei, an welchen der beiden ihr gesamtschuldnerisch Haftenden sie sich hält oder ob sie beide gleichzeitig in Anspruch nimmt (§ 421 BGB).

Eine Kündigung des Kredits ist nur wirksam, wenn sie von beiden Gesamtschuldnern erklärt wird. Eine Kündigung der Bank muss beiden gegenüber erfolgen. Wird die Schuld einem der gesamtschuldnerisch Haftenden gegenüber erlassen, so wirkt dies im Zweifel auch für den anderen (§ 423 BGB). Was gewollt ist, ist im Wege der Auslegung zu ermitteln (§§ 133, 157 BGB).

Verhandelt die Bank mit einem von mehreren Verpflichteten und trifft sie mit ihm eine Sondervereinbarung, indem sie ihn gegen Zahlung eines Teilbetrags aus der Haftung entlässt, muss sie stets klarstellen, dass damit nicht weitere Mitverpflichtete aus der Haftung entlassen werden sollen.

Im Übrigen bedürfen alle Änderungen des Kreditvertrags, insbesondere die Erhöhung des Kredits oder der Kreditzinsen der Zustimmung aller Mitverpflichteten.

Ist die Bank durch einen der Schuldner in Verzug der Annahme der Leistung gesetzt worden, kommt dies auch den weiteren Schuldnern zugute (§ 424 BGB).

Alle übrigen Tatsachen wirken grundsätzlich nur für und gegen den Gesamtschuldner, in dessen Person sie eintreten. Dies gilt insbesondere für den Schuldnerverzug, für Stundung und für die Verjährung.

Der Verjährungsablauf wird durch Klageerhebung nur gegenüber dem Schuldner gehemmt, gegen den sich die Klage richtet; anderen gegenüber läuft die Verjährungsfrist weiter.

Im Hinblick darauf, dass fällige Darlehensrückforderungsansprüche nunmehr in drei Jahren verjähren, sollten Gesamtschuldner stets gemeinsam gerichtlich in Anspruch genommen werden.

10.4 Wertung von Bürgschaft – Mithaftung

Abgesehen von der Nichtigkeit des Sicherungsvertrags wegen finanzieller Überforderung naher Angehöriger hat die Rechtsprechung weitgehend noch keine Konsequenzen aus der Mithaftung als Kreditsicherung gezogen. Der Mithaftende wird rechtlich ebenso behandelt, wie der Mitschuldner, der im Eigeninteresse die Verbindlichkeit eingegangen ist.

Die Mithaftung als Sicherungsmittel wurde von der Rechtsprechung entwickelt, damit kommen die für die Bürgschaft vom Gesetz aufgestellten Form- und sonstigen Schutzvorschriften für den Bürgen nicht zur Anwendung.

Generell ist die Mithaftung, sieht man von einigen Besonderheiten ab, die sich aus der Gesamtschuldnerschaft ergeben, leichter zu handhaben. Besonderheiten ergeben sich aber aus der Anwendbarkeit des Verbraucherkredit- und Haustürwiderrufsrechts. Kreditverträge mit Mithaftenden sollten daher stets mit einem Widerrufsrecht versehen sein.

Da die Bank den Kreditvertrag ohne die Mithaftung nicht schließen will, ist im Vertrag zu regeln, dass der Widerruf nur eines der Gesamtschuldner den Vertrag insgesamt beendet.

Ist der Mithaftende Verbraucher, steht ihm zwingend das Verbraucherkündigungsrecht zu, wenn es sich nicht um einen Realkredit handelt (§ 489 I Nr. 2 BGB). Da der Kredit nur einheitlich gekündigt werden kann, müsste die Bank auch dem Kreditnehmer ein entsprechendes Kündigungsrecht einräumen. Konsequenz ist, dass bei einer sichernden Mithaftung eines Verbrauchers ein Firmenkredit mit fester Laufzeit nicht gewährt werden kann.

Dies stellt einen entscheidenden Nachteil der Mithaftung gegenüber der Bürgschaft dar. Bei Firmenkrediten mit fester Laufzeit empfiehlt sich daher die Bürgschaft als Sicherungsmittel.

Im Übrigen ist die Mithaftung ebenso effizient wie die Bürgschaft.

11. Grundschuld

11.1 Grundpfandrechte im Allgemeinen

Die Grundschuld ist ein Grundpfandrecht. Grundpfandrechte belasten das Eigentum am Grundstück. Der Eigentümer hat an den Inhaber dem Grundpfandrechts aus dem Grundstück eine bestimmte Geldsumme zu zahlen (§§ 1113 I, 1191 I BGB). Er haftet mit dem Grundstück für diese Summe.

Wird die Forderung nicht erfüllt, kann der Gläubiger Befriedigung aus dem Grundstück suchen. Der Eigentümer hat die Zwangsvollstreckung in die Immobilie zu dulden. Diese erfolgt durch Zwangsversteigerung oder Zwangsverwaltung des Grundstücks.

Weitere Grundpfandrechte sind – neben der Grundschuld – die Rentenschuld und die Hypothek.

Die Rentenschuld ist eine Grundschuld mit der Besonderheit, dass bei ihr zu bestimmten wiederkehrenden Terminen eine festgelegte Geldsumme „aus dem Grundstück" zu zahlen ist, also die Immobilie für wiederkehrende Leistungen haftet (§ 1199 BGB).

Die Rentenschuld hat als Mittel der Kreditsicherung keine Bedeutung. Sie ist – schon wegen des jederzeitigen Ablöserechts des Eigentümers (§ 1201 BGB) – als Sicherungsrecht wenig gebräuchlich und auch im Übrigen weitgehend durch die Reallast verdrängt (§ 1105 ff. BGB). Sie wird daher hier nicht weiter dargestellt.

11.2 Hypothek im Besonderen

Die Hypothek ist ein Grundpfandrecht, das zur Befriedigung wegen einer bestimmten Forderung bestellt wird (§ 1113 I BGB). Sie setzt damit – anders als die Grundschuld (vgl. 1191 I BGB) – Bestand und Fortbestand der gesicherten Forderung voraus.

Beispiele *Müller hat seiner Bank für einen bereits gewährten Kredit eine Hypothek gestellt „zur Sicherung der Darlehensforderung in Höhe von 100.000 Euro".*
Später ficht er den Kreditvertrag mit Erfolg an.
Die Bank löst einen von Müller sen. Müller jun. gewährten Kredit ab und lässt sich die für diesen Kredit am Grundstück von Müller jun. bestellte Hypothek abtreten. Später stellt sich heraus, dass die gesicherte Kreditforderung im Zeitpunkt ihrer Abtretung gar nicht bestand.

Im ersten Beispielsfall stellt sich die Frage, ob die Hypothek auch den bei Nichtigkeit des Darlehensvertrags gegebenen Anspruch der Bank gegen den Schuldner auf Rückerstattung der Darlehensvaluta aus ungerechtfertigter Bereicherung sichert, was problematisch sein kann.

Im zweiten Beispielsfall hat die Bank zwar die Hypothek gutgläubig erworben, nicht aber die durch sie gesicherte Forderung. Es gibt keinen gutgläubigen Erwerb an Forderungen. Wegen der Abhängigkeit der Hypothek von der gesicherten Forderung geht damit auch der Erwerb der Hypothek ins Leere. Der gegen den Vater gegebene Anspruch auf Rückerstattung des Ablösebetrags ist ungesichert.

Diese beiden Beispiele mögen zeigen, aus welchen Gründen die Hypothek als Grundpfandrecht heute keine wirtschaftliche Bedeutung mehr hat. In Folge ihrer Akzessorietät zur gesicherten Forderung birgt sie insbesondere im Rechtsverkehr erhöhte Risiken.

Anders die Grundschuld. Sie ist abstrakt, also vom Bestand und Fortbestand der gesicherten Forderung losgelöst. Sie kann als Eigentümergrundschuld begründet und im Bedarfsfall zur Sicherung für einen benötigten Kredit abgetreten werden, was ebenfalls bei der Hypothek nicht möglich ist. Sie kann immer wieder neu valutiert werden. Sie bietet ohne Zweifel größere Risiken für den Sicherungsgeber, da mit ihr dem Sicherungsnehmer regelmäßig mehr Rechte eingeräumt sind, als er benötigt und beanspruchen kann. Der Sicherungsgeber muss sich darauf verlassen können, dass sich der Sicherungsnehmer entsprechend der vereinbarten Sicherungsabrede verhält und seine Rechtsposition nicht treuwidrig ausnutzt. Ist Sicherungsgeber eine Bank, kann er solches Verhalten erwarten.

Im Folgenden sollen daher die Grundsätze der Grundschuld dargelegt werden. Für die Hypothek werden nur die sich aus ihrer Rechtsnatur ergebenden Abweichungen dargetan.

11.3 Realkredit

Ein Kredit, der durch eine Grundschuld oder ein sonstiges Grundpfandrecht abgesichert ist, ist rechtlich ein Realkredit (oder Hypothekarkredit). Man spricht auch von einem Realkredit im weiteren Sinne.

> Banktechnisch werden als Realkredite zumeist nur die an erster Rangstelle abgesicherten Kredite bezeichnet, also solche bis zu einem Betrag von 60 Prozent des Beleihungswertes des Grundstücks (auch Realkredite im engeren Sinne). Da rechtlich zwischen Realkrediten mit erster oder nachgeordneter Rangstelle kein Unterschied gemacht wird, wird hier der Begriff des Realkredits im weiteren Sinne verwandt.

Der Realkredit weist gegenüber anderen Krediten Besonderheiten auf. Sie sind hier darzustellen.

11.3.1 Rangstelle

Die Sicherung eines Grundpfandrechts hängt von seiner Rangstelle ab. Dabei werden entsprechend ihrer Eintragung als Belastung des Eigentums im Grundbuch drei Rangstellen unterschieden:

- die erstrangige Grundschuld bis zu 60 Prozent,
- die zweitrangige Grundschuld von 60 bis 80 Prozent und schließlich
- die drittrangige Grundschuld von 80 bis 100 Prozent des Beleihungswertes.

11.3.1.1 Erstrangige Sicherungen

Historisch gesehen war die Ausreichung erstrangiger Hypotheken Aufgabe der zu diesem Zweck gegründeten Hypothekenbanken. Diese unterlagen und unterliegen heute noch den strengen Anforderungen des Hypothekenbankengesetzes (HBG). Hypothekenbanken verschaffen sich die notwendigen Mittel zur Gewährung der Kredite durch Ausgabe von Hypothekenpfandbriefen.

> Hypothekenpfandbriefe verkörpern den Wert der ihnen zu Grunde liegenden Grundpfandrechte. Da dies nur erstrangige Sicherheiten sind, stellen sie eine mündelsichere Geldanlage dar (§ 1807 I Nr. 1, 4 BGB). In ihnen kann ein Vormund ihm anvertrautes Geld seines Mündels anlegen.

Das HBG gewährleistet, dass das von den Anliegern in die Hypothekenpfandbriefe gesetzte Vertrauen nicht enttäuscht wird. Dies geschieht durch Regelungen, die die Feststellung des Beleihungswertes und der Beleihungsgrenze einer Immobilie betreffen (§§ 11 – 13 HBG).

> Beim Beleihungswert sind nur die dauerhaften Eigenschaften des Grundstücks zu berücksichtigen und der Ertrag, den das Grundstück bei ordnungsgemäßer Wirtschaft jedem Besitzer nachhaltig gewährt (§ 12 I 2 HBG). Da es sich regelmäßig um langfristige Finanzierungen handelt, die abzusichern sind, kann der Verkehrswert, der marktbedingten Schwankungen unterliegt, allenfalls die Obergrenze des Beleihungswertes bilden (§ 12 I 1 HBG).
>
> Die Beleihungsgrenze liegt bei erstrangigen Grundschulden bei 60 Prozent des so festgestellten Beleihungswertes.

Außerdem muss gewährleistet sein, dass sich das Aktivgeschäft der Hypothekenbanken, nämlich die Ausgabe der Kredite, und das Passivgeschäft, die Refinanzierung durch Pfandbriefe, entsprechen (so genannte Pfandbriefdeckung).

> Die Refinanzierung durch Pfandbriefe muss zeitnah zur Ausgabe des Kredits erfolgen und muss zeitlich mit der Zinsbindung und der damit gegebenen Unkündbarkeit des Kredits übereinstimmen (§ 9 I 1 HBG). Bei Abschnittsfinanzierungen muss gewährleistet sein, dass der Kredit nach Ablauf der Zinsbindung jeweils den Konditionen der Refinanzierung angepasst wird.

Der Refinanzierungskongruenz, also der Deckungsgleichheit von Aktiv- und Passivgeschäft, dient auch, dass Hypothekenpfandbriefe während ihrer Laufzeit unkündbar sind (§ 8 II 2 HBG).

> Der Inhaber eines Hypothekenpfandbriefes kann diesen aber verkaufen. Sie haben einen von Laufzeit und Zins abhängigen Marktwert.

11.3.1.2 Zweitrangige Sicherungen

Benötigt der Bankkunde Kreditmittel, die über dem Bereich erstrangiger Realsicherung hinausgehen, wird er die zweite Rangstelle, also den Beleihungswert der Immobilie im Bereich von 60 bis 80 Prozent in Anspruch nehmen.

Die Gewährung von Realkrediten in zweiter Rangstelle ist die Domäne der Bausparkassen.

> Bausparkassen refinanzieren sich durch Beträge, die ihre Kunden bei ihr ansparen. Damit erwerben sie einen sicheren Fundus, aus dem sie Kredite zur Verfügung stellen können; dies ermöglicht es ihnen, sich als Sicherheit mit der unsichereren zweiten Rangstelle im Grundbuch zufrieden zu geben.

Ohne zusätzliche Sicherheiten dürfen Bausparkassen die Beleihungsgrenze von 80 Prozent nicht überschreiten (§ 7 I 3 Bausparkassengesetz).

11.3.1.3 Vollfinanzierung

Kredite von Hypothekenbanken und Bausparkassen haben auch heute noch ihre wirtschaftliche Bedeutung. Daneben bieten aber auch andere Kreditinstitute – private Geschäftsbanken, Genossenschaftsbanken und Sparkassen – Realkredite an, ohne an die strengen Auflagen des HBG gebunden zu sein. Sicherheiten prüfen sie im eigenen Interesse.

Der Kreditkunde hat damit die Möglichkeit, eine Finanzierung mittels Realkredit dort durchzuführen, wo ihm die günstigsten Bedingungen gewährt werden.

Dabei ist auch eine Vollfinanzierung einer Immobilie, also bis zu 100 Prozent des Beleihungswertes beziehungsweise des Kaufpreises keine Seltenheit mehr, wenn Bonität des Kunden und gegebene Sicherheiten dies rechtfertigen.

11.3.2 Rechtliche Besonderheiten des Realkredits

Realkredite können vielen Zwecken dienen, auch dem privaten Konsum.

Beispiel *Müller will sich für seinen privaten Gebrauch einen Mercedes der S-Klasse anschaffen und den Kaufpreis über seinen Hausbank finanzieren. Wegen der günstigeren Kreditbedingungen tritt er seiner Bank eine für einen anderen Kredit bestellte und ihm nach Tilgung des Kredits zurückgewährte Grundschuld ab.*

Besonders geeignet ist der Realkredit aber als langfristiges Finanzierungsmittel, das zur Vermögensbildung aufgenommen wird, etwa zum Erwerb von Grundstücken und deren Bebauung.

Auch Realkredite sind Verbraucherkredite, wenn sie einem Verbraucher gewährt werden und dessen privaten Zwecken dienen (vgl. 2.1). Insbesondere finden die Anforderungen an Form und Inhalt des Kreditvertrags auch auf Realkredite Anwendung (§ 492 BGB) und zwar mit allen rechtlichen Konsequenzen, wenn den Erfordernissen nicht genügt wird (§ 494 BGB; vgl. 2.1.2.1/2). Dies gilt mit bedeutsamen Ausnahmen.

Die Angabe des Gesamtbetrags der Aufwendungen des Darlehensnehmers, welcher bei Realkrediten mit langer Laufzeit oft nur schwer zu ermitteln ist, ist nicht geboten (§§ 491 III Nr. 1, 492 I 5 Nr. 2 BGB).

Das Verbraucher-Widerrufsrecht findet auf grundpfandrechtlich gesicherte Konsumentenkredite keine Anwendung (§ 492 I a BGB).

Der Realkredit ist für die Dauer der Zinsbindung unkündbar; das Verbraucherkündigungsrecht ist insoweit ausgeschlossen (§ 489 I Nr. 2 BGB; vgl. 2.1.2.4).

Dagegen findet das Verbraucherwiderrufsrecht nunmehr auch auf grundpfandrechtlich gesicherte Konsumentenkredite Anwendung. Nachdem der EuGH und BGH festgestellt hat, dass die Haustürwiderrufsrichtlinie auch auf Realkredite Anwendung findet, hat der Gesetzgeber die neu eingeführte Bestimmung des § 491 III BGB gestrichen, sodass das Widerrufsrecht auch für Realkredite gilt und zwar unabhängig vom Vorliegen einer Haustürsituation. Die Neuregelung gilt für Kreditverträge als Haustürgeschäfte soweit sie nach dem 01.08.2002 abgeschlossen wurden und für sonstige Kreditverträge, soweit sie nach dem 01.11.2002 abgeschlossen wurden (Art. 229 § 8 EGBGB). Das Widerrufsrecht kann aber bis zum 30.06.2005 bei Realkrediten abbedungen werden, soweit es sich bei Abschluss des Kreditvertrags nicht um ein Haustürgeschäft handelt (§ 506 III BGB).

> Ebenso kann, wenn kein Haustürgeschäft vorliegt, der Widerruf von der Rückzahlung des Kredits abhängig gemacht werden, also vereinbart werden, dass der Widerruf unwirksam ist, wenn der Kredit nicht binnen zwei Wochen nach Widerruf zurückbezahlt wird (§ 506 II BGB).

Die besonderen Zins- und Tilgungsregelungen für Verbraucherkredite finden auf Immobiliar-Darlehensverträge weitgehend keine Anwendung (§ 497 IV BGB).

> Die Gründe für die Einschränkung des Verbraucherschutzes bei Realkrediten liegen auf der Hand. Um ihren Zins kalkulieren zu können, muss die Bank für den Zeitraum, für den ein fester Zinssatz vereinbart wurde, eine gesicherte Zinserwartung haben. Darüber hinaus bedarf die Grundschuldbestellung der notariellen Beurkundung, was regelmäßig ein übereiltes Handeln des Kreditkunden verhindert.

Im Firmenkreditkundenbereich ist der Realkredit besonders geeignet, dem Kunden langfristig Mittel zuzuführen, wie sie etwa für Erwerb, Ausbau, Sanierung oder Übertragung einer Firma benötigt werden.

Beispiel   *Müller sen. will sein Unternehmen Müller jun. übergeben. Es sind weitere Kinder vorhanden, die abgefunden werden müssen.*

Um solche Zwecke erfüllen zu können, muss der Zins niedrig sein und bleiben und die Tilgung über lange Zeit gestreckt werden, will man das Unternehmen nicht gefährden. Dies ist bei Realkrediten gewährleistet. Der Kreditvertrag kann bei Firmenkrediten auf die Dauer von zehn Jahren verbindlich geschlossen werden (§ 489 I 3 BGB; vgl. 6.3.2.2).

> Auch bei fester Laufzeit kann der Kunde den Realkreditvertrag vorzeitig kündigen, wenn ein berechtigtes Interesse dies gebietet, insbesondere wenn er die belastete Immobilie verkaufen will. Er muss der Bank aber eine Entschädigung für die Ablösung des Kredits vor Fälligkeit zahlen (§ 490 II BGB; vgl. 6.3.4).

Das Recht des Kunden, einen Kreditvertrag mit festem Zinssatz spätestens nach zehn Jahren zu kündigen, gilt für alle Kredite, auch für Firmenkredite. Die übrigen Schutzvorschriften sind beim Realkredit auf den Konsumentenbereich beschränkt.

11.3.3 Finanzierter Immobilienkauf

Beispiel *Müller will für sein Unternehmen eine Immobilie kaufen. Die Bank ist bereit, den Kaufpreis zu finanzieren, will aber auf der zu erwerbenden Immobilie als Sicherheit eine Grundschuld eingetragen bekommen. Das Eigentum soll erst bei Zahlung des Kaufpreises übergehen. Wie kann sich die Bank sichern?*

Bei Abschluss eines Immobilienkaufvertrags sind drei Beteiligte gegeben, deren Interessen gewahrt werden müssen: Verkäufer, Käufer und finanzierende Bank. Für den Verkäufer muss gewährleistet sein, dass das Eigentum erst dann auf den Käufer übergeht, wenn der Kaufpreis gezahlt, zumindest dessen Zahlung gesichert ist. Könnte doch im anderen Fall der Erwerber die Immobilie gleich weiter verkaufen und das Geld veruntreuen, ohne den Kaufpreis zu entrichten.

Der Käufer muss davor geschützt werden, dass er den Kaufpreis zahlt, ohne dass ihm das Eigentum an der Immobilie übertragen wird, indem der unredliche Verkäufer sie nochmals verkauft und zwar an einen gutgläubigen Dritten.

Für die finanzierende Bank muss gewährleistet sein, dass über den Kredit erst dann verfügt wird, wenn die Eintragung der Grundschuld gesichert ist.

Es ist Sache der notariellen Vertragsgestaltung, den Interessen aller Beteiligten gerecht zu werden. Der Notar hat die Aufgabe, den Kaufvertrag so abzufassen und durchzuführen, dass keiner Rechte verliert, ohne seine Gegenleistung zu erhalten; diese muss zumindest gesichert sein.

Zum Schutz des Verkäufers wird vereinbart, dass die Finanzierungsmittel in Höhe des Kaufpreises

- auf ein Notaranderkonto oder
- unmittelbar an den Verkäufer

ausbezahlt werden. So wird verhindert, dass der Käufer das zur Kaufpreisfinanzierung gewährte Darlehen anderweitig verwendet. Hat die Bank dem Verkäufer die Finanzierung des Kaufpreises bestätigt, kann er sicher sein, dass das Geld auch fließt.

Erfolgt die Zahlung an den Notar, geschieht dies mit der Weisung, über den Betrag nur zum Zwecke der Kaufpreistilgung zu verfügen.

Zum Schutz des Käufers wird vereinbart, dass mit Abschluss des Kaufvertrags die Eintragung einer Auflassungsvormerkung erfolgt. So wird verhindert, dass sich der Verkäufer unredlich verhält, den Kaufpreis kassiert, die Immobilie noch einmal verkauft und ein Dritter an ihr Eigentum erwirbt. Erfolgt die Zahlung des Kaufpreises über den Notar, darf dieser ihn erst dann an den Verkäufer weiterleiten, wenn die Rechte des Erwerbers (und der Bank) an der Immobilie gewährleistet sind. Das Gleiche gilt, wenn die Bank unmittelbar an den Verkäufer zahlt; sie wird dies erst nach entsprechender Anzeige der Sicherung des Erwerbs durch den Notar tun.

Die Bank ist geschützt, indem sie erst dann zahlt, nachdem der Notar ihr bestätigt hat, dass die Eintragung der Grundschuld gewährleistet ist. So ist die Bank auch für den Fall gesichert, dass trotz Zahlung die Durchführung des Vertrags letztlich scheitert, etwa weil der Käufer den Kaufvertrag wegen arglistiger Täuschung anficht.

Ihr Anspruch auf Rückzahlung des Darlehens ist auch für diesen Fall dinglich gesichert.

Zur ordnungsgemäßen Abwicklung des finanzierten Immobilienkaufs und zur Wahrung der widerstreitenden Interessen zwischen den drei Beteiligten – Verkäufer, Käufer und Bank – fällt mithin einer vierten Person die entscheidende Rolle zu, dem Notar. Er nimmt durch Vertragsgestaltung und Vertragsdurchführung die Interessen der Beteiligten treuhänderisch wahr.

11.3.4 Makler- und Bauträgerverordnung

Beispiel *Müller kauft von der Firma Meyer Bauträger GmbH ein Geschäftslokal in einem Gebäude, das Firma Meyer GmbH erst errichten soll. Durch den von Müller und anderen Erwerbern zu zahlenden Kaufpreis sollen die Erstehungskosten des Hauses finanziert werden.*

Der Erwerb einer Immobilie ist für den Käufer dann mit besonderen Risiken verbunden, wenn mit seinem Kaufpreis das Gebäude erst erstellt werden soll. Hier ist die Gefahr besonders groß, dass trotz Zahlung die Erstellung des Gebäudes „stecken bleibt", etwa weil der Bauträger die Mittel sachfremd verwendet.

Die Makler- und Bauträgerverordnung (MaBV) soll dem Käufer gewährleisten, dass er für das investierte Geld auch den entsprechenden Gegenwert erhält. Die Regelungen dienen auch dem Schutz der Bank, die den Kaufpreis finanziert. Kaufverträge über Immobilien mit noch zu erstellenden Gebäuden müssen besondere Anforderungen erfüllen. Eine Zahlungspflicht des Käufers ist erst gegeben, wenn bestimmte Voraussetzungen gegeben sind. Der Kaufvertrag muss wirksam sein und Bestand haben (§ 3 III Nr. 1 MaBV).

Der Erwerber muss durch eine Auflassungsvormerkung im Grundbuch gesichert sein (§ 3 III Nr. 2 MaBV). Der Erwerber muss von allen Grundpfandrechten freigestellt werden, die er vom Veräußerer nicht übernimmt (§ 3 I 1 Nr. 3 MaBV) und zwar auch für den Fall, dass das Bauwerk nicht fertig gestellt werden sollte. Es muss für das Bauvorhaben eine rechtskräftige Baugenehmigung vorliegen.

Von besonderer Bedeutung ist, dass der Kaufpreis nur in Raten und nur entsprechend dem Baufortschritt geschuldet ist (§ 3 II MaBV). Erst wenn ein Bauabschnitt abgeschlossen ist, ist eine weitere Rate fällig. Soll soll verhindert werden, dass der Erwerber zahlt, ohne einen entsprechenden Gegenwert zu erhalten.

Die Vorschriften sind zwingend und vom Notar bereits bei der Vertragsgestaltung zu beachten (§ 12 MaBV). Dies gilt jedoch nicht für Kaufleute, die als solche im Handelsregister eingetragen sind (§ 7 II MaBV).

Handelsregister eingetragen sind zunächst alle Handelsgesellschaften (OHG, KG, GmbH, AG usw.). Einzelkaufleute können sich ins Handelsregister eintragen lassen, wenn ihr Geschäft eine gewisse Größe und Bedeutung hat, in dem es einen kaufmännischen Geschäftsbetrieb erfordert. Es sind auch dies regelmäßig Personen mit entsprechender Geschäftserfahrung, bei denen der Gesetzgeber den Schutz der MaBV nicht für erforderlich hält.

Die Regelungen der MaBV findet auch dann keine Anwendung, wenn sich eine Bank für die Verpflichtung des Bauträgers auf Rückerstattung des Kaufpreises im Falle des Scheiterns des Bauvorhabens verbürgt (§ 7 I MaBV).

Oft werden von der gleichen Bank sowohl die Vorfinanzierung des Bauträgers als auch die Kaufpreisfinanzierung des Erwerbers übernommen. Dies ist grundsätzlich bedenkenlos. Die Bank braucht auch in diesem Fall den Kunden nicht aufzuklären, etwa weil sich der Kaufpreis nicht rechnet (vgl. 5.2.2.1).

In solchen Fällen ist aber die Gefahr einer Interessenkollision für die Bank besonders groß. Sie darf ihr eigenes Interesse, den für den Bauträger verausgabten Zwischenkredit wieder hereinzubekommen, nicht über das Interesse des Erwerbers an einer ordnungsgemäßen Abwicklung der mit ihm abgeschlossenen Finanzierung stellen. Eine unzulässige Einflussnahme auf das finanzierte Geschäft (§ 358 III 3 BGB) liegt etwa dann vor, wenn die Bank den Veräußerer veranlasst, den Kaufpreis höher anzusetzen, um damit die ihm gewährten Kreditmittel wieder hereinzubekommen.

Der Gesetzgeber geht auch beim finanzierten Immobilienkauf in Ausnahmefällen davon aus, dass Realkredit und finanzierter Kaufvertrag verbundene Geschäfte sind mit der Folge, dass mit dem Fortfall des einen Geschäfts auch das andere Geschäft hinfällig ist (§ 358 BGB). Dies ist der Fall, wenn

- die Bank selber die Immobilie verkauft,

- sie über die Finanzierung hinaus im Zusammenwirken mit dem Verkäufer den Verkauf fördert, indem sie sich dessen Veräußerungsinteressen zu eigen macht,

- bei der Planung, Werbung oder Durchführung des Projekts Funktionen des Veräußerers übernimmt oder

- den Veräußerer einseitig begünstigt (§ 358 III BGB).

Es handelt sich dabei zwar um Regelungen, die den Verbraucherkredit betreffen (vgl. 2.1.2.6). Da sie aber Ausfluss des Grundsatzes von Treu und Glauben (§ 242 BGB) sind, ist zu erwarten, dass sie gleichermaßen auf den Firmenkredit Anwendung finden.

11.4 Erwerb der Grundschuld

11.4.1 Gegenstand der Belastung

Eine Grundschuld kann bestellt werden am Grundeigentum und an ihm gleich gestellten Rechten.

11.4.1.1 Grundstück

Das Grundeigentum bezieht sich auf bestimmte Grundstücke.

Was rechtlich als Grundstück zu verstehen ist, richtet sich nach der Grundbuchordnung. Es sind dies eine oder mehrere im Liegenschaftskataster geführte Parzellen, die im Grundbuch regelmäßig auf einem gesonderten Blatt geführt sind und eine gemeinsame Bezeichnung haben (§ 3 I Grundbuchordnung (GBO)).

Nur ein solches Grundstück kann Gegenstand von Rechten und Belastungen sein. Nur an ihm kann eine Grundschuld bestellt werden (§ 1191 BGB).

11.4.1.2 Bruchteil des Grundeigentums

Eine Grundschuld kann auch bestellt werden an einem Grundeigentumsbruchteil (§§ 1192, 1114 BGB).

Beispiel   *Brüder Müller sind je zur Hälfte Eigentümer eines Firmengrundstücks. Anton Müller benötigt privat einen Kredit. Balthasar Müller ist mit der Belastung des Grundstücks nicht einverstanden. Anton Müller kann seinen Anteil am Grundbesitz belasten, ohne dass der Bruder dies verhindern könnte.*

Von der Bruchteilsgemeinschaft zu unterscheiden ist die Gesamthandsgemeinschaft. Gesamthandsgemeinschaften sind bestimmte, im Gesetz als solche ausgestaltete Träger von Vermögensgesamtheiten, die regelmäßig aus einer Vielzahl von Vermögensgegenständen bestehen. Eine Gesamthandsgemeinschaft ist die Erbengemeinschaft (§§ 2032 ff. BGB).

Beispiel   *Brüder Müller sind je zur Hälfte Erben ihres verstorbenen Vaters. Zum Nachlass gehört auch ein Grundstück. Anton Müller möchte seinen Anteil am Grundstück zur Sicherung eines Kredits nutzen.*

So lange die Erbengemeinschaft besteht und Eigentümer des Grundbesitzes ist, ist eine Belastung durch einen der Miterben nicht möglich. Bei dem gesamthänderisch gebundenen Vermögen einer Erbengemeinschaft ist der Zugriff auf einzelne Vermögensgegenstände durch einen der Miterben ausgeschlossen. Der Miterbe kann aber jederzeit die Erbauseinandersetzung fordern (§ 2042 BGB) und im Zuge der Auseinandersetzung die Umwandlung der Gesamthandsgemeinschaft in eine Bruchteilsgemeinschaft bewirken und danach seinen Anteil belasten.

Mit der Erbfolge gehen auf die Erben Rechte und Pflichten über, sodass diese aus dem Nachlass auf Verbindlichkeiten zu erfüllen haben. Dies soll erst geschehen, ehe ein Zugriff auf einzelne Nachlassgegenstände erfolgt (§§ 2046, 2047 BGB). Dies gewährleistet die gesamthänderische Bindung des Nachlasses.

> Eine Gesamthandsgemeinschaft wird selbstverständlich nur dann begründet, wenn mehrere Erben vorhanden sind und damit eine Erbauseinandersetzung zu erfolgen hat (§§ 2038 ff. BGB). Bei einem Alleinerben stellt sich eine solche Notwendigkeit nicht. Er haftet für Nachlassverbindlichkeiten grundsätzlich mit seinem gesamten Vermögen.

Weitere Gesamthandsgemeinschaften sind die Gesellschaft bürgerlichen Rechts (§§ 705 ff. BGB) und der eheliche Güterstand der Gütergemeinschaft (§§ 1415 ff. BGB).

Auch hier gilt, dass bei einer Beendigung der Gesamthandsgemeinschaft und deren Liquidation erst die Verbindlichkeiten zu erfüllen sind und dann der verbleibende Überschuss verteilt wird (§§ 731 ff., 733, 743 BGB beziehungsweise §§ 1471 ff., 1475, 1476 BGB).

> Bei Gesamthandsgemeinschaften ist der Zugriff des Gläubigers eines einzelnen Mitglieds auf gesamthänderisch gebundene Vermögensgegenstände nicht möglich. Er muss, soweit möglich, erst die Auseinandersetzung der Gemeinschaft betreiben, etwa durch Pfändung und Geltendmachung des Auseinandersetzungsanspruchs bei der Erbengemeinschaft (§ 2042 BGB).

Eine Grundschuldbestellung an einem Bruchteil eines Grundstücks ist zur Kreditsicherung nur dann geeignet, wenn die Auseinandersetzung der Bruchteilsgemeinschaft jederzeit möglich ist und die Bank sich den Auseinandersetzungsanspruch abtreten lässt. Kommt lediglich der Bruchteil als solcher zur Versteigerung, wird sich dafür kaum ein Interessent finden.

11.4.1.3 Wohnungseigentum

Eine besondere Form des Miteigentums ist das Wohnungseigentum. Nach dem Wohnungseigentumsgesetz (WEG) kann an einer Wohnung Sondereigentum gebildet werden, wobei der Wohnungseigentümer zugleich ein Miteigentum an den Teilen erhält, die im gemeinschaftlichen Eigentum der Eigentümergemeinschaft verbleiben (§ 1 II WEG).

Die Bestellung einer Grundschuld am Wohnungseigentum erfolgt, indem der Miteigentumsanteil des Wohnungseigentümers belastet wird. Die Eintragung erfolgt in einem gesondert geführten Wohnungseigentumsgrundbuch.

11.4.1.4 Erbbaurecht

Das Erbbaurecht ist ein zeitlich befristetes Recht, ein fremdes Grundstück zu bebauen und zu nutzen. Es kann veräußert werden und ist vererblich. Geregelt ist es in der Erbbaurechtsverordnung (ErbBauVO).

Obwohl das Erbbaurecht selber eine Belastung des Grundeigentums darstellt, kann es seinerseits mit einer Grundschuld belastet werden. Die Belastung wird in einem gesonderten Erbbaugrundbuch eingetragen.

Oft wird zwischen Erbbauberechtigtem und Eigentümer vereinbart, dass eine Veräußerung oder Belastung des Erbbaurechts der Zustimmung des Eigentümers bedarf. Es ist daher darauf zu achten, dass die Zustimmung zur Belastung vor Grundschuldbestellung vorliegt, da ohne eine solche die Bestellung unwirksam wäre. Ebenso bedarf es einer Regelung, dass die Belastung auch die Veräußerung im Wege der Zwangsvollstreckung umfasst. Der Erbbauberechtigte hat einen Anspruch auf Zustimmung zur Belastung, wenn diese im Rahmen einer ordnungsgemäßen Wirtschaft erfolgt und den mit der Bestellung des Erbbaurechts verfolgten Zweck nicht beeinträchtigt (§ 7 II ErbBauVO).

Ist die Zustimmung zur Veräußerung nicht erteilt und auch nicht zu erlangen, hindert dies die Zwangsversteigerung des Erbbaurechts. Dem Gläubiger bleibt nur die Zwangsverwaltung. Es ist daher darauf zu achten, dass die Zustimmung bereits bei Bestellung der Grundschuld vorliegt.

Formulierungsvorschlag:

Der Eigentümer stimmt schon jetzt dem Erbbauberechtigten gegenüber unwiderruflich der Veräußerung im Wege der Zwangsversteigerung zu, wenn eine solche durch den Gläubiger der Grundschuld in das Erbbaurecht betrieben wird.

Welchen Sicherungswert die Grundschuld an einem Erbbaurecht hat, hängt im Wesentlichen von der Rangstelle ab, die die Erbbauzinslast gegenüber der Grundschuld hat. Ist sie ihr gegenüber vorrangig, entwertet das die Grundschuld wesentlich, zumal die künftige Entwicklung des Erbbauzinses nicht immer abzusehen ist.

11.4.2 Erwerb der Grundschuld durch Bestellung

Die Bestellung einer Grundschuld erfolgt wie bei anderen Sicherungsrechten durch Rechtsgeschäft zwischen Bank und Sicherungsgeber.

Nicht alle Grundpfandrechte entstehen durch Rechtsgeschäft. Zwangshypothek und Arresthypothek sind Mittel der Zwangsvollstreckung und entstehen ohne Mitwirkung des Schuldners und gegen seinen Willen.

Bei der Zwangshypothek greift der Gläubiger auf das Immobilienvermögen seines Schuldners zu, um eine Geldforderung zu sichern und durchzusetzen. Dazu muss seine Geldforderung tituliert sein, also in einem gerichtlichen Urteil, einem gerichtlichen Vergleich oder in einer vollstreckbaren Urkunde festgestellt worden sein. Im Wege der Vollstreckung der titulierten Forderung wird dann die Zwangshypothek eingetragen. Aus ihr kann der Gläubiger wie aus einer Grundschuld seine Forderung durch Zwangsversteigerung des Grundstücks oder durch dessen Zwangsverwaltung realisieren.

Die Arresthypothek ist ein Mittel zur Realisierung eines gegen den Schuldner erwirkten dinglichen Arrestes und dient als solcher ebenfalls der Sicherung von Ansprüchen des Gläubigers.

Beide, Zwangshypothek und Arresthypothek, kommen als Mittel der vorsorgenden Kreditsicherung nicht in Betracht. Sie sind für die Bank als Mittel der Zwangsvollstreckung bedeutsam, wenn sie noch kein Grundpfandrecht an der Immobilie hat.

Die Bestellung der Grundschuld erfolgt stets durch den Eigentümer der zu belastenden Immobilie, der nicht notwendig der Vertragspartner des Kreditvertrags ist. Sichert ein Dritter die Darlehensforderung, indem er auf seinem Haus eine Grundschuld bestellt, spricht man von einer Drittsicherung.

Beispiel   *Müller jun. braucht einen Firmenkredit. Da er selber keine Sicherheiten beibringen kann, bestellt Müller sen. an seinem Haus eine Grundschuld.*

Eine Grundschuld wird bestellt durch Einigung zwischen Bank und Grundeigentümer darüber, dass das Grundpfandrecht gewährt wird und der Eintragung der Grundschuld im Grundbuch (§ 873 I BGB).

11.4.2.1 Einigung

Die Einigung über die Grundschuldbestellung bedarf keiner Form, ist also auch mündlich gültig. Sie kann auch stillschweigend erfolgen und ist regelmäßig in der Eintragungsbewilligung des Gläubigers und dem Eintragungsantrag der Bank zu sehen.

Dagegen bedarf die dem Grundbuchamt vorzulegende Eintragungsbewilligung der notariellen Beurkundung (§ 29 GBO).

Ist der Darlehensschuldner Sicherungsgeber, wird also die Grundschuld an seiner eigenen Immobilie bestellt, wird die Bank regelmäßig verlangen, dass er sich der sofortigen Zwangsvollstreckung unterwirft. Auf diese Weise hat die Bank die Möglichkeit, im Sicherungsfall auch auf das Vermögen des Schuldners im Übrigen zurückzugreifen, ohne sich erst einen Titel beschaffen zu müssen. Eine Vollstreckungsunterwerfung bedarf aber der notariellen Beurkundung (§§ 794 I Nr. 5, 800 ZPO). Aus diesem Grund ist es bei Realkrediten von Banken üblich, auch die Grundschuldbestellung notariell zu beurkunden, wobei sich der Realkreditnehmer in der Urkunde zugleich der sofortigen Zwangsvollstreckung unterwirft. Regelmäßig wird aber nur die Erklärung des Sicherungsgebers notariell beurkundet. Würde auch die Annahmeerklärung der Bank notariell beurkundet, müsste sie zum Notartermin einen Vertreter entsenden und würde dann auch für die anfallenden Notarkosten haften, was wenig praktikabel bzw. nicht erwünscht ist.

Es bleibt daher in der Regel dabei, dass die Einigung über die Grundschuldbestellung bei Bankkrediten nicht notariell beurkundet ist.

Ist die Einigung über die Grundschuldbestellung lediglich mündlich oder privatschriftlich erfolgt, hat sie keine Bindungswirkung, bis die Eintragung der Grundschuld im Grundbuch erfolgt ist (§ 873 II BGB).

Zwischen Einigung über die Grundschuldbestellung und Eintragung der Grundschuld kann ein längerer Zeitraum liegen. Bis es zur Eintragung im Grundbuch kommt, dauert es regelmäßig mehrere Monate. Die Eintragung kann sich weiter verzögern, wenn sich Eintragungshindernisse ergeben, etwa der Antrag unvollständig ist. In der Zwischenzeit können Ereignisse die Einigung über die Grundschuldbestellung in Frage stellen.

Der Sicherungsgeber, Schuldner oder Drittsicherer, kann die Einigung bis zur Eintragung frei widerrufen. Eine Eintragung der Grundschuld darf dann nicht mehr erfolgen.

Beispiel   *Müller sen. hat sich verpflichtet, einen von der Bank Müller jun. zu gewährenden Kredit durch Grundschuld auf seinem Haus zu besichern. Später reut ihn dies. Ehe die Grundschuld eingetragen ist, widerruft er die Bestellung und informiert das Grundbuchamt davon.*

Das Grundbuchamt wird im Beispielsfall den Widerruf beachten und die Eintragung unterlassen. Der Sicherungsgeber kann sich aber der Bank gegenüber durch sein Verhalten schadenersatzpflichtig machen. Das Sicherungsrecht kommt jedenfalls nicht zustande.

Die in § 873 II BGB enthaltenen Ausnahmefälle sind für die Praxis der Banken bei der Vergabe von Realkrediten kaum relevant.

Stets ist darauf zu achten, dass die Auszahlung des Kredits erst erfolgt, wenn die Eintragung der Grundschuld gesichert ist. Dies ist dann nicht der Fall, wenn der Sicherungsgeber die Einigung über die Bestellung noch widerrufen kann.

Für die Praxis noch bedeutsamer sind Fälle, in denen der Sicherungsgeber zwischen Grundschuldbestellung und deren Eintragung die Verfügungsbefugnis verliert.

Beispiel *Müller sen. hat für einen Müller jun. von der Bank gewährten Kredit eine Grundschuld an seinem Haus bestellt. Die Eintragung verzögert sich, weil die Bank es versäumte, den Vorschuss für die Gerichtskosten einzuzahlen. Außerdem brachte sie trotz Aufforderung den Nachweis für eine Vertretungsbefugnis nicht formgerecht bei. Der Antrag wurde daraufhin zurückgewiesen, wogegen die Bank Beschwerde einlegte. Zwischenzeitlich wurde über das Vermögen von Müller sen. das Insolvenzverfahren eröffnet.*

Die Voraussetzungen für die Grundschuld müssen im Zeitpunkt ihrer Eintragung vorliegen, sonst kann eine Eintragung nicht erfolgen. Zu diesen Voraussetzungen gehört neben der Einigung über die Grundschuldbestellung auch die Verfügungsbefugnis des Sicherungsgebers über das Grundstück.

Die Befugnis einer Person, über ihr Vermögen zu verfügen, erlischt mit der Insolvenzeröffnung, oft schon davor durch einstweilige gerichtliche Maßnahmen (vgl. §§ 21 ff. InsO). Dies kann dann zu Unzuträglichkeiten führen, wenn sich die Eintragung der Grundschuld nur aus Gründen verzögert, die im Grundbuchverfahren selber begründet sind, etwa in der Arbeitsüberlastung der Mitarbeiter des Grundbuchs. Aus diesem Grund bestimmt das Gesetz, dass eine zwischen Antrag und Eintragung des Sicherungsrechts eintretende Verfügungsbeschränkung unbeachtlich ist (§ 878 BGB).

Dies gilt nach der Rechtsprechung aber dann nicht, wenn die Verzögerung der Eintragung wie im Beispielsfall vom Gläubiger zu vertreten ist. Kommt es zur Behebung der Mängel des Antrags und wird die Grundschuld eingetragen, kann der Insolvenzverwalter deren Löschung fordern.

Im Hinblick auf das Insolvenzrisiko des Sicherungsgebers, aber auch auf sonstige mögliche Risiken einer Verfügungsbeschränkung (zum Beispiel Geschäftsunfähigkeit wegen Schlaganfall) ist stets darauf zu achten, dass der Eintragungsantrag keine formalen Mängel aufweist oder sonstige von der Bank zu vertretende Bearbeitungsverzögerungen auftreten.

11.4.2.2 Eintragung

Die Eintragung der Grundschuld erfolgt auf Antrag (§ 13 GBO). Sie muss vom Grundeigentümer bewilligt werden (§ 19 GBO). Die Eintragungsbewilligung bedarf zur Wirksamkeit der notariellen Beurkundung (§ 29 GBO).

Für den Antrag selber genügt die Schriftform. Der Antrag wird wirksam mit Eingang beim Grundbuchamt. Der Zeitpunkt des Eingangs ist maßgebend für die Rangstelle.

Im Vollzug der Grundschuldbestellung stellt der Notar den Antrag regelmäßig im Auftrag des Grundschuldbestellers. Wichtig ist, dass der Antrag unwiderruflich erfolgt, da im Falle eines Widerrufs die Rangstelle gefährdet ist.

Die Eintragung erfolgt in der Reihenfolge des Eingangs der Eintragungsanträge (§ 17 GBO). Mit der Eintragung ist das Rangverhältnis festgelegt, in dem mehrere Grundstücksbelastungen zueinander stehen. Dies gilt für gleichartige Rechte, aber auch für Rechte, die in verschiedenen Abteilungen des Grundbuchs eingetragen sind (§ 897 I 1 und 2 BGB).

Beispiele *Müller hat bei der Bank einen Kredit aufgenommen, für welchen er an seinem Grundstück eine Grundschuld bewilligt hat. Er hat gleichzeitig bei der Sparkasse einen Kredit beantragt und auch dieser zur Sicherung eine Grundschuld bewilligt. An erster Stelle wird die Grundschuld eingetragen, deren Antrag früher beim Grundbuchamt eingeht.*

Müller hat von Schmidt ein Haus gekauft, den Kaufpreis hat die Bank finanziert. Der Anspruch von Müller auf Eigentumsübertragung wird durch eine Auflassungsvormerkung gesichert. Zur Sicherung des Darlehens hat Schmidt der Bank eine Vollmacht zur Belastung des Grundstücks mit einer Grundschuld erteilt.

Würde im zweiten Beispielsfall die Auflassungsvormerkung vor der Grundschuld eingetragen, ginge sie dieser vor mit der Folge, dass die Grundschuldbestellung unwirksam würde, wenn die Eigentumsumschreibung erfolgt. Mit Eintragung der Auflassungsvormerkung kann der Verkäufer über das Grundstück nicht mehr wirksam verfügen, es auch nicht mehr belasten (§ 883 II BGB). Müller würde unbelastetes Eigentum erwerben (§ 823 III BGB). Dies ist die notwendige Folge des im Grundbuchrecht geltenden Prioritätsprinzips.

Die Vertragspartner können aber eine hiervon abweichende Regelung treffen (§ 879 III BGB) und vereinbaren, dass die Grundschuld dem durch Vormerkung gesicherten Eigentum vorgeht. Dies kann auch durch Eintragung eines Wirksamkeitsvermerks erfolgen, wonach die eingetragene Grundschuld dem Eigentum des Erwerbers gegenüber wirksam bleibt.

Zweckmäßiger wäre es gewesen, sich die Belastungsvollmacht vom Erwerber geben zu lassen mit Vorrang vor der Auflassungsvormerkung.

11.4.2.3 Währung der Grundschuld

Seit dem 01.01.2002 kann die Eintragung von Grundschulden im EG-Bereich nicht mehr in Landeswährungen sondern nur noch ein Euro erfolgen. Daneben ist aber auch eine Bestellung und Eintragung in Schweizer Franken und US-Dollar möglich.

11.4.3 Erwerb der Grundschuld durch Abtretung

Grundschulden sind verkehrsfähig. Sie gelten nicht nur zu Gunsten einer bestimmten namentlich benannten Person, sondern können Dritten übertragen werden.

Die Übertragung erfolgt unterschiedlich, ob es sich um eine Buchgrundschuld oder eine Briefgrundschuld handelt.

11.4.3.1 Buchgrund und Briefgrundschuld

Eine Buchgrundschuld liegt vor, wenn die Erteilung eines Grundschuldbriefes ausgeschlossen ist (§§ 1116 II 1, 1192 BGB). Dies erfolgt durch Einigung über den Ausschluss des Briefes und der Eintragung im Grundbuch („Die Erteilung des Grundschuldbriefes ist ausgeschlossen", §§ 1116 II 2, 1192 BGB).

Die Buchgrundschuld wird übertragen durch Einigung zwischen Altgläubiger und Neugläubiger über Rechtsübergang und Eintragung des neuen Gläubigers im Grundbuch.

Wie bei der Bestellung ist auch bei der Übertragung der Buchgrundschuld die Einigung formlos gültig. Sie ist bis zur Eintragung des neuen Gläubigers im Grundbuch grundsätzlich widerruflich (§ 873 II BGB; vgl. 11.4.2.1). Die Eintragungsbewilligung muss vom Altgläubiger in notariell beurkundeter Form erteilt werden. Der neue Gläubiger stellt regelmäßig den Antrag auf seine Eintragung im Grundbuch.

Der Eigentümer des Grundstücks und Schuldner der Grundschuld ist an der Abtretung nicht beteiligt. Er braucht ihr nicht zuzustimmen und kann sie auch nicht verhindern.

Die Briefgrundschuld bringt gegenüber der Buchgrundschuld Erleichterungen bei der Übertragung. Bei ihr ist die Eintragung des Gläubigers im Grundbuch entbehrlich; an ihre Stelle tritt die Übergabe des Grundschuldbriefes (§ 1154 I BGB).

> Damit entfällt zugleich die Publizität des Grundbuchs. Aus ihm kann nicht entnommen werden, wer der Inhaber der Grundschuldforderung ist. Der Inhaber des Grundschuldbriefs ist zwar durch dessen Besitz legitimiert. Er kann aber auch unrechtmäßig in den Besitz des Grundschuldbriefes gelangt sein.

Aus diesem Grund hat die Abtretung der Briefgrundschuld schriftlich zu erfolgen (§§ 1154 I, 1192 BGB).

An die Ordnungsmäßigkeit werden besondere Anforderungen gestellt.

Beispiel   *Firma Müller Immobilien GmbH & Co. KG ist Inhaberin einer Briefgrundschuld. Sie benötigt einen Kredit und tritt als Sicherheit die Grundschuld schriftlich an die Bank ab und übergibt ihr den Grundschuldbrief. In der Abtretungserklärung wird versehentlich die Firma Müller Verwaltungs-GmbH, die persönlich haftende Gesellschafterin der KG, als Inhaberin des Rechts und als Abtretende aufgeführt.*

Um wirksam zu sein, muss die Abtretung klarstellen,

- wer die Abtretung vornimmt – man spricht hier vom Zedenten –,
- an wen die Abtretung erfolgt – er wird als Zessionar bezeichnet – und
- welche Forderung abgetreten wird.

Ist, wie im Beispielsfall, ein falscher Zedent angegeben, – die Forderung steht der GmbH & Co. KG und nicht deren persönlich haftender Gesellschafterin, der GmbH, zu – macht dies die Abtretung unwirksam. Anderes würde gelten, wenn der Name der Zedentin lediglich unvollständig oder unkorrekt angegeben worden wäre, im Wege der Auslegung aber eindeutig zu klären wäre, wer die Forderung abtritt. Ist eine unzutreffende aber tatsächlich existente juristische Person angegeben, ist für eine solche Auslegung kein Raum.

Der Grundschuldbrief muss dem Neugläubiger übergeben worden sein, er muss also mit Willen des Zedenten in den Besitz des Zessionars gelangt sein.

Beispiel   *Müller hat der Bank eine ihm zustehende Briefgrundschuld in schriftlicher Form abgetreten. Nur die Übergabe des Grundschuldbriefes ist noch nicht erfolgt. Schmidt, Kreditsachbearbeiter der Bank, findet den Brief in ihm von Müller zur Durchsicht überlassenen Unterlagen und nimmt ihn heimlich zu den Akten.*

Die Abtretung ist im Beispielsfall unwirksam, da die Bank nicht mit Willen des Zedenten in den Besitz der Urkunde gelangte.

Beispiel   *Müller teilt Schmidt mit, dass er den Brief nicht finden könne. Schmidt offenbart ihm, dass die Bank ihn bereits in Besitz habe. Müller erklärt: „Dann ist ja alles in Ordnung. Sie können ihn behalten."*

Ist der Neugläubiger bereits im Besitz des Briefes, reicht zur „Übergabe" aus, dass er sich mit dem Altgläubiger dahin verständigt, den Brief nunmehr als Inhaber der Grundschuld zu besitzen.

| Beispiel | *Müller hat die Grundschuld schriftlich an die Bank abgetreten. Der Grund-schuldbrief wird von Müller sen. in dessen Banksafe aufbewahrt.* |

Ist ein Dritter im Besitz des Briefes, reicht zur wirksamen Übertragung die Abtretung des Herausgabeanspruchs aus, im Beispielsfall des Anspruchs von Müller gegen seinen Vater aus dem Verwahrungsvertrag.

| Beispiel | *Müller hat den Kredit zurückbezahlt. Er lässt sich die Grundschuld rückab-treten, vereinbart aber mit der Bank, dass diese den Brief behält und für ihn* |

verwahrt.

Auch hier ist die Abtretung wirksam, obwohl eine Übergabe an den Zessionar nicht erfolgte. Es reicht aus, wenn sich Zedent und Zessionar darüber einigen, dass der Zedent die Urkunde künftig für den Zessionar besitzt, etwa auf Grund eines Verwahrungsvertrags (so genanntes Besitzkonstitut, § 930 BGB).

11.4.3.2 Gutgläubiger Erwerb der Grundschuld

Der Schutz des guten Glaubens ist im Rechtsverkehr von besonderer Bedeutung. Er kann dazu führen, dass jemand kraft seines guten Glaubens eine Rechtsposition erlangt, obwohl der Geschäftspartner gar nicht Inhaber der Rechtsposition ist und diese folglich auch nicht übertragen kann.

Der gute Glaube allein reicht jedoch zum Rechtserwerb vom Nichtberechtigten nicht aus. Er muss sich an einer äußeren Gegebenheit manifestieren.

Bei beweglichen Sachen ist dies der Besitz der Sache.

Der Erwerber einer beweglichen Sache wird auch dann Eigentümer, wenn der Veräußerer zwar nicht Eigentümer, aber im Besitz der Sache ist und ihm den Besitz überträgt und der Erwerber in Bezug auf das Eigentum des Veräußerers guten Glaubens ist. Dies ist der Fall, wenn ihm nicht bekannt ist, dass die Sache dem Veräußerer nicht gehört und seine Unkenntnis auch nicht grob fahrlässig ist (§ 932 II BGB).

Dies gilt jedoch nicht, wenn die Sache dem wahren Eigentümer gestohlen wurde oder sonstwie abhanden gekommen ist, er den Besitz an der Sache also ohne seinen Willen verloren hat. Bei solchen Sachen findet ein gutgläubiger Erwerb nicht statt (§ 935 BGB).

Bei Immobilien manifestiert sich der Gutglaubenschutz in der Eintragung des Verfügenden im Grundbuch. Der Eintragung im Grundbuch kommt ein besonders hoher Nachweiswert zu. Danach erwirbt man auch von einem Nichtberechtigten ein im Grundbuch eingetragenes Recht, sei es

- Eigentum oder
- eine das Eigentum einschränkende Reallast,

es sei denn,

- im Grundbuch ist bereits ein Widerspruch eingetragen oder
- der Erwerber hat von der mangelnden Berechtigung seines Vertragspartners positive Kenntnis (§ 892 BGB).

Grob fahrlässige Unkenntnis von der mangelnden Rechtsposition reicht nicht aus, um einen gutgläubigen Erwerb zu Unrecht im Grundbuch eingetragener Rechte zu unterbinden.

Dies gilt für alle dinglichen Rechte, auch für die Buchgrundschuld.

Beispiel *Müller, Geschäftsführer der Müller GmbH, hat für sich persönlich auf dem Firmengrundstück der GmbH eine Buchgrundschuld eintragen lassen, ohne vom Verbot des Selbstkontrahierens befreit zu sein. Die Grundschuld wird im Grundbuch eingetragen. Müller tritt sie der Bank als Sicherheit für einen persönlichen Kredit ab, wobei die Bank als Neugläubigerin im Grundbuch eingetragen wird.*

Die Grundbuchbestellung ist im Beispielsfall als In-sich-Geschäft nichtig (§ 181 BGB). Müller kann mit sich selber als Geschäftsführer der GmbH keine Verträge schließen.

Etwas anderes würde dann gelten, wenn Müller im Gesellschaftsvertrag, wie es häufig geschieht, vom Verbot des Selbstkontrahierens befreit worden wäre. Dann wäre die Grundschuldbestellung der GmbH für Müller wirksam.

Da die Grundschuld trotz Nichtigkeit ihrer Bestellung im Grundbuch eingetragen ist, hat die Bank sie im Beispielsfall wirksam erworben. Dies gilt jedenfalls dann, wenn der Bank die Nichtigkeit der Grundschuldbestellung nicht bekannt war.

Beispiel *Müller sen. hat der Firma Müller GmbH, dessen Geschäftsführer und Alleingesellschafter Müller jun. ist, ein Darlehen gewährt und sich dafür am Firmengrundstück eine Briefgrundschuld bestellen lassen. Müller jun. benötigt einen weiteren Kredit. Die Bank ist nur bereit, einen solchen zu gewähren gegen Einräumung einer erstrangigen Grundschuld. Müller jun. lässt sich die Grundschuld vom Vater abtreten und entwendet diesem, als er noch zaudert, den Brief und überträgt die Grundschuld der Bank.*

Gegenüber der Buchgrundschuld weist die Briefgrundschuld die Besonderheit auf, dass sie bereits übertragen werden kann durch schriftliche Abtretung und Briefübergabe, ohne dass der Erwerber im Grundbuch eingetragen werden muss. Die Eintragung im Grundbuch erbringt für sich genommen noch keinen Nachweis dafür, dass der Eingetragene (noch) Rechtsinhaber ist.

Wird eine Briefgrundschuld abgetreten, kann der Zessionar vom Zedenten verlangen, dass die Abtretungserklärung öffentlich beglaubigt wird (§§ 1154 I 1, 1192 BGB). Ein gutgläubiger Erwerb findet nur dann statt, wenn sich die Rechtsposition des Besitzes des Briefes aus einer zusammenhängenden, auf einen im Grundbuch eingetragenen Gläubiger zurückzuführenden Reihe von öffentlich beglaubigten Abtretungserklärungen ergibt (§§ 1154 I 2, 1192 BGB).

Liegt im obigen Fall lediglich eine privatschriftliche Abtretung der Briefgrundschuld ohne deren notarielle Beglaubigung vor, ist die Bank nicht geschützt.

Die Briefgrundschuld hat gegenüber der Buchgrundschuld den Vorzug leichterer Übertragung. Bei ihr ist allerdings der Gutglaubenschutz des Erwerbers eingeschränkt. Gefahr besteht insbesondere bei abhanden gekommenen Grundschuldbriefen. Die Bank muss darauf achten, dass alle Abtretungen in notariell beglaubigter Form erfolgten und auf einen im Grundbuch eingetragenen Gläubiger zurückzuführen sind.

11.4.3.3 Kein gutgläubiger Erwerb der gesicherten Kreditforderungen

Aus obigen Ausführungen ergibt sich zugleich, dass kein gutgläubiger Erwerb schuldrechtlicher Forderungen stattfindet. Bei einer Forderungsabtretung gibt es nichts, woran sich ein Gutglaubenschutz „festmachen" könnte, wie etwa der Besitz bei beweglichen Sachen oder die Grundbucheintragung bei Immobilien.

Dies hat Konsequenzen auch für die sichernde Grundschuld.

Beispiel *Müller sen. hat Müller jun. ein Darlehen gewährt und sich dieses durch eine Grundschuld auf dem Haus sichern lassen. Als Müller sen. selber einen Kredit benötigt, tritt er der Bank seine gegen den Sohn bestehende Darlehensforderung sicherungshalber ab. Später macht die Sparkasse geltend, dass ihr bereits die Darlehensforderung von Müller sen. abgetreten worden sei und zwar zu einem früheren Zeitpunkt.*

Bei der Abtretung von Forderungen gilt das Prioritätsprinzip. Von mehreren Abtretungen ein und der selben Forderung ist nur die zeitlich früheste wirksam. Spätere Abtretungen gehen ins Leere.

Mehrfache Abtretungen der gesicherten Ansprüche sind in der Geschäftspraxis nicht selten. Oft mag sich der Zedent früherer Abtretungen nicht mehr bewusst sein, oft ist auch Unredlichkeit im Spiel. Der Zedent nutzt die mangelnde Publizität bei Forderungsabtretungen aus, um mit einem Sicherungsgut mehrere Kredite zu erhalten (vgl. 13.3.4).

Da sich die Bank nur die Darlehensforderung hat abtreten lassen, diese Abtretung aber unwirksam ist, gehen auch Sicherungsrechte nicht über (vgl. § 401 BGB). Sie kann daher im Beispielsfall vom Zedenten nicht die Abtretung der Grundschuld fordern. Dagegen steht der Sparkasse als erster Zessionarin ein entsprechender Anspruch gegen Müller sen. zu.

> So wenig wie bei der Forderungsabtretung findet bei der Verfügungsbefugnis ein Gutglaubenschutz statt. Ist der Kunde der Bank noch minderjährig und genehmigt der gesetzliche Vertreter den Vertrag nicht, ist dieser nichtig, auch wenn der Minderjährige einen geschickt gefälschten Ausweis vorgelegt hat. Tritt ein Vertreter ohne Vertretungsmacht auf, aber mit einer gefälschten Vollmacht, bleibt der Bank nur die Möglichkeit, diesen in Anspruch zu nehmen (§ 179 BGB); an den Vertretenden kann sie sich nicht halten.

11.4.3.4 Einwendungen des Schuldners

Wie bei jeder anderen Abtretung kann der aus der Grundschuld Verpflichtete nach erfolgter Abtretung dem Neugläubiger alle Einwendungen entgegenhalten, die er dem Altgläubiger gegenüber hatte (§ 404 BGB).

Beispiel *Die Bank hat sich zur Sicherung eines Müller sen. gewährten Kredits dessen Darlehensanspruch gegenüber Müller jun. und die zur Sicherung des Darlehens am Haus von Müller jun. bestellte Grundschuld abtreten lassen. Nach erfolgter Abtretung erklärt Müller jun. die Aufrechnung mit einer Gegenforderung, die er gegen Müller sen. hat.*

Der Schuldner ist insbesondere auch nach erfolgter Abtretung berechtigt, gegen die abgetretene Forderung, vorliegend Darlehensforderung und Grundschuldforderung, die Aufrechnung mit einer Gegenforderung zu erklären (§ 406 BGB).

Damit erweist sich die von der Bank erworbene Sicherheit im Nachhinein als wertlos.

11.5 Zweckerklärung

Die Zweckerklärung ist die Vereinbarung zwischen Bank und Sicherungsgeber darüber, welche Ansprüche durch die Grundschuld gesichert sind. Sie wird daher auch Sicherungs(zweck)vereinbarung genannt.

> Anders als die Hypothek (vgl. 11.2) ist die Grundschuld von der gesicherten Forderung unabhängig. Der Gläubiger hat zwei Anspruchsgrundlagen, auf die er seinen Zahlungsanspruch stützen kann, den Rückzahlungsanspruch aus dem Darlehensvertrag und die Grundschuldforderung. Er darf aber nur einmal Zahlung verlangen.

Die Zweckerklärung stellt die Klammer dar, mit der Grundschuld und gesicherte Forderung miteinander verbunden sind. In ihr kommt der fiduziarische Charakter der Sicherungsgrundschuld zum Ausdruck. Nur in dem durch die Zweckerklärung gesteckten Rahmen darf der Gläubiger das Sicherungsrecht realisieren.

Die Zweckerklärung ist formlos gültig, kann also auch mündlich erfolgen. Sie kann sich auch aus den Umständen ergeben, etwa wenn die Grundschuld aus Anlass der Gewährung eines bestimmten Kredits bestellt wird.

In das Grundbuch wird die Zweckerklärung nicht eingetragen. Dem Grundbuch kann mithin nicht entnommen werden, welche Ansprüche die Grundschuld sichert.

Regelmäßig erfolgt die Zweckerklärung schon des besseren Nachweises wegen schriftlich.

Für die schriftliche Sicherungsvereinbarung verwenden Banken Vordrucke, in denen auch eine Reihe weiterer Regelungen enthalten sind, wie die Bank sie mit dem Sicherungsgeber treffen möchte und die über die Festlegung des Sicherungszweck hinausgehen. So wird regelmäßig vereinbart, dass der Sicherungsgeber an die Bank Rückgewähransprüche vorrangiger Grundschulden als zusätzliche Sicherheit abtritt. Das Gleiche gilt für Ansprüche auf Auszahlung eines in der Zwangsversteigerung erzielten Übererlöses.

Des Weiteren ist in der formularmäßigen Zweckerklärung geregelt, wann die Bank die Grundschuld als Sicherheit in der Zwangsversteigerung verwerten darf bzw. wann sie die Zwangsverwaltung anordnen darf.

Die Zweckerklärung enthält regelmäßig auch Regelungen, wann und an wen im Falle der Befriedigung des Gläubigers die Grundschuld zurückzugewähren ist. Das Gleiche gilt, soweit vor vollständiger Befriedigung der Bank eine Übersicherung vorliegt und der Sicherungsgeber eine teilweise Rückgewähr fordern kann.

11.5.1 Parteien der Zweckerklärung

Die Zweckerklärung stellt eine schuldrechtliche Vereinbarung zwischen Bank uns Sicherungsgeber dar.

Sicherungsgeber ist, wer die Sicherheit aus seinem Vermögen zur Verfügung stellt. Die Frage nach dem Sicherungsgeber ist einfach, wenn Kreditnehmer und Eigentümer des zu sichernden Grundstücks identisch sind. Sichert die Grundschuld einen Kredit, der einem Dritten gewährt wurde, muss ermittelt werden, wer Sicherungsgeber ist. Regelmäßig ist dies der Eigentümer des belasteten Grundstücks.

Beispiel   *Müller jun. erhält von der Bank einen Kredit, der auf dem Grundstück von Müller sen. abgesichert ist.*

Bei der Fremdgrundschuld sind aber Fälle denkbar, wo nicht der Eigentümer, sondern der Kreditnehmer Sicherungsgeber ist.

Beispiel *Müller sen. hat Müller jun. ein Darlehen gewährt und sich zu dessen Sicherheit an dessen Haus eine Grundschuld bestellen lassen. Später benötigt Müller sen. einen größeren Kredit und tritt der Bank sicherungshalber unter anderem die Grundschuld am Haus von Müller jun. ab.*

Hier gehörte die Grundschuld bei Abschluss des Kreditvertrags zwischen Bank und Senior bereits diesem und sicherte dessen Darlehensforderung. Er hat sie der Bank aus seinem Vermögen übertragen.

Die Feststellung, wer Sicherungsgeber ist, ist für die Bank wichtig. Eine mit einer anderen Person geschlossene Zweckerklärung bindet den Sicherungsgeber nicht. In Zweifelsfällen sollte daher die Bank die Zweckerklärung vom Kreditnehmer und vom sichernden Dritten unterschreiben lassen.

Von besonderer Bedeutung ist die Feststellung, wer Sicherungsgeber ist, für die Frage, wem bei Erledigung des Sicherungszwecks die Grundschuld zurück zu gewähren ist (vgl. 11.8). Zahlt im obigen Fall der Vater den Bankkredit zurück, ist ihm die Grundschuld zurück zu gewähren, da sie noch die Darlehensforderung sichert, die er gegen den Sohn hat. Würde die Bank dem Sohn eine Löschungsbewilligung geben, würde sie sich dem Vater gegenüber schadenersatzpflichtig machen.

Bei der Feststellung des Sicherungsgebers sollte man sich zur Kontrolle stets fragen, wem die Grundschuld zurück zu gewähren ist. Dies gilt insbesondere dann, wenn eine bereits bestellte Grundschuld abgetreten wird.

11.5.2 Inhalt der Zweckerklärung

Die Sicherungsvereinbarung kann mit engem oder weitem Sicherungszweck getroffen werden. Von einem engen Sicherungszweck spricht man, wenn die Grundschuld nur Ansprüche der Bank sichert, die sich aus dem Kreditvertrag ergeben, dessen Abschluss Veranlassung für die Grundschuldbestellung war. Von einem weiten Sicherungszweck ist dagegen die Rede, wenn die Grundschuld über den Anlasskredit hinaus alle auch künftige Ansprüche aus bankmäßiger Geschäftsverbindung sichert.

11.5.2.1 „Enger" Sicherungszweck

Die Sicherungsvereinbarung mit engem Sicherungszweck wird bei Drittsicherheiten vereinbart, wenn also Kreditnehmer und sichernder Eigentümer nicht identisch sind. Sichert ein Dritter einen Kredit, wäre eine formularmäßige weite Zweckerklärung regelmäßig nichtig.

Beispiel   *Die Bank gewährt Müller jun. einen Kredit für den Aufbau seines Unternehmens, für welchen die Eltern auf ihrem Haus eine Grundschuld als Sicherheit bestellen.*

Wenn Dritte durch Grundschuld einen Bankkredit sichern, rechnen sie nicht damit, dass sie über den Kredit, dessen Anlass die Grundschuldbestellung war, hinaus für weitere, auch künftige Ansprüche der Bank gegen den Schuldner haften, etwa für spätere Kontoüberziehungen. Eine Haftungserweiterung über den Anlasskredit hinaus auf weitere bankmäßige Ansprüche ist überraschend und damit regelmäßig nichtig (§ 305 c I BGB).

> Im Gegensatz zur Bürgschaft nimmt die Rechtsprechung dagegen keine Nichtigkeit wegen unangemessener Benachteiligung des Sicherungsgebers nach § 307 BGB an (vgl. 9.1.4).
>
> Zur Erinnerung:
>
> Eine Nichtigkeit nach § 307 BGB ist immer gegeben; mit ihr werden Verhaltensweisen geahndet, die mit Grundsätzen unserer Rechtsordnung schlechthin nicht in Einklang zu bringen sind. Dagegen kann der überraschende Charakter einer Bestimmung nach § 305 c BGB ausgeräumt werden, indem der Vertragspartner individuell auf die Regelung hingewiesen wird.
>
> Der Grund für die Differenzierung zwischen Bürgschaft und Grundschuld wird darin gesehen, dass der Bürge für die fremde Verbindlichkeit mit seinem ganzen Vermögen einzustehen hat, während der Drittsicherungsgeber bei der Grundschuld nur mit dem Sicherungsgut, dem belasteten Grundstück, haftet.

11.5.2.2 „Weiter" Sicherungszweck

Eine Sicherungsvereinbarung, die über den Anlasskredit hinaus alle, auch künftigen Ansprüche der Bank aus der Geschäftsverbindung sichert, kann vereinbart werden, wenn Kreditnehmer und Sicherungsgeber identisch sind, also der Kreditkunde die Grundschuld an einer ihm gehörenden Immobilie bestellt.

Darüber hinaus ist unter bestimmten Voraussetzungen eine weite Zweckerklärung auch bei Drittsicherungsgebern wirksam.

(a) Die überraschende Wirkung einer Vertragsklausel kann durch deutlichen individuellen Hinweis ausgeräumt werden. Wer Bescheid weiß, kann nicht mehr überrascht werden.

Beispiel *Die Bank gewährt den Eheleuten Müller einen Kredit, der auf dem Haus der Eheleute abgesichert wird. Die von Frau Müller unterschriebene Zweckerklärung enthält die Regelung, wonach die Grundschuld auch haftet für alle Ansprüche der Bank aus bankmäßiger Geschäftsverbindung zu Herrn Müller. Müller ist selbstständiger Kaufmann. Der Kreditsachbearbeiter Schmidt weist Frau Müller vor Unterschrift unter der Zweckerklärung darauf hin, dass Frau Müller mit dieser Regelung mit ihrem Hälfteanteil am Haus auch haftet für alle, auch künftigen Geschäftsverbindlichkeiten ihres Mannes. Frau Müller erklärt, dass sie damit einverstanden sei.*

Durch die Belehrung des Drittsicherungsgebers ist der weiten Zweckerklärung der überraschende Charakter genommen. Der Sicherungsgeber weiß, worauf er sich einlässt.

Zum Nachweis einer Belehrung über Umfang und Bedeutung der weiten Zweckerklärung sollte diese schriftlich dokumentiert und vom Sicherungsgeber unterschrieben werden. Geschieht dies formularmäßig, sollte der Hinweis drucktechnisch hervorgehoben und gesondert unterschrieben werden. Besser noch erfolgt der Hinweis individuell, etwa durch entsprechenden handschriftlichen Zusatz, den man vom Sicherungsgeber unterschreiben lässt.

Formulierungsvorschlag:

Ich wurde darauf hingewiesen, dass die von mir bestellte Grundschuld über den gewährten Kredit hinaus alle, auch künftige Ansprüche sichert, die die Bank gegen meinen Mann aus der bankmäßigen Geschäftsverbindung hat, seien sie privater oder geschäftlicher Natur. Ich erkläre mich damit ausdrücklich einverstanden.

gez. Müller

(b) Einen überraschenden Charakter hat eine weite Zweckerklärung regelmäßig auch dann nicht, wenn ihre Vereinbarung in keinem zeitlichen Zusammenhang mit einer Kreditgewährung steht. Hier kann der Drittsicherungsgeber vorn vornherein nicht annehmen, dass die Grundschuld einem bestimmten Kredit zuzuordnen ist und nur diesen absichert.

Dies gilt jedoch nicht uneingeschränkt.

Eheleute Müller haben den ihnen gewährten Kredit auf ihrem Haus mit einer nur auf den Kredit bezogenen Zweckerklärung abgesichert. Herr Müller legt seiner Frau ein Jahr später eine von der Bank vorbereitete Zweckerklärung vor, wonach die Grundschuld nunmehr alle bankmäßigen Ansprüche aus der Geschäftsverbindung mit ihm sichere und lässt diese unterschreiben.

Auch bei einer nachträglichen Erweiterung der Zweckerklärung bleibt das Risiko, dass sich der Drittsicherungsgeber ihrer Konsequenzen nicht bewusst ist, etwa, dass damit auch geschäftliche beziehungsweise sich erst künftig ergebende Ansprüche der Bank mit umfasst sind. Es sollte daher auch in diesen Fällen vorsorglich eine individuelle Belehrung erfolgen. Keinesfalls sollte man die Beibringung einer erweiterten Zweckerklärung einem Dritten, etwa dem Ehemann, überlassen.

(c) Die Vereinbarung einer weiten Zweckerklärung mit einem Drittsicherungsgeber ist unbedenklich, wenn dieser mit dem persönlichen Schuldner eng verbunden ist und für ihn das Risiko künftiger, von der Sicherungsgrundschuld erfasster Verbindlichkeiten berechenbar und vermeidbar ist.

Beispiel *Müller, Geschäftsführer und Gesellschafter der Firma Müller GmbH, lässt sich für diese von der Bank einen Firmenkredit gewähren, den er durch Grundschuld auf seinem Privathaus mit weitem Sicherungszweck absichert.*

Der

- Geschäftsführer einer GmbH,
- Vorstand einer AG und
- persönlich haftende Gesellschafter einer OHG oder KG,

aber auch

- der Mehrheitsgesellschafter von GmbH und AG und
- der Kommanditist einer KG, der die Mehrheit der Anteile an der Gesellschaft hat,

hat es in der Hand, wie sich künftig Kredite der Gesellschaft entwickeln, ob diese zurückgeführt werden oder erweitert werden.

Solche Personen sind daher nach der Rechtsprechung nicht schutzbedürftig, sodass mit ihnen als Sicherungsgeber auch aus Anlass der Gewährung eines bestimmten Darlehens ein Sicherungszweck vereinbart werden kann, der alle, auch künftigen Ansprüche der Bank gegen die Gesellschaft umfasst.

Eine solche enge Verbundenheit von Kreditnehmer und Sicherungsgeber liegt aber nicht vor, bei

- Eheleuten und
- nahen Verwandten.

Das Gleiche gilt für

- Minderheitsgesellschafter einer GmbH und AG und
- Kommanditisten einer KG ohne Anteilsmehrheit.

Diese Personen sind zwar mit dem Kreditnehmer verbunden, haben aber keinen entscheidenden Einfluss auf die künftige Entwicklung auf die Bankverbindlichkeiten; sie sind und bleiben trotz ihrer Verbundenheit mit dem Darlehensnehmer schutzwürdig.

11.6 Grundschuld und Haustürwiderrufsrecht

Wie bei der Bürgschaft findet das Haustürwiderrufsrecht (§§ 312, 355 BGB) auch bei der Grundschuld nur Anwendung, wenn Kreditnehmer und Sicherungsgeber Verbraucher sind (vgl. 9.1.7).

Damit ist das Haustürwiderrufsrecht für die Sicherung von Firmenkrediten bedeutungslos.

Anders bei Konsumentenkrediten. Trifft die Bank mit dem (Dritt-)Sicherungsgeber eine Vereinbarung, in der er sich zur Grundschuldbestellung verpflichtet, unterliegt diese dem Haustürwiderrufsrecht. Die Verpflichtung zur Grundschuldbestellung wird als „entgeltliche Leistung" im Sinne des § 312 I BGB angesehen, auch wenn sie uneigennützig erfolgt. Die Grundschuldbestellung als solche löst dagegen kein Widerrufsrecht aus.

11.7 Abstraktes Schuldversprechen und Vollstreckungsunterwerfung

Regelmäßig wird in die notarielle Grundschuldbestellungsurkunde eine Regelung aufgenommen, wonach der Sicherungsgeber die persönliche Haftung für die Grundschuldforderung nebst Zinsen übernimmt und sich wegen dieser Forderung der sofortigen Zwangsvollstreckung in sein gesamtes Vermögen unterwirft. Es handelt sich dabei um ein abstraktes Schuldversprechen (§ 780 BGB).

Abstrakt ist das Schuldversprechen, weil es als eigenständiger schuldrechtlicher Anspruch neben der Darlehensforderung und der Grundschuldforderung besteht. Allerdings ist auch hier die Bank treuhänderisch gebunden. Sie darf den Anspruch nur geltend machen, wenn die Grundschuldforderung (und die durch sie gesicherte Darlehensforderung) noch besteht und fällig ist.

Mit der Vollstreckungsunterwerfung erspart sich die Bank die Führung eines Rechtsstreits. Sie hat die Möglichkeit, im Sicherungsfall aus der Urkunde sofort in das (übrige) Vermögen des Schuldners zu vollstrecken.

Eine solche Vereinbarung ist unbedenklich, wenn Kreditnehmer und Sicherungsgeber identisch sind, wenn also die Grundschuld auf einem eigenen Grundstück des Schuldners bestellt wird.

In der neueren Rechtsprechung bestehen aber Tendenzen, auch in diesen Fällen der Vollstreckungsunterwerfung überraschenden Charakter beizumessen, wenn auf sie nicht in der Urkunde deutlich hingewiesen wird, etwa durch eine hervorgehobene Überschrift.

Dagegen verstößt die formularmäßige Vereinbarung eines abstrakten Schuldversprechens gegen AGB-Recht, wenn sie einem Drittsicherungsgeber abverlangt wird (§ 307 BGB). Dieser geht bei der Bestellung einer Grundschuld davon aus, dass er nur mit dem belasteten Grundstück haftet. Hätte die Bank bei seinem Schuldversprechen die Möglichkeit, auf sein übriges Vermögen zuzugreifen, stünde er einem Bürgen oder Mithaftenden gleich.

11.8   Tilgungsregelungen

Die Grundschuld gewährt der Bank eine eigene, vom gesicherten Darlehen losgelöste Forderung. Im Sicherungsfall hat die Bank als Gläubigerin die Möglichkeit, nach ihrer Wahl

- aus der Grundschuld vorzugehen oder
- den gesicherten Darlehensrückerstattungsanspruch geltend zu machen oder aber
- beide Ansprüche gleichzeitig zu realisieren.

Dies wirft die Frage auf, wie Leistungen des Kunden bei Realkrediten zu verrechnen sind.

11.8.1   Bestimmungsrecht des Kunden

Ist der Schuldner dem Gläubiger aus mehreren Schuldverhältnissen zu Geldleistungen verpflichtet und reicht die Leistung zur Tilgung aller Verbindlichkeiten nicht aus, so wird die Schuld getilgt, die er bei der Leistung angibt (§ 366 I BGB). Der Leistende hat mithin ein Bestimmungsrecht.

Die Bank ist an die Tilgungsbestimmung des Kunden gebunden. Sie darf die Zahlung nicht auf die ungesicherte Kontoüberziehung verrechnen.

11.8.1.1 Tilgungsbestimmung beim Realkredit

Dieser Grundsatz gilt auch, wenn der Kreditnehmer gleichzeitig aus dem abgeschlossenen Darlehensvertrag und aus einer diesen sichernden Grundschuld haftet. Der Kunde kann bestimmen, ob er mit seiner Leistung

- den schuldrechtlichen Rückerstattungsanspruch aus dem Kreditverhältnis oder
- den dinglichen Anspruch aus der Grundschuld oder
- beide tilgt.

Erfüllt der Kunde ausdrücklich den Darlehensanspruch und sichert die Grundschuld nur diesen, kann er die Rückgewähr der Grundschuld fordern. Er wird also nur das Darlehen tilgen, wenn er sich die Grundschuld erhalten will.

Würde er, was wohl selten der Fall sein wird, nur auf die Grundschuld zahlen, brächte er nur diese zum Erlöschen. Die Darlehensforderung bliebe bestehen. Würde die Bank die Darlehensforderung nach Zahlung geltend machen, stünde dem der Grundsatz von Treu und Glauben entgegen (§ 242 BGB). Ergibt sich doch aus der Sicherungsabrede, dass die Bank die Leistung nur einmal fordern darf.

Zahlt der Kunde ausdrücklich auf Darlehens- und Grundschuldforderung, bringt er damit beide zum Erlöschen. Der Kunde kann von der Bank eine Löschungsbewilligung fordern und die (nicht mehr existente, im Grundbuch aber noch eingetragene) Grundschuld löschen lassen (§ 894 BGB).

Anders sind die Rechtsfolgen bei der Hypothek (vgl. 11.2). Jede Zahlung auf das Darlehen bringt zwangsläufig die Hypothek zum Erlöschen und wandelt sie in eine Eigentümergrundschuld um. Der Kunde kann das Grundbuch berichtigen lassen (§ 894 BGB).

11.8.1.2 Antizipierte Tilgungsbestimmung

Oft wird die Tilgungsbestimmung des Leistenden vorweggenommen, indem bereits beim Abschluss des Realkreditvertrags eine Vereinbarung zwischen Bank und Kunde darüber getroffen wird, wie Tilgungsleistungen zu verrechnen sind.

Solche Verrechnungsvereinbarungen sind wirksam. Der Kunde begibt sich damit seinem Bestimmungsrechts nach § 366 I BGB. Er kann von der Vereinbarung einseitig nicht mehr abweichen.

11.8.1.3 Tilgungsbestimmung durch schlüssiges Verhalten

Eine konkludente Tilgungsbestimmung des Kunden kann auch darin gesehen werden, dass er eine Verrechnungserklärung der Bank widerspruchslos hinnimmt.

Beispiel   *Die Bank hat Müller mitgeteilt, dass sie die Ablösesumme ausschließlich auf die Kreditforderung verrechnet. Müller widerspricht dem nicht.*

In diesem Fall bleibt die Grundschuld bestehen. Die Bank kann davon ausgehen, dass dies im Interesse des Kunden ist, da er im anderen Fall der Ankündigung entgegengetreten wäre.

11.8.2 Auslegungsregeln

Regelmäßig wird der Kunde nicht ausdrücklich erklären, wie seine Leistung zu verrechnen ist. Für diesen Fall hat die Rechtsprechung eine Reihe von Auslegungsregeln entwickelt. Sie kommen dann zum Tragen, wenn sich aus den Umständen des Einzelfalls kein abweichender Wille des Leistenden ergibt. Voraussetzung ist stets, dass Darlehen und Sicherung deckungsgleich sind, die Grundschuld also nicht noch andere Bankverbindlichkeiten sichert.

11.8.2.1 Zahlung durch Kreditschuldner als Sicherungsgeber

Beispiele   *Müller zahlt den Realkredit in den vereinbarten Raten zurück.*
Müller nimmt eine mit der Bank vereinbarte Sondertilgung vor und löst den Realkredit durch eine Einmalzahlung ab.

Erbringt der Kunde bei einem Annuitätendarlehen die vereinbarten Raten ist davon auszugehen, dass er damit nur das Darlehen tilgen will. Die Grundschuld bleibt bestehen. Anders kann seine Interessenlage sein, wenn er einen Realkredit vorzeitig tilgt. Grundsätzlich wird man davon ausgehen, dass ein Kreditschuldner, der gleichzeitig Sicherungsgeber ist, Darlehens- und Grundschuldverbindlichkeit tilgen will, wenn er kein erkennbares Interesse am Erhalt der Grundschuld hat.

11.8.2.2 Zahlung durch Drittsicherungsgeber

Dies gilt nicht für Drittsicherheiten.

Beispiel *Müller hat von der Bank zum Aufbau seiner Firma einen Kredit erhalten, der jederzeit rückzahlbar ist. Müller sen. hat auf seinem Haus zur Sicherung des Kredits eine Grundschuld bestellt.*

Hier fallen persönlicher Schuldner und dinglicher Schuldner auseinander. Im Falle einer Zahlung verfolgt jeder von ihnen zunächst eigene Interessen.

Zahlt der Sicherungsgeber die geschuldete Summe, wird er im Zweifel auf die Grundschuldverbindlichkeit zahlen und diese zum Erlöschen bringen.

So verhindert er, aus der Grundschuld in Anspruch genommen zu werden. An der Tilgung der Darlehensforderung hat er kein Interesse. Er könnte vielmehr von der Bank fordern, dass ihm diese zur Stützung seines Rückgriffsanspruchs Zug um Zug gegen Zahlung abgetreten wird.

> Ein gesetzlicher Forderungsübergang wie bei der Hypothek (§ 1143 I 1 BGB) findet bei der Grundschuld nicht statt. Der gesetzliche Forderungsübergang bei der Hypothek ist eine Folge ihrer Akzessorietät. Bei der Grundschuld hat aber der Drittsicherungsgeber gegenüber der Bank einen Anspruch auf Abtretung der gesicherten Darlehensforderung, wenn er aus der Grundschuld in Anspruch genommen wird.

Zahlt der Kreditschuldner, wird er regelmäßig nur seine Darlehensverbindlichkeit tilgen, weiß er doch nicht, ob die Grundschuld nicht noch für andere, etwa eigene Bankverbindlichkeiten des Sicherungsgebers haftet.

11.8.2.3 Zahlung durch Erwerber

Hat der Käufer der sichernden Immobilie eine Grundschuld übernommen, ohne die ihr zu Grunde liegende Darlehensforderung mit zu übernehmen, wird er im Falle der Ablösung der Grundschuld nur diese tilgen wollen, um das Grundstück lastenfrei zu bekommen.

Das Gleiche gilt für den Ersteher einer Immobilie im Wege der Zwangsversteigerung.

11.8.2.4 Zahlung durch den Insolvenzverwalter

Zahlt der Insolvenzverwalter in der Insolvenz des Sicherungsgebers, wird er im Zweifel die Grundschuldforderung tilgen, um das Recht zur abgesonderten Befriedigung des Gläubigers zu erfüllen.

Eine Verrechnungsvereinbarung zwischen Bank und Kunde bindet ihn nicht.

11.8.3 Grenzen der Tilgungsbestimmung

11.8.3.1 Kreditschuldner ist Sicherungsgeber

Der Schuldner hat ein Tilgungsbestimmungsrecht nur, wenn er freiwillig zahlt. Wird er im Wege der Zwangsvollstreckung in Anspruch genommen, liegt keine zur Erfüllung seiner Verbindlichkeit erbrachte Leistung vor (§ 366 I BGB); die Verteilung des Erlöses hat nach §§ 366 II, 367 BGB zu erfolgen (vgl. 4.2.3.3). Auch dann, wenn die Sicherheit für mehrere Forderungen der Bank haftet, kann der Kreditnehmer nicht bestimmen, auf welche der Forderungen der Erlös zu verrechnen ist. Auch hier richtet sich die Tilgung der mehreren Forderungen nach den Grundsätzen der §§ 366 II, 367 BGB.

11.8.3.2 Drittsicherungsgeber

Das Gleiche gilt, wenn der Drittsicherungsgeber in Anspruch genommen wird. Insbesondere steht dem Gläubiger frei, welche von mehreren Sicherheiten er in Anspruch nimmt.

Beispiel *Die Bank gewährte Müller jun. einen Firmenkredit, für welchen Müller sen. an seinem Haus eine Grundschuld bestellte. Sie ließ sich später auch am Haus von Müller jun. eine Grundschuld bestellen und zwar mit weiter Zweckerklärung. Müller jun. gerät in Insolvenz. Die Bank verrechnet den Erlös aus der Versteigerung des Hauses von Müller jun. auf anderweitige Verbindlichkeiten und nimmt Müller sen. voll für den Firmenkredit in Anspruch.*

Auch dann, wenn die Drittsicherheit aus uneigennützigen Motiven gewährt wurde, braucht der Gläubiger auf die Interessen des Sicherungsgebers keine Rücksicht zu nehmen. Er kann den Erlös aus vom Schuldner selber gewährten Sicherheiten auf die Forderungen verrechnen, die durch die Fremdgrundschuld nicht gesichert sind und ihm damit geringere Sicherheiten bieten (§ 366 II BGB).

11.9 Rückgewähranspruch

Das Schicksal der Sicherungsgrundschuld ist unterschiedlich, ob der Kunde auf die Grundschuldforderung oder auf die gesicherte Darlehensforderung zahlt.

Tilgt er die Grundschuldforderung, wird diese zur Eigentümergrundschuld (entspr. § 1143 BGB). Soweit die Bank noch als Inhaberin der Grundschuld im Grundbuch steht, ist das Grundbuch unrichtig und muss berichtigt werden. Der Kunde hat einen Berichtigungsanspruch.

Der Kunde kann von der Bank die Zustimmung zur Berichtigung in eine Eigentümergrundschuld fordern (§ 894 BGB). Er kann aber auch die Einwilligung der Löschung der Grundschuld verlangen.

Anderes gilt, wenn der Kunde, wie dies bei einem ordnungsgemäß zurückgezahlten Darlehen regelmäßig erfolgt, die gesicherte Darlehensforderung tilgt. Dies lässt die Grundschuld bestehen. Die Bank ist um sie ungerechtfertigt bereichert. Der Kunde kann ihre Rückgewähr fordern.

Der Rückgewähranspruch ist bei allen nicht akzessorischen Sicherheiten gegeben, also auch bei Sicherungseigentum und sicherungshalber erfolgter Abtretung von Forderungen. Ist der Sicherungszweck entfallen, ist die Sicherheit zurück zu gewähren. Diese Verpflichtung ergibt sich bereits aus der Sicherungsvereinbarung.

11.9.1 Entstehen und Fälligkeit des Rückgewähranspruchs

Der Rückgewähranspruch ist ein schuldrechtlicher Anspruch. Er entsteht bereits mit der Bestellung der Grundschuld, ist aber aufschiebend bedingt durch den Fortfall des Sicherungszwecks.

11.9.1.1 Bei Sicherung eines Festkredits

Dient die Grundschuld zur Sicherung eines bestimmten Kredits, ist der Rückgewähranspruch fällig, wenn der Kredit zurückbezahlt ist.

Der Grundsatz gilt nicht uneingeschränkt.

Beispiel *Müller hat von der Bank einen Kredit über 100.000 Euro erhalten und diesen durch eine Grundschuld auf seinem Haus abgesichert. 50.000 Euro sind zurückbezahlt. Müller möchte den frei gewordenen Teil der Grundschuld zur Sicherung eines Kredits nutzen, den ihm die Sparkasse gewähren will.*

Hat der Kunde erst einen Teil des gesicherten Kredits zurückbezahlt, kann er von der Bank die Rückgewähr eines entsprechenden Teils der Grundschuld fordern. Es liegt ein Fall der (nachträglichen) Übersicherung vor, die zur Freigabe des nicht mehr benötigten Teils der Sicherheit verpflichtet.

Zurückzugewähren ist der letztrangige Teil der Grundschuld, sodass die zu bildende Eigentümergrundschuld der Sicherungsgrundschuld im Rang nachsteht. Es entstehen mithin zwei Teilgrundschulden. Bei einer Briefgrundschuld geschieht dies durch Bildung von Teilgrundschuldbriefen.

11.9.1.2 Bei Sicherung eines Kontokorrentkredits

Besonderheiten sind zu beachten, wenn die Grundschuld einen Kontokorrentkredit sichert.

Beispiel   *Müller hat von der Bank einen Kontokorrentkredit über 100.000 Euro eingeräumt bekommen, zu dessen Sicherheit er auf seinem Haus eine Grundschuld in gleicher Höhe bestellt hat. Er nimmt den Kredit nur in Höhe von 50.000 Euro in Anspruch.*

So lange die Kontokorrentabrede besteht, so lange also die Möglichkeit seiner Inanspruchnahme gegeben ist, kann die Grundschuld nicht (teilweise) zurückgefordert werden und zwar auch dann nicht, wenn der Kredit gar nicht genutzt wird. Der Kunde muss mit der Bank die Kontokorrentvereinbarung abändern oder aufheben, um die (teilweise) Zurückgewähr der Sicherheit fordern zu können.

11.9.1.3 Bei weiter Zweckerklärung

Ist die Grundschuld wirksam zur Sicherung aller, auch künftiger Ansprüche aus der bankmäßigen Geschäftsverbindung des Kunden bestellt, verbleibt sie der Bank bis zur endgültigen Beendigung des Bankrechtsverhältnisses, also so lange, bis alle Ansprüche der Bank erfüllt sind und feststeht, dass Ansprüche künftig nicht mehr entstehen. Auch hier kann sich aber ein Rückgewähranspruch wegen Übersicherung ergeben.

Beispiel   *Firma Müller GmbH hat der Bank zur Sicherung aller Ansprüche aus der Geschäftsbeziehung eine Grundschuld in Höhe von 300.000 Euro gewährt. Sie kündigt die Geschäftsbeziehung und wechselt zur Sparkasse. Nur ein Kredit bleibt davon unberührt, für den Firma Müller GmbH bei vorzeitiger Ablösung Vorfälligkeitsentschädigung zahlen müsste. Der Kredit beläuft sich noch auf 100.000 Euro*

Der Kunde kann Freigabe des nicht mehr benötigten Grundschuldteils fordern. Die Möglichkeit künftiger weiterer Ansprüche, etwa durch Wiederaufnahme der Geschäftsbeziehung ist nicht realistisch.

11.9.1.4 Ausnahmen

In Ausnahmefällen kann die Bank verpflichtet sein, die Grundschuld zu löschen, obwohl der Sicherungszweck fortbesteht.

Beispiel   *Die Bank hat Firma Müller Bauträger GmbH einen Kredit über 500.000 Euro gewährt zur Finanzierung der Herstellungskosten eines Mehrfamilienhauses. Der Kredit wurde mit weiter Zweckerklärung auf dem Baugrundstück abgesichert. Firma Müller verkauft einzelne Wohnungen aus dem Objekt. Die Kaufpreisforderungen sind an die Bank zur Rückführung des Kredits abgetreten.*

Hier ist die Bank den Erwerbern gegenüber verpflichtet, das Wohnungseigentum von der Grundschuldhaftung freizustellen, obwohl die Grundschuld noch andere, auch künftige Bankverbindlichkeiten des Bauträgers sichert. Sie würde sonst den Zweck des Geschäfts gefährden, dem Käufer gegen Zahlung (lastenfreies) Eigentum zu verschaffen (vgl. 11.3.4). Dies gilt jedoch nur dann, wenn der Bank der Erlös aus den Verkäufen zufließt.

11.9.2   Parteien des Rückgewähranspruchs

Die Grundschuld ist vom Sicherungsnehmer dem Sicherungsgeber zurückzugewähren.

11.9.2.1 Sicherungsnehmer

Die Rückgewähr schuldet die Bank, mit der die Sicherungsvereinbarung getroffen wurde.

Hat die Bank Darlehensforderung und Grundschuld an einen Dritten abgetreten, geht damit nicht automatisch auch die Verpflichtung über, die Grundschuld nach Erfüllung des Sicherungszwecks zurück zu gewähren. Solches muss bei der Abtretung ausdrücklich vereinbart werden. Wird das versäumt, schuldet die Bank als Zedentin weiter die Rückgewähr, ist aber auf Grund der Abtretung dazu nicht mehr in der Lage.

Der Kunde kann aber dem Zessionar entgegenhalten, dass die Grundschuld nicht mehr valutiert und den Verzicht auf sie verlangen (§§ 812, 1169, 1192 BGB).

11.9.2.2 Sicherungsgeber

Sicherungsgeber ist zunächst, mit wem der Sicherungsvertrag geschlossen wurde. Dies wird regelmäßig der Darlehensschuldner sein. Die Frage nach dem Sicherungsgeber ist einfach, wenn der Darlehensschuldner zugleich Eigentümer des sichernden Grundstücks ist.

Dagegen ist stets mit besonderer Sorgfalt zu klären, wer Sicherungsgeber ist, wenn ein Dritter das Darlehen besichert. Oft tritt der Dritte mit der Bank gar nicht in Kontakt.

Beispiel *Müller verhandelt mit der Bank wegen eines Firmenkredits. Da er eigene Sicherheiten nicht bieten kann, schlägt er vor, mit seinem Vater zu sprechen, dass dieser auf seinem unbelasteten Wohnhaus eine Sicherungsgrundschuld bestellt.*

Sicherungsgeber ist, wer aus seinem Vermögen die Sicherheit stellt (vgl. 11.5.1). Dies ist im Beispielsfall Müller sen.

Das muss auch dann gelten, wenn die Bank die Sicherungsvereinbarung mit dem Kreditschuldner und nicht dem Sicherungsgeber getroffen hat. Der Kunde handelt dabei als Vertreter des Drittsicherungsgebers, auch wenn dies in der Vereinbarung nicht zum Ausdruck kommt. Wirksam ist die Sicherungsvereinbarung aber nur dann, wenn sie mit dem Drittsicherungsgeber abgestimmt war. Unser Recht kennt keinen Vertrag zu Lasten eines Dritten.

Regelmäßig wird daher die Grundschuld dem (mit dem Darlehensnehmer nicht identischen) Eigentümer des belasteten Grundstücks zurück zu gewähren sein. Dies gilt insbesondere dann, wenn er die Sicherheit aus uneigennützigen Motiven stellte.

Anders ist Sach- und Rechtslage, wenn die Grundschuld bereits zum Vermögen des Darlehensnehmers gehörte und dieser sie an die Bank abtritt (vgl. 11.5.1). In solchen Fällen ist der Zedent und nicht der Eigentümer Sicherungsgeber.

Besondere Vorsicht ist geboten, wenn der Bank zur Sicherung eines Darlehens eine bereits für ihren Kunden (oder einen mit dem Eigentümer des belasteten Grundstücks nicht identischen Dritten) bestellte Grundschuld abgetreten wird. Hier muss sie damit rechnen, dass die Grundschuld auch weitere Ansprüche gegen den Eigentümer sichert. Sie muss die Grundschuld in einem solchen Fall dem Kunden (oder dem Dritten) zurück gewähren, indem sie sie abtritt. Erteilt sie stattdessen dem Eigentümer eine Löschungsbewilligung, macht sie sich dem Kunden (oder Dritten) gegenüber schadenersatzpflichtig.

Ähnliche Probleme stellen sich bei einem Eigentumswechsel am belasteten Grundstück (vgl. 11.9.4.1).

11.9.3 Arten der Rückgewähr

Die Rückgewähr einer Grundschuld kann erfolgen durch

- Verzicht,
- Aufhebung oder
- Abtretung.

11.9.3.1 Verzicht auf die Grundschuld

Verzichtet die Bank auf die Grundschuld, wird diese zur Eigentümergrundschuld (§§ 1168 I, 1192 BGB). Der Verzicht kommt mithin stets dem Eigentümer zugute. Er verbietet sich, wenn der Eigentümer nicht Sicherungsgeber ist (vgl. 11.9.2.2).

> Der Verzicht wird durchgeführt durch (formlos gültige) Verzichtserklärung der Bank und Eintragung im Grundbuch. Die Eintragung des Verzichts bedarf der Bewilligung durch die Bank in notarieller Form.

11.9.3.2 Aufhebung der Grundschuld

Die Grundschuld wird aufgehoben durch deren Löschung (§ 875 BGB). Hier entsteht keine Eigentümergrundschuld. Nachrangige Grundpfandrechte rücken vor.

Dies wird nicht immer im Interesse des Eigentümers sein. Er möchte die Rangstelle vielleicht anderweitig nutzen. Aus diesem Grund bedarf die Löschung der Zustimmung des Eigentümers (§§ 1183, 1192 BGB).

> Vollzogen wird die Aufhebung, indem die Bank dem Eigentümer eine notarielle Löschungsbewilligung gibt und dieser die Löschung beantragt.

Auch die Löschung kommt dem Eigentümer zugute, indem die Belastung entfällt. Sie verbietet sich ebenfalls, wenn der Eigentümer nicht zugleich der Sicherungsgeber ist.

11.9.3.3 Abtretung der Grundschuld

Sind Eigentümer des belasteten Grundstücks und Sicherungsgeber nicht identisch, kommt nur die Abtretung der Grundschuld an den Sicherungsgeber in Betracht. Auf diese Weise bleibt dem Sicherungsgeber die Grundschuld als Sicherungsmittel erhalten.

Ist der Darlehensnehmer zugleich Eigentümer der sichernden Immobilie und erfolgt die Abtretung an ihn, entsteht dagegen eine Eigentümergrundschuld (zur Form der Abtretung vgl. 11.4.3).

11.9.4 Wahlrecht des Sicherungsgebers

In welcher Weise die Grundschuld nach Erledigung des Sicherungszweck zurückzugewähren ist, kann – abweichend vom Grundsatz des § 262 BGB – der Sicherungsgeber entscheiden. Hat er sich für eine Rückgabeart entschieden, ist seine Wahl bindend (§ 263
BGB). Entscheidet sich der Sicherungsgeber nicht binnen einer ihm gesetzten angemessenen Frist, geht das Wahlrecht auf die Bank über (§ 264 II BGB).

11.9.4.1 Vereinbarungen über den Rückgewähranspruch

Oft werden schon in der Sicherungsvereinbarung formularmäßig Regelungen getroffen,
in welcher Weise die Grundschuld zurück zu gewähren ist. Dies stellt die Frage nach der
Wirksamkeit solcher Vereinbarungen, insbesondere nach AGB-Recht.

> Wird eine Vereinbarung darüber getroffen, an wen die Grundschuld zurück zu gewähren ist,
> ist sie unwirksam, wenn sie nicht mit dem Sicherungsgeber getroffen wurde (vgl. 11.8.2.3).
> Die vertragliche Bestimmung des Rückgewährberechtigten ist daher entbehrlich. Sie enthebt
> bei Fremdgrundschulden die Bank nicht der Prüfung, an wen sie die Grundschuld zurück zu
> gewähren hat.

Zumeist erfolgen Einschränkungen des Rückgewähranspruchs durch Vereinbarung eines
Abtretungsverbots, sodass der Sicherungsgeber nur Verzicht oder Löschung der Grundschuld fordern kann.

Ein solches Abtretungsverbot ist aber unwirksam (§§ 305 c, 307 BGB), wenn Sicherungsgeber und Eigentümer nicht identisch sind. Kann die Bank in diesen Fällen die
Grundschuld doch nur durch Abtretung zurück gewähren (vgl. 11.9.2.2).

Die gleiche Interessenlage kann sich in Fällen des Eigentumswechsels an der belasteten
Immobilie ergeben.

Beispiel *Müllers Haus wird zwangsversteigert. Meyer erwirbt es unter Übernahme
der Grundschuld. Die Grundschuld über 100.000 Euro valutiert noch mit
50.000 Euro. Später löst er die Grundschuld durch Zahlung von 50.000 Euro ab.*

Im Beispielsfall steht der Rückgewähranspruch zur Hälfte dem früheren Eigentümer zu,
da die übernommene Grundschuld nur noch zur Hälfte valutierte und insoweit ein Teilrückgewähranspruch entstanden ist, der durch die Zwangsversteigerung nicht berührt
wird. Nach Eigentumsverlust kann die (teilweise) Rückgewähr an den früheren Eigentümer nur noch durch Abtretung erfolgen. Ist eine solche vertraglich ausgeschlossen, könnte die Bank ihre Verpflichtung nicht mehr ordnungsgemäß erfüllen.

Ob ein formularmäßiges Abtretungsverbot für den Fall vereinbart werden kann, dass Darlehensschuldner und Sicherungsgeber identisch sind (und bleiben), ist durch die Rechtsprechung noch nicht geklärt.

Oft wird statt eines Abtretungsverbots vereinbart, dass die Abtretung nur mit Zustimmung der Bank als Sicherungsnehmerin erfolgen kann. Ein solcher Zustimmungsvorbehalt dürfte rechtlich unbedenklich sein, hat doch die Bank ein Interesse daran zu wissen, an wen sie nach Tilgung des Darlehens die Grundschuld zurück zu gewähren hat. Die Bank wird allerdings ihre Zustimmung zur Abtretung nur dann versagen dürfen, wenn eigene Interessen dem entgegenstehen (§ 242 BGB).

11.9.5 Abtretung des Rückgewähranspruchs

Der Rückgewähranspruch ist ein eigenständiger Anspruch, der mit der Grundschuld nur über die Sicherungsvereinbarung verbunden ist, indem er bei Fortfall des Sicherungszwecks zu erfüllen ist. Er kann abgetreten und gepfändet werden.

11.9.5.1 Abtretung zur Verstärkung

Regelmäßig lässt sich die Bank bei Bestellung einer nachrangigen Sicherheit die Rückgewähransprüche abtreten, die ihrem Kunden aus vorausgehenden Grundschulden zustehen.

Beispiel *Müller hat von der Sparkasse einen Kredit aufgenommen über 150.000 Euro, der durch erstrangige Grundschuld auf seinem Haus abgesichert wurde. Er erhält von der Bank einen weiteren Realkredit über 100.000 Euro mit Absicherung an zweiter Rangstelle. Zugleich lässt sich die Bank den Rückgewähranspruch von Müller abtreten, den dieser gegen die Sparkasse hat.*

Zur Erinnerung:

Der Rückgewähranspruch entsteht bereits bei Abschluss der Sicherungsvereinbarung und Eintragung der Grundschuld im Grundbuch. Seine Fälligkeit ist aber aufschiebend bedingt durch Fortfall des Sicherungszwecks, bei der Sicherung eines Darlehens mit dessen Tilgung. Der Rückgewähranspruch ist daher bereits vor Fälligkeit abtretbar. Im Übrigen können auch künftige Ansprüche abgetreten werden, wenn sie bei Abtretung hinreichend bestimmt sind.

Durch den ihr abgetretenen Rückgewähranspruch hat die Bank die Möglichkeit, bei dessen Fälligkeit, also bei Tilgung des Darlehens der Sparkasse, deren Grundschuld löschen zu lassen und damit mit ihrem Grundpfandrecht an die erste Rangstelle zu rücken (vgl. 11.9.3.2).

Die Abtretung von Rückgewähransprüchen aus vorgehenden Grundpfandrechten dient daher der Verstärkung der Rechtsposition der Bank. Sie ist rechtlich unbedenklich, auch wenn sie formularmäßig erfolgt.

> Da die Abtretung nur zur Verstärkung ihrer Rechtsposition als Grundpfandrechtsgläubigerin dient, darf die Bank sie aber auch nur mit dieser Einschränkung nutzen. Sie darf das ihr abgetretene Grundpfandrecht nicht neben der ihr bestellten Grundschuld als weitere Sicherheit, etwa für nicht gesicherte Kredite, nutzen.

11.9.5.2 Eigenständige Abtretung

Der Rückgewähranspruch des Sicherungsgebers bei der Grundschuldsicherung kann aber auch als eine eigenständige Rechtsposition abgetreten werden.

> *Beispiel* *Müller hat auf seinem Haus einen Kredit der Sparkasse erstrangig abgesichert. Die Bank ist nur dann bereit, einen weiteren grundpfandrechtlich an zweiter Rangstelle abgesicherten Kredit zu gewähren, wenn Müller zur Absicherung weiterer Bankverbindlichkeiten seinen Rückgewähranspruch abtritt.*

In diesem Fall dient der abgetretene Rückgewähranspruch nicht nur zur Verbesserung der Rangstelle für den gewährten Realkredit, sondern stellt eine eigenständige Sicherung dar. Die Bank ist berechtigt, im Sicherungsfall die ihr zurück zu gewährende Grundschuld zusätzlich zu verwerten.

> Eine solche Vereinbarung gewährt der Bank als Gläubigerin eine Rechtsposition, die über die Sicherung des gewährten Kredits hinaus geht, die Anlass für die Sicherung war. Nach der Anlassrechtsprechung des BGH kann dies für den Sicherungsgeber überraschenden Charakter haben und deshalb nichtig sein (§ 305 c BGB). Die als zusätzliche Sicherheit erfolgte Abtretung sollte daher in einer gesonderten Urkunde erfolgen oder zumindest im Text hervorgehoben und gesondert unterschrieben werden.
>
> Dies gilt insbesondere im Falle einer Fremdgrundschuld. Der Sicherungsgeber, der für eine fremde Schuld ein Grundpfandrecht bestellt, rechnet nicht damit, über den gesicherten Kredit und die bestellte Grundschuld hinaus für weitere Verbindlichkeiten des Darlehensnehmers zu haften. Eine Klärung dieser Fragen durch die Rechtsprechung ist noch nicht erfolgt.

11.9.5.3 Abtretung in Veräußerungsfällen

Der Rückgewähranspruch ist ein eigenständiger Anspruch und kein Nebenrecht der Grundschuld. Er geht bei Übertragung der Grundschuld nicht mit dieser auf den Erwerber über (§ 401 BGB) und muss daher gesondert abgetreten werden. Dies kann in Veräußerungsfällen zu Schwierigkeiten führen.

Beispiel   *Müllers Haus ist mit einer Grundschuld in Höhe von 100.000 Euro belastet, die noch in voller Höhe valutiert. Er verkauft sein Haus an Meyer, wobei dieser unter Anrechnung auf den Kaufpreis die Darlehensverbindlichkeit übernimmt. Meyer löst später den Kredit ab. Der Kaufvertrag enthält keine Regelung über den Rückgewähranspruch.*

Die Abtretung des Rückgewähranspruchs ist formlos gültig. Sie kann sich auch aus den Umständen des Rechtsgeschäfts ergeben, also konkludent erklärt werden. Eine solche stillschweigende Abtretung des Rückgewähranspruchs ist nach der Rechtsprechung dann gegeben, wenn der Käufer unter Anrechnung auf den Kaufpreis die Darlehensverbindlichkeit übernimmt. Regelmäßig wird in solchen Fällen im notariellen Kaufvertrag die Abtretung des Rückgewähranspruchs vereinbart. Fehlt sie, ist dies für den Erwerber nicht schädlich.

11.9.5.4 Übererlös

Beispiel   *Müller hat von der Bank ein Darlehen erhalten, welches auf seinem Haus durch eine Grundschuld über 100.000 Euro abgesichert ist. Das Darlehen ist bis auf 50.000 Euro zurückbezahlt. Müller verkauft sein Haus an Meyer, wobei dieser unter Anrechnung auf den Kaufpreis die Darlehensverbindlichkeit übernimmt. Ehe Meyer das Darlehen ablösen kann, kommt es zur Zwangsversteigerung. Die Bank erhält die Grundschuldsumme ausbezahlt.*

Da im Beispielsfall die Grundschuld nur noch mit 50.000 Euro valutierte, die Bank aber in der Zwangsversteigerung wegen der abstrakten Natur der Grundschuld den vollen Grundschuldbetrag ausbezahlt erhielt, liegt ein Übererlös vor, den sie auskehren muss. Die Grundschuld ist in der Zwangsversteigerung erloschen und kann nicht mehr zurückgewährt werden. An die Stelle des Rückgewähranspruchs ist der Übererlös getreten. Dieser ist dem auszuzahlen, dem bis zur Versteigerung der Rückgewähranspruch zustand.

Im Beispielsfall wäre bei einer Ablösung des Kredits die Grundschuld je zur Hälfte dem Veräußerer und dem Erwerber zurück zu gewähren gewesen. Wäre es nicht zur Zwangsversteigerung gekommen und hätte der Käufer den Kredit abgelöst, wäre der nicht mehr valutierte Teil der Grundschuld dem Käufer zurück abzutreten gewesen. Also gebührt diesem auch der Übererlös.

11.9.5.5 Rechtsposition des Zessionars

Der Rückgewähranspruch gibt dem Abtretungsempfänger das Recht, die Grundschuld bei Fortfall des Sicherungszwecks für sich zu beanspruchen. Dieses Recht ist jedoch stark eingeschränkt.

Beispiel *Müller hat bei der Bank einen Kredit aufgenommen, den er durch eine Grundschuld auf seinem Haus abgesichert hat und der in monatlichen Raten über eine Laufzeit von zehn Jahren zurück zu bezahlen war. Den Rückgewähranspruch hat er der Sparkasse als nachrangiger Grundpfandrechtsgläubigerin abgetreten. Nach neun Jahren lässt sich Müller einen neuen Kredit gewähren, wodurch sich die Laufzeit um weitere zehn Jahre verlängert.*

Die Abtretung des Rückgewähranspruchs an einen Dritten hindert den Kunden nicht, die Grundschuld zu revalutieren. Damit kann er die Fälligkeit des Rückgewähranspruchs beliebig lange hinausschieben, ohne dass der Zessionar dies verhindern kann.

Beispiel *Müller hat bei der Bank einen Kredit aufgenommen, den er durch Grundschuld auf seinem Haus absicherte. Danach nimmt er bei der Sparkasse einen weiteren Kredit auf. Die Sparkasse lässt sich den Rückgewähranspruch von Müller abtreten. Später verkauft Müller das Haus an Meyer, wobei dieser Kredit und Grundschuld unter Anrechnung auf den Kaufpreis übernimmt. Danach löst er den Kredit ab.*

Bei der Abtretung eines Rückgewähranspruchs gilt wie bei anderen Forderungsabtretungen das Prioritätsprinzip. Wird der Anspruch mehrfach abgetreten, kommt nur die erste Abtretung zum Tragen. Spätere Abtretungen gehen ins Leere.

Dennoch kann die Zessionarin, im Beispielsfall die Sparkasse, nicht verhindern, dass der Käufer auf die Grundschuld zahlt und diese zum Erlöschen bringt. Der abgetretene Rückgewähranspruch kommt nur zum Tragen, wenn die Darlehensforderung getilgt wird, die Grundschuld aber bestehen bleibt. Der Zedent kann die belastete Immobilie verkaufen, ohne dass der Zessionar zustimmen müsste.

> Die Abtretung des Rückgewähranspruchs geht auch ins Leere, wenn es zum Sicherungsfall kommt und die Bank die noch voll valutierte Grundschuld realisiert. Nur dann, wenn bei der Vollstreckung die Grundschuld nur noch teilweise valutiert und ein Übererlös erzielt wird, ist dieser an den Zessionar auszukehren (vgl. 11.9.5.4).

Als Sicherungsmittel hat der Rückgewähranspruch nur eine beschränkte Bedeutung. Durch Revalutierung der Grundschuld kann die Fälligkeit des Anspruchs immer wieder hinausgeschoben werden. Zahlt ein Dritter (Erwerber, Drittsicherungsgeber, Insolvenzverwalter) und bringt er damit die Grundschuld zum Erlöschen, geht der Rückgewähranspruch vollends ins Leere. In der Vollstreckung kommt der abgetretene Anspruch auf Rückgewähr nur dann zum Tragen, wenn ein Übererlös erzielt wird und nur in dessen Höhe. Die Abtretung des Rückgewähranspruchs kann mithin nur eine zusätzliche Sicherung sein.

11.9.5.6 *Pfändung des Rückgewähranspruchs*

Der Rückgewähranspruch unterliegt der Pfändung. Diese kann bereits erfolgen, wenn der Anspruch entstanden ist, also mit Bestellung und Eintragung der Grundschuld, kommt aber erst bei Fälligkeit zum Tragen.

> Die Pfändung erfolgt durch Zustellung eines Pfändungs- und Überweisungsbeschlusses. Die Zustellung wird bewirkt an den Sicherungsgeber als Schuldner und an die Bank als Drittschuldner. Durch die Pfändung erhält der Gläubiger an der Forderung ein Pfändungspfandrecht. Indem er sich die Forderung zur Einziehung überweisen lässt, hat er die Möglichkeit, sie zu realisieren. Dazu geht das Wahlrecht des Sicherungsgebers auf ihn über. Will der Gläubiger die Grundschuld verwerten, muss er sich auch diese zur Einziehung überweisen lassen.

Die Pfändung ist nur wirksam, wenn der Anspruch dem Kunden noch zusteht. Hat er den Anspruch auf Rückgewähr zuvor abgetreten, geht die Pfändung ins Leere.

> Ein vereinbartes Abtretungsverbot hindert die Pfändung ebenso wenig, wie ein Zustimmungsvorbehalt der Bank. Beide können aber die Unwirksamkeit einer zuvor erklärten Abtretung zur Folge haben und damit die Pfändung wirksam werden lassen.

Die Pfändung des Rückgewähranspruchs hindert die Verwertung der Grundschuld durch die Bank nicht. Nur wenn die Bank hierbei einen Übererlös erzielt, kann der Gläubiger sich diesen einziehen lassen. Das Pfandrecht am Rückgewähranspruch setzt sich am Übererlös fort.

Bei Vollstreckungsmaßnahmen gegen einen Kunden ist es sinnvoll, dessen Rückgewähransprüche aus anderen vorrangigen Grundpfandrechten zu pfänden und sich überweisen zu lassen. Zugleich empfiehlt es sich, eine etwaige Eigentümergrundschuld und an deren Stelle tretende Erlösanteile mit zu pfänden. Wenn eine solche Pfändung auch nicht immer zum Zuge kommt, gibt sie doch in vielen Fällen der Bank eine zusätzliche Befriedigungsmöglichkeit.

11.10 Grundschuldhaftung

Die Haftung der Grundschuld bestimmt sich in zwei Richtungen:

Vom Umfang der Grundschuld (nachstehend 11.9.1) und vom Gegenstand der Haftung (nachstehend 11.9.2 bis 11.9.4).

Die Grundschuld umfasst

- Hauptsumme,
- Zinsen und
- Nebenleistungen.

11.10.1 Umfang der Haftung

11.10.1.1 Hauptsumme

Die Grundschuldsumme richtet sich nach dem Sicherungsbedürfnis der Bank. Sichert sie einen bestimmten Kredit, ist die Hauptsumme dem Umfang des Kredits anzupassen.

> Läge sie wesentlich darüber, könnte ein Fall anfänglicher Übersicherung vorliegen, die die Bank zur Herabsetzung der Grundschuld verpflichtet und im Extremfall die Nichtigkeit des Sicherungsmittels bewirkt (§ 138 BGB). Aus diesem Grund ist es notwendig, die Grundschuldsumme dem Sicherungszweck anzupassen.

11.10.1.2 Grundschuldzinsen

Die Grundschuld ist ein Sicherungsmittel, das von der gesicherten Forderung losgelöst ist. Sie ist mit ihr über den Sicherungszweck verbunden. Dies ist von Bedeutung auch für die Grundschuldzinsen. Grundschuldzinsen sind dingliche Zinsen. Sie sind wie die Hauptsumme aus dem Grundstück zu zahlen (§ 1191 II BGB), was bedeutet, dass das Grundstück für die Grundschuldzinsen in gleicher Weise haftet, wie für die Hauptsumme.

Grundschuldzinsen sind nicht identisch mit den Zinsen des gesicherten Kredits. Sie sind abstrakt. Der Höhe nach sind sie so bemessen, dass sie auch künftige Zinserhöhungen des gesicherten Kredits mit umfassen. Regelmäßig werden sie mit 15 Prozent festgelegt. Im Sicherungsfall bedeutet dies, dass die vereinbarten Grundschuldzinsen nicht nur für die Kreditzinsen haften, sondern auch für die Hauptsumme des Kredits.

Beispiel   *Müller hat bei der Bank einen Kredit über 100.000 Euro aufgenommen, den er durch Eintragung einer Grundschuld über 100.000 Euro nebst 15 Prozent Zinsen besicherte. Später wird der Kredit auf 150.000 Euro aufgestockt, ohne dass die Grundschuld dem angepasst wurde. Es kommt zur Zwangsversteigerung. Der Rückstand an Kreditzinsen beläuft sich auf 10.000 Euro.*

Bei der Zwangsversteigerung kann die Bank im Rang ihres Grundpfandrechts Grundschuldzinsen bis zu vier Jahren geltend machen (siehe unten). Dies sind im Beispielsfall bei 100.000 Euro Hauptsumme und 15 Prozent Zinsen weitere 60.000 Euro. Da die vereinbarten Grundschuldzinsen wegen ihrer abstrakten Natur auch auf die verbleibende Hauptsumme verrechnet werden können, erlangt die Bank für die Kreditforderung (150.000 Euro Hauptsumme und 10.000 Euro Zinsrückstand) volle Befriedigung.

Es ist daher bedeutsam, in welchem Umfang Grundschuldzinsen im Sicherungsfall geltend gemacht werden können, insbesondere wie weit sie weiteren, nachrangigen Grundschulden vorgehen.

Beispiel   *Müller hat im Jahr 1992 der Bank für einen Kredit eine Grundschuld in Höhe von 100.000 Euro nebst 15 Prozent Zinsen bestellt. Der Kredit ist auf 300.000 Euro aufgelaufen und wird im Jahr 2002 fällig gestellt. Die Bank betreibt die Zwangsversteigerung der Immobilie. Die Beschlagnahme des Grundstücks erfolgte am 30.06.2002. Der Zuschlag erfolgte am 10.01.2003 zu einem Betrag von 300.000 Euro.*

Bei ausreichendem Versteigerungserlös erhält die Bank als Grundschuldgläubigerin außer der Grundschuldsumme die laufenden Zinsen (§§ 11 I Nr. 4, 45 II Zwangsversteigerungsgesetz (ZVG).

Die laufenden Zinsen sind die letzten vor der Beschlagnahme fällig gewordenen und alle danach entstandenen Zinsen.

Regelmäßig wird vereinbart, dass Grundschuldzinsen zum Ende eines Kalenderjahres fällig werden. Im Beispielsfall sind die „laufenden Zinsen" die Grundschuldzinsen für die Jahre 2001 und 2002.

> Die Fälligkeit von Grundschuldzinsen bedeutet allerdings nicht, dass sie zum Fälligkeitszeitpunkt auch zu zahlen wären. Aus der Natur der Grundschuld als Sicherungsrecht ergibt sich, dass Ansprüche aus ihr – auch auf Zahlung von Grundschuldzinsen – nicht gestellt werden können, so lange der Kunde den Kredit ordnungsgemäß bedient.

Voraussetzung für die Fälligkeit von Grundschuldzinsen (und ihrer wirksamen Vereinbarung schlechthin) ist jedoch stets, dass ein Beginn der Verzinsung der Grundschuld vereinbart und im Grundbuch eingetragen ist. Der Zeitpunkt, ab wann Grundschuldzinsen geschuldet sind, ist in der Eintragungsbewilligung festzulegen.

In der Zwangsversteigerung können mit dem Rang der Grundschuld zugleich rückständige Zinsen für zwei Jahre geltend gemacht werden (§ 10 I Nr. 4 ZVG). Sie müssen spätestens im Versteigerungstermin und vor der Aufforderung zur Abgabe von Geboten angemeldet werden (§§ 37 Nr. 4, 45 II, 110, 114 ZVG). An rückständigen Zinsen können mithin im Beispielsfall von der Bank solche für zwei weitere Jahre geltend gemacht werden, also für die Jahre 1999 und 2000.

Grundschuldzinsen, die länger als zwei Jahre rückständig sind, können nur mit der letzten Rangklasse geltend gemacht werden (§ 10 I Nr. 8 ZVG), also im Rang nach allen übrigen Grundpfandrechten. Waren im Beispielsfall nachrangige Grundpfandgläubiger vorhanden, sind zunächst diese bei der Verteilung des Steigerlöses zu berücksichtigen. Waren keine nachrangigen Grundpfandrechtsgläubiger vorhanden, stellt sich die Frage der Verjährung von Grundschuldzinsen. Grundschuldzinsen unterliegen der Regelverjährung des § 195 BGB von drei Jahren. Die Verjährung beginnt zum Ende des Jahres, in dem der Anspruch entstanden ist (vgl. 7.2.2). Werden wie üblich Grundschuldzinsen zum Ende des Jahres fällig, beginnt damit zugleich die dreijährige Verjährung.

> Die dreijährige Verjährung als Regelverjährung ist mit dem Schuldrechtsmodernisierungsgesetz eingeführt worden. Zuvor galt für Zinsansprüche die vierjährige Verjährung (§ 197 BGB a. F.). Die Regelverjährung gilt für alle ab dem 01.01.2002 fällig gewordenen Zinsen. Für vor diesem Zeitpunkt fällig gewordene, aber noch nicht verjährte Zinsansprüche gilt sie mit der Maßgabe, dass die auf drei Jahre verkürzte Verjährungsfrist erst ab 01.01.2002 zu laufen beginnt. Dies gilt wiederum mit der Einschränkung, dass die alte vierjährige Verjährungsfrist zum Zuge kommt, wenn nach dieser die Verjährung zu einem früheren Zeitpunkt eintritt (Art. 229 § 6 EGBGB). Es kommt also stets die kürzere Frist zum Tragen.

Zu beachten ist, dass die Verjährung eine Einrede ist. Sie ist nicht von Amts wegen zu berücksichtigen, sondern wird nur dann beachtet, wenn der Schuldner sich auf sie beruft. Dies muss notfalls durch Erhebung der Vollstreckungsgegenklage erfolgen.

Im obigen Beispielsfall würde es bei Erhebung der Verjährungseinrede dabei verbleiben, dass der Bank Zinsen nur für die letzten vier Jahre zustehen.

Versäumt es im obigen Beispielsfall der Schuldner, sich auf die Verjährung zu berufen und stehen Rechte nachrangiger Grundpfandrechtsgläubiger dem nicht entgegen, könnte die Bank Zinsen für die gesamte Laufzeit, also ab 1992 geltend machen.

11.10.1.3 Nebenleistungen

> Die Grundschuld umfasst neben Hauptsumme und Zinsen sonstige Nebenleistungen (§ 1191 II BGB). Dies sind die Kosten, die bei der Durchsetzung der Grundschuldforderung entstehen. Praktische Bedeutung hat die Regelung nicht, da in der Grundschuldbestellungsurkunde regelmäßig bereits eine entsprechende Kostenübernahmeverpflichtung vereinbart wird.

11.10.2 Gegenstand der Haftung

Ging es vorstehend darum, den Umfang der Grundschuldhaftung festzustellen, ist nunmehr zu klären, worauf sich die Haftung erstreckt.

Dies ist in erster Linie das belastete Grundstück (oder grundstücksgleiche Recht, vgl. 11.4.1). Der Haftungsumfang ist aber erweitert und umfasst neben dem Grundstück und seinen Bestandteilen

- das Zubehör (nachstehend 11.10.2.1),
- Mietzinsforderungen (nachstehend 11.10.2.2) und
- Versicherungsleistungen (nachstehend 11.10.2.3).

11.10.2.1 Zubehör

Die Grundschuld erstreckt sich auch auf

- Erzeugnisse und
- sonstige Bestandteile des Grundstücks sowie
- Zubehörstücke (§§ 1192, 1120 BGB).

Erzeugnisse eines Grundstücks sind

- natürliche Bodenprodukte, wie Getreide auf dem Halm, noch nicht geerntetes Obst, und

- die natürliche Ausbeute eines Grundstücks, wie die Produkte von Kies- und Sandgruben oder Steinbrüchen (§ 99 BGB).

Sie sind, so lange sie nicht geerntet oder gewonnen sind, Bestandteile des Grundstücks.

Bestandteile eines Grundstücks sind alle Teile, die mit ihm eine natürliche Sacheinheit bilden. Das sind Gebäude und alles, was zu ihrer Herstellung erforderlich ist (§§ 93, 94 BGB). Dies gilt mit Ausnahme solcher Teile, die mit dem Grundstück nur vorübergehend verbunden wurden, etwa auf Grund eines Miet- oder Pachtverhältnisses (§ 95 BGB).

Von besonderer Bedeutung ist die Erstreckung der Grundschuldhaftung auf Zubehörteile. Zubehör kann oft von größerem wirtschaftlichem Wert sein als das Grundstück selber.

Beispiel   *Müller hat für die Bank eine Grundschuld an einem Hallengrundstück bestellt. In der Halle befindet sich eine Druckerei mit hochmodernen Druckmaschinen.*

Zubehör sind bewegliche Sachen, die ohne Bestandteil eines Grundstücks zu sein

- dem wirtschaftlichen Zweck des Grundstücks zu dienen bestimmt sind und

- zu ihm in einem dieser Bestimmung entsprechenden räumlichen Verhältnis stehen (§ 97 I BGB).

Werden sie nur vorübergehend vom Grundstück getrennt, hebt dies die Zubehöreigenschaft nicht auf.

> Das Gesetz führt beispielhaft auf, was unter Zubehör zu verstehen ist (§ 98 BGB). Bei einem landwirtschaftlichen Betrieb sind dies die Geräte und das Vieh, aber auch die vom Boden getrennten Erzeugnisse, soweit sie zur Fortführung des Betriebes erforderlich sind, also Futtermittel und Saatgut. Bei einem gewerblichen Betrieb ist dies das Inventar, also etwa bei einer Fabrik die Maschinen.

Beispiel   *Firma Müller Spedition GmbH hat ihr Firmengrundstück für Kredite und sonstige Ansprüche zu Gunsten der Bank mit einer Grundschuld von einer Million Euro belastet. Den Fuhrpark von zwölf Lastzügen hat sie später der Sparkasse für einen weiteren Kredit zur Sicherung übereignet. Firma Müller GmbH wird illiquide. Bank und Sparkasse streiten darüber, wer die Fahrzeuge verwerten darf.*

Treffen Grundschuldhaftung und Rechte Dritter wie Sicherungseigentum zusammen, gilt das Prioritätsprinzip. Das ältere Recht geht vor. War im Beispielsfall die Grundschuld bestellt, ehe die Sachen einem Dritten zur Sicherung übereignet wurden, geht die Grundschuldhaftung dem Sicherungseigentum vor.

Vorliegend scheitert es aber bereits an der Zubehöreigenschaft des Fuhrparks. Dieser hat zwar nach der Verkehrsanschauung zum Firmengrundstück der Spedition eine dienende Funktion. Es fehlt aber der enge räumliche Zusammenhang zwischen Fuhrpark und Betriebsgrundstück. Die Lastzüge sind ihrer Bestimmung nach regelmäßig im Einsatz und verbleiben nur ausnahmsweise auf dem Betriebshof.

> Ähnlich hat die Rechtsprechung dies für Baumaschinen und Baugeräte von Bauunternehmungen entschieden. Auch bei ihnen gilt, dass sie ihrer Bestimmung gemäß auf Baustellen eingesetzt werden und demzufolge nicht räumlich eng mit dem Betriebsgrundstück verbunden sind. An solchen Geräten kann daher ein Dritter ohne Beeinträchtigung durch die Grundschuldhaftung Rechte erwerben.

Was als Zubehör eines Firmengrundstücks anzusehen ist, entscheidet letztlich die Verkehrsanschauung. Die Frage kann von erheblicher wirtschaftlicher Bedeutung sein.

Die Zubehöreigenschaft beginnt, sobald die Sachen auf das Grundstück zur bestimmungsgemäßen Verwendung verbracht wurden und der Gewerbebetrieb aufgenommen wurde.

Beispiel   *Müller hat einen Bankkredit aufgenommen, um damit auf seinem Grundstück eine Gaststätte zu errichten und sie entsprechend einzurichten. Erst mit deren Eröffnung hat das Gebäude die Funktion einer Gaststätte und erhalten die eingebrachten Sachen (Tresen, Tische, Stühle) Zubehöreigenschaft.*

Die Zubehöreigenschaft endet, wenn die Sachen veräußert und vom Grundstück entfernt wurden, ehe sie beschlagnahmt wurden (§§ 1192, 1121 I BGB). Danach kommt nur noch ein gutgläubiger Erwerb in Betracht (§§ 1192, 1121 II BGB).

Die Beschlagnahme erfolgt, indem auf Antrag eines Gläubigers die Zwangsversteigerung des Grundstücks angeordnet wurde.

> Die Zubehöreigenschaft endet auch dann, wenn der Gewerbebetrieb auf Dauer eingestellt wird. Die Haftung von Zubehörstücken für die Grundschuld bleibt dann aber bestehen, bis die Sachen vom Grundstück entfernt wurden.

> Werden Zubehörstücke vor der Beschlagnahme im Rahmen ordnungsgemäßer Wirtschaft vom Grundstück entfernt, erlischt die Zubehöreigenschaft, auch ohne dass sie verkauft wurden (§ 1122 BGB).

11.10.2.2 Mietzinsforderungen

Der Grundschuldhaftung unterliegen auch Forderungen auf Miet- oder Pachtzins (§§ 1192, 1123 I BGB).

Auch hier ist die Beschlagnahme entscheidend. Bis der Mieter oder Pächter von ihr Kenntnis erlangt, kann er mit befreiender Wirkung an den Grundeigentümer leisten.

> Für Miet- und Pachtzinsforderungen erfolgt die Beschlagnahme durch Anordnung der Zwangsverwaltung (§ 1148 I ZVG, vgl. 11.8.5.2). Die Anordnung der Zwangsversteigerung lässt Miet- und Pachtzins unberührt. Der Mieter kann weiterhin mit befreiender Wirkung an den Vermieter leisten.
>
> Daneben hat die Bank die Möglichkeit, auf Grund eines dinglichen Titels, etwa der Vollstreckungsunterwerfung in der Grundschuldbestellung, Miet- und Pachtzins zu pfänden und sich zur Einziehung überweisen zu lassen (§ 829 ZPO). Mit Zustellung des Pfändungs- und Überweisungsbeschlusses kann der Mieter nur noch an die Bank wirksam leisten.

Probleme ergeben sich, wenn Grundschuldhaftung und Nießbrauchsrecht aufeinander stoßen.

Beispiel *Müller hat von seinen Eltern im Wege der vorweggenommenen Erbfolge ein voll vermietetes Mehrfamilienhaus übertragen bekommen mit der Verpflichtung, seine Geschwister auszubezahlen. Die Eltern haben sich das lebenslange unentgeltliche Nießbrauchsrecht vorbehalten. Um seiner Zahlungspflicht gegenüber seinen Geschwistern nachkommen zu können, hat Müller bei der Bank einen Kredit aufgenommen, der durch Grundschuld auf dem Grundstück abgesichert wurde.*

Unter einem Nießbrauch versteht man das dingliche Recht, die Nutzungen aus einer Immobilie zu ziehen (§§ 1030 ff. BGB). Zu den Nutzungen gehört auch der Mietzins. Mit der Nießbrauchsbestellung steht im Beispielsfall den Eltern das Recht zu, die Miete einzuziehen und für sich zu verwenden.

Kommt es zur Beschlagnahme des Grundstücks durch die Bank als Grundschuldgläubigerin, steht ihr das gleiche Recht zu (§§ 1192, 1123 BGB).

Auch diesen Interessenkonflikt hat die Rechtsprechung mittels des Prioritätsprinzips gelöst. Ist die Grundschuld vor dem Nießbrauchsrecht eingetragen, geht sie diesem vor. Andererseits kommt die Grundschuldhaftung nicht zum Zuge, wenn das Nießbrauchsrecht vor der Grundschuld eingetragen wurde. Auch hier ist das Rangverhältnis entscheidend, in dem beide Rechte zueinander stehen.

Wird im Zuge einer Grundschuldbestellung ein Nießbrauchsrecht begründet, wie es bei Übertragungsfällen oft der Fall ist oder besteht ein solches bereits, muss dafür Sorge getragen werden, dass etwa durch einen Rangvorbehalt die Grundschuld gegenüber dem Nießbrauch den Vorrang hat.

11.10.2.3 Versicherungsleistungen

Eine Grundschuld verliert im Schadensfall erheblich an Wert, wenn das Grundstück, insbesondere Gebäude, nicht ordnungsgemäß versichert sind. Deswegen ist der Sicherungsgeber verpflichtet, das Sicherungsgut gegen Schäden zu versichern (§§ 1192, 1134 II 2 BGB).

Die gesetzlichen Regelungen sind kompliziert und finden sich teils bei den Regelungen über Grundpfandrechte (§§ 1192, 1127 ff. BGB), teils finden Vorschriften über das Pfandrecht an Rechten Anwendung (§§ 1192, 1128 III, 1273 ff. BGB), teilweise Sonderregelungen im Versicherungsvertragsrecht (§§ 99 ff. Versicherungsvertragsgesetz (VVG)).

Bei der Frage, wem im Schadensfall die Versicherungsleistung zusteht, dem Grundschuldgläubiger oder dem Eigentümer, ist zu differenzieren.

Beispiel *Müller hat der Bank für einen Kredit eine Grundschuld über 150.000 Euro bestellt. Das gegen Feuer versicherte Haus brennt ab. Die Versicherung will 300.000 Euro zahlen.*

Die Bank als Sicherungsnehmerin kann Leistung an sich nur insoweit fordern, wie ihr Sicherungsbedürfnis geht. Im Beispielsfall ist daher die Hälfte der Versicherungsleistung von vornherein an den Eigentümer zu richten.

Im Übrigen ist zu unterscheiden:

So lange die Grundschuld noch nicht fällig ist, kann die Versicherungsgesellschaft mit befreiender Wirkung nur an Eigentümer und Grundschuldgläubiger gemeinsam leisten.

Dies erfolgt dadurch, dass der Versicherer die Summe bei Gericht mit befreiender Wirkung hinterlegt. Eigentümer und Grundpfandgläubiger müssen dann, notfalls gerichtlich, klären, wem der Betrag zusteht.

An den Eigentümer allein darf der Versicherer nur zahlen, wenn dem Grundpfandgläubiger der Versicherungsfall angezeigt wurde und er der Zahlung nicht binnen Monatsfrist widerspricht (§ 1128 I BGB). Hat aber die Bank zuvor der Versicherungsgesellschaft die Grundschuld angemeldet, darf letztere an den Eigentümer nur mit schriftlicher Zustimmung der Bank leisten. Ist die Grundschuld fällig gestellt, kann der Versicherer mit befreiender Wirkung nur noch an die Bank als Grundschuldgläubigerin leisten (§§ 1192, 1128 III, 1282 I BGB).

Sind mehrere Grundschuldgläubiger vorhanden, setzen sich die Rangverhältnisse an der Versicherungsleistung fort.

Die vorstehende Regelung greift wiederum dann nicht, wenn, wie dies üblicherweise geschieht, zwischen Versicherungsgesellschaft und Grundeigentümer eine Wiederherstellungsklausel vereinbart wurde. Dann ist die Versicherungsleistung in vollem Umfang dem Eigentümer zum Zwecke der Wiederherstellung des Gebäudes zuzuführen. Das Versicherungsvertragsrecht gewährleistet, dass die Versicherungsleistung auch zweckgemäß verwendet wird (§§ 97, 107 b VVG). Der Grundschuldhaftung unterliegen im Übrigen nicht nur Versicherungsleistungen für die Immobilie, sondern auch solche für Zubehörteile.

Will die Bank als Grundschuldgläubigerin im Schadensfall Nachteile vermeiden, muss sie dafür Sorge tragen, dass das Haftungsobjekt ausreichend versichert ist und bleibt. Dazu gehört auch, zu verhindern, dass der Sicherungsgeber seinen Versicherungsschutz durch Prämienrückstand verliert. Wegen des erweiterten Schutzes sollte sie stets bei der Versicherungsgesellschaft die Grundschuld anmelden.

11.11 Verwertung der Grundschuld

Kommt es zum Sicherungsfall, erfüllt also der Kunde seine Pflicht zur Rückzahlung des gesicherten Kredits nicht mehr und ist dieser gekündigt, hat die Bank das Recht, die Grundschuld zu verwerten. Die Verwertung erfolgt durch Zwangsversteigerung oder Zwangsverwaltung. Beides sind förmliche Verfahren, die auf Antrag der Bank erfolgen.

> Daneben kann die Bank auch aus der fälligen Darlehensforderung vorgehen. Ist der Kreditkunde zugleich Sicherungsgeber, hat sich die Bank regelmäßig in der notariellen Grundschuldbestellungsurkunde zugleich ein abstraktes Schuldanerkenntnis mit Vollstreckungsunterwerfung gewähren lassen. Mit ihrer Hilfe kann sie auf das gesamte übrige Vermögen des Schuldners zugreifen. Sie wird sich für die Vollstreckungsmaßnahme entscheiden, mit Hilfe derer sie am schnellsten, am sichersten und am kostengünstigsten zum Ziel kommt.

Auch das Verwertungsrecht der Bank steht unter dem Gebot von Treu und Glauben (§ 242 BGB). Die Bank ist gehalten, den Sicherungsgeber vor vermeidbaren Schäden zu schützen.

> Dies geht allerdings nicht so weit, dass die Bank von einer Verwertung Abstand nehmen müsste. Sie braucht auch bei der Drittsicherungsgrundschuld andere Sicherheiten nicht vorrangig zu verwerten, wenn sie sich diese als Sicherheit für weitere, durch die Grundschuld nicht gesicherte Forderungen erhalten will. Sie braucht sich insbesondere nicht um einen freihändigen Verkauf der Immobilie zu bemühen, nur weil dieser möglicherweise einen höheren Erlös abwirft. Weist aber der Kunde einen ernsthaften und insolventen Kaufinteressenten nach, der die Immobilie zu einem günstigen Preis erwerben will, wird sie hierzu Gelegenheit geben müssen.

Das Zwangsversteigerungsgesetz dient in weiten Teilen dem Schutz des Eigentümers vor unzumutbaren Nachteilen. Dieser durch den Gesetzgeber gewährte Schutz muss grundsätzlich genügen.

11.11.1 Zwangsversteigerung

Durch die Zwangsversteigerung wird die Substanz der Immobilie verwertet. Dies geschieht, indem die Immobilie in einem Versteigerungstermin öffentlich ausgeboten wird und demjenigen das Eigentum an ihr übertragen wird, der das höchste Gebot abgibt.

Das Zwangsversteigerungsverfahren ist kompliziert und für den betreibenden Gläubiger voller Tücken. Es können hier nur einige Grundsätze dargelegt werden.

Die Zwangsversteigerung erfolgt auf Antrag des Gläubigers (§§ 15, 16 ZVG). Zuständig ist das Amtsgericht, in dessen Bezirk das Grundstück liegt (§ 1 I ZVG).

Sind die Voraussetzungen der Zwangsversteigerung gegeben, erfolgt durch Gerichtsbeschluss deren Anordnung. Damit erfolgt zugleich die Beschlagnahme des Grundstücks zu Gunsten des Gläubigers. Sie bewirkt, dass Verfügungen des Eigentümers über das Grundstück gegenüber dem betreibenden Gläubiger unwirksam sind. Zur Verhinderung eines gutgläubigen Rechtserwerbs durch Dritte wird im Grundbuch ein Zwangsversteigerungsvermerk eingetragen.

Die Beschlagnahme umfasst das Grundstück und seine Bestandteile und das Zubehör. Bestandteile des Grundstücks und Zubehörteile, die nach der Beschlagnahme vom Eigentümer veräußert wurden, kann der Grundschuldgläubiger zurückfordern, soweit ein Dritter an ihnen nicht gutgläubig Eigentum erworben hat (§ 1121 II 2 BGB; vgl. 11.9.2.1).

Versicherungsleistungen stehen ab der Beschlagnahme dem Grundschuldgläubiger zu (§ 22 ZVG). Nicht von der Beschlagnahme erfasst sind Miet- und Pachtzinsansprüche (§ 24 ZVG). Diese verbleiben dem Eigentümer, wenn sie nicht Gegenstand einer gesonderten Vollstreckung sind (vgl. 11.10.2). Das Gleiche gilt für die Eigennutzung, etwa bei einem vom Sicherungsgeber selbst genutzten Wohnhaus.

> Vor Anordnung des Versteigerungstermins ermittelt das Gericht den Verkehrswert der Immobilie durch Einholung eines Sachverständigengutachtens. Wird im Versteigerungstermin kein Gebot abgegeben, das 7/10 des festgestellten Verkehrswertes erreicht, kann der Eigentümer und jeder Dritte, der durch den Zuschlag einen Rechtsverlust erleiden würde, diesem widersprechen (§ 74 a ZVG). Es wird dann ein neuer Versteigerungstermin festgesetzt, in dem diese Wertgrenze nicht mehr gilt.

Vor dem Versteigerungstermin stellt das Gericht das so genannte geringste Gebot fest. Es umfasst

- die dem betreibenden Gläubiger im Rang vorgehenden Belastungen und
- die Verfahrenskosten.

Nur ein Gebot, dass zumindest dem geringsten Gebot entspricht, wird im Versteigerungstermin zugelassen.

> Der betreibende Gläubiger selber und nachrangige Grundpfandrechtsgläubiger sind dagegen nicht geschützt. Wird kein entsprechendes Gebot abgegeben, drohen sie in der Zwangsversteigerung auszufallen. Dies macht die Bedeutung der Rangstelle deutlich.

Im Versteigerungstermin erhält der Bieter den Zuschlag, der das höchste Gebot abgibt. Mit dem Zuschlag erwirbt der Ersteiger originäres Eigentum. Soweit dingliche Belastungen nicht ins geringste Gebot aufgenommen wurden, erlöschen sie. Erloschene Rechte setzen sich aber am Steigerlös fort. Das Gericht bestimmt einen Termin zur Verteilung des Steigerlöses und erstellt hierzu unter Anhörung der Beteiligten einen Verteilungsplan. Grundpfandrechte sind entsprechend ihren Rangverhältnissen zu berücksichtigen.

Besonderheiten sind zu beachten, soweit die Bank als betreibende Gläubigerin die Immobilie selber ersteigert.

Beispiel *Die Bank betreibt gegen Müller die Zwangsversteigerung aus einer mit 250.000 Euro voll valutierten Grundschuld in dessen Haus. Der Verkehrswert der Immobilie ist auf 300.000 Euro festgesetzt. Nachdem auch im zweiten Versteigerungstermin kein höheres Gebot abgegeben wurde, ersteigert sie die Immobilie für 150.000 Euro.*

Das Zwangsversteigerungsgesetz will verhindern, dass ein Gläubiger, der das Grundstück besonders günstig ersteigert, seine durch den Erlös nicht gedeckte Forderung behält und weiter geltend machen kann. Dies geschieht durch eine gesetzliche Fiktion. Der Ersteher gilt in Höhe der $\frac{7}{10}$-Grenze als befriedigt (§ 114 a ZVG).

Im Beispielsfall konnte die Bank nach Ansteigerung des Grundstücks von der ihr verbleibenden Forderung von 100.000 Euro (250.000 Euro abzüglich Steigerlös 150.000 Euro) nun noch 40.000 Euro geltend machen ($\frac{7}{10}$ von 300.000 Euro = 210.000 Euro; 250.000 Euro abzüglich 210.000 Euro). In Höhe von 60.000 Euro ginge ihre Forderung unter.

Soweit Grundpfandrechte ins geringste Gebot übernommen wurden, gehen sie auf den Ersteher über und zwar zusammen mit der ihr zu Grunde liegenden Darlehensforderung (§ 53 I ZVG). Dies setzt aber voraus, dass der Grundschuldgläubiger dem Übergang der gesicherten Forderung zustimmt. In anderen Fällen haftet neben dem Ersteher auch der Darlehensschuldner weiter. Im Verhältnis zu diesem ist der Ersteher aber zur Erfüllung der Darlehensverbindlichkeit verpflichtet.

Valutiert die übernommene Grundschuld nur noch teilweise, entsteht ein Übererlös, der dem Eigentümer zusteht, soweit er nicht von Gläubigern in Anspruch genommen wurde.

11.11.2 Zwangsverwaltung

Die Zwangsverwaltung belässt als Vollstreckungsmittel dem Schuldner das Eigentum an der Immobilie und verwertet lediglich dessen Erträgnisse. Dies ist nur dort möglich, wo langfristig Erträgnisse aus der Immobilie zu erzielen sind und sinnvoll, wenn eine Zwangsversteigerung nicht zur Befriedigung des Gläubigers führen würde. Die Zwangsverwaltung kann aber auch neben der Zwangsversteigerung betrieben werden und zwar für die oft erhebliche Dauer des Zwangsversteigerungsverfahrens.

Statt die Zwangsverwaltung zu beantragen, kann die Bank aus der Grundschuld die der Grundschuldhaftung unterliegenden Mietzinsforderungen pfänden und sich überweisen lassen. Während sonst bei Pfändungen das Prioritätsprinzip gilt, also die frühere Pfändung der späteren vorgeht, hat die Pfändung aus der Grundschuld gegenüber früheren Mietzinspfändungen sonstiger Gläubiger den Vorrang. Dies ist Folge, dass Mietzinsansprüche der Grundschuldhaftung unterliegen. Durch Pfändung der Mietzinsansprüche vermeidet die Bank die oft erheblichen Kosten der Zwangsverwaltung. Sie hat auch die Möglichkeit, den Erlös auf solche Teile der gesicherten Forderung zu verrechnen, deren Durchsetzung in der Zwangsversteigerung fraglich wäre.

Die Zwangsverwaltung wird wie die Zwangsversteigerung auf Antrag des Gläubigers durch das Amtsgericht angeordnet. Auch im Übrigen finden die Vorschriften der Zwangsversteigerung entsprechende Anwendung, soweit keine Sonderregelungen bestehen (§ 146 I ZVG i. V. m. §§ 147 ff. ZVG).

Durch die Anordnung der Zwangsverwaltung werden Miet- und Pachtzinsansprüche beschlagnahmt. Es wird ein Zwangsverwalter bestellt, auf den die Verwaltung des Grundstücks übergeht. Er kann alle die Nutzung der Immobilie betreffenden Entscheidungen treffen.

Er zieht insbesondere Miet- und Pachtzins ein und kehrt diese nach Abzug der Kosten an den Gläubiger aus. Betreiben mehrere Gläubiger die Zwangsverwaltung, erstellt er einen Verteilungsplan und verteilt den verbleibenden Betrag unter Beachtung der Rangverhältnisse der Gläubiger.

Bewohnt der Schuldner die Immobilie selber, kann der Zwangsverwalter über die Räume verfügen, die für den Schuldner zu Wohnzwecken entbehrlich sind.

Der Zwangsverwalter ist verpflichtet, alles zu tun, um das Grundstück in seinem wirtschaftlichen Bestand zu erhalten, auch notwendige Investitionen zu tätigen. Dies macht sie für eine spätere Verwertung der Substanz wertvoll.

Die Zwangsverwaltung ist stets dort geboten, wo ein Objekt erst in einen verwertbaren Zustand versetzt werden muss. Sind Investitionen erforderlich, um eine Immobilie vermietbar zu machen und ist ein angemessener Erlös ohne solche Investitionen in der Zwangsversteigerung nicht zu erzielen, ist dies nur durch die Zwangsverwaltung erreichbar.

12. Sicherungsübereignung

Unternehmer sind darauf angewiesen, zur Finanzierung ihrer gewerblichen Tätigkeiten die im Unternehmen gebundenen Sachwerte einzusetzen. Bei Immobilien geschieht dies durch Belastung mit Grundpfandrechten. Wollen sie die oft erheblichen Sachwerte des beweglichen Firmenvermögens zur Sicherung von Bankkrediten nutzen, geschieht dies durch Sicherungsübereignung.

> Die zu Sicherungszwecken erfolgende Übereignung von Sachen ist im Gesetz nicht geregelt. Sie hat sich gewohnheitsrechtlich im Handelsrecht gebildet, nachdem sich für eine solche Kreditsicherung entsprechende Bedürfnisse ergaben.
>
> Im BGB ausführlich geregelt ist das vertragliche Pfandrecht an beweglichen Sachen (§§ 1204 ff. BGB).
>
> Das Pfandrecht des BGB ist aber als Besitzpfandrecht ausgebildet, setzt also zu seiner Begründung voraus, dass die gepfändete Sache dem Sicherungsnehmer übergeben wird. Für die Kreditsicherung der Banken hat es sich damit als ungeeignet erwiesen und zwar in zweifacher Hinsicht. Zum Einen stellt es die Bank vor eine unlösbare Aufgabe, das oft umfangreiche Sicherungsgut in Besitz zu nehmen und zu verwahren. Zum Anderen nimmt die Herausgabe dem Unternehmen die Möglichkeit, mit den zum Anlagevermögen gehörenden und regelmäßig benötigten Sachen zu arbeiten.
>
> Das Pfändungspfandrecht kommt daher als Mittel zur Kreditsicherung nur in Ausnahmefällen in Betracht und zwar dann, wenn das Sicherungsgut hochwertig und von geringem Umfang ist und auch nicht ständig benötigt wird, wie etwa bei Schmuck oder Edelsteinen, die der Vermögensanlage dienen.

Sicherungseigentum wird als Kreditsicherheit in zweifacher Weise eingesetzt, indem einerseits die Anschaffungskosten der zur Sicherung übereigneten Sachen über einen Bankkredit finanziert werden und damit deren Erwerb oft erst ermöglicht wird; andererseits, indem bereits im Eigentum des Sicherungsgebers stehende Sachen zur Sicherung anderweitig benötigter Kredite verwandt werden.

12.1 Begriff des Sicherungseigentums

Die Sicherungsübereignung ist die Übertragung von Eigentum am Sicherungsgut zum Zwecke der Absicherung von Forderungen. Die Bank als Sicherungsnehmer erwirbt Volleigentum. Sie ist aber treuhänderisch gebunden, indem sie das Sicherungsgut nur im Sicherungsfall verwerten darf. Der Sicherungsfall ist gegeben, wenn der Kunde seinen Verpflichtungen aus dem gesicherten Bankrechtsverhältnis nicht mehr nachkommt.

> Durch die treuhänderische Bindung der Bank als Sicherungsnehmerin und der Einschränkung, das Sicherungsgut nur im Sicherungsfall an sich nehmen und verwerten zu dürfen, ähnelt das Sicherungseigentum mehr einem besitzlosen Pfandrecht als dem Volleigentum. Es wird auch oft wie ein Pfandrecht behandelt, etwa im Insolvenzrecht.

Die Besonderheit des Sicherungseigentums ist, dass die zur Sicherung übereignete Sache regelmäßig im Besitz des Sicherungsgebers verbleibt. Er „verwahrt" sie für den Sicherungsnehmer, kann sie weiter nutzen und, wenn dies vereinbart ist, sogar verkaufen und sie so einseitig und legitim aus dem Sicherungsverbund lösen.

Indem die Bank ihrem Kunden das Sicherungsgut belässt, geht sie das Risiko ein, dass sich der Kunde treuwidrig verhält und über die Sache anderweitig verfügt. Dadurch kann das Sicherungsgut der Bank entzogen werden, indem trotz wirksamer Sicherungsübereignung ein Dritter gutgläubig an ihr Eigentum erwirbt (§ 932 BGB).

Man kann daher die Sicherungsübereignung durchaus als zweiseitig fiduziarisches Rechtsverhältnis verstehen.

12.2 Gegenstand des Sicherungseigentums

Sicherungseigentum kann an allen Sachen begründet werden, an denen auch sonst Eigentumsrechte bestehen und übertragen werden können.

12.2.1 Bewegliche Sachen

Das sind in erster Linie die in seinem Eigentum stehenden beweglichen Sachen des Sicherungsgebers.

> Zwar ist theoretisch möglich, auch Immobilien zur Sicherung zu übereignen. Dies wäre wegen des Erfordernisses der notariellen Beurkundung der Übertragung (und der Rückübertragung, § 311 b BGB) sowie der zweimal anfallenden Grunderwerbsteuer umständlich und kostspielig. Zur Nutzung von Grundstücken zur Kreditsicherung ist daher die Bestellung von Grundpfandrechten das geeignete Mittel (vgl. 11.)

Wesentliche Bestandteile eines Grundstücks oder Gebäudes können nicht Gegenstand besonderer Rechte sein (§§ 93, 94 BGB). An ihnen kann daher Sicherungseigentum nicht begründet werden.

| Beispiel | *Firma Müller übereignet der Bank zur Sicherung eines Kredits die Einrichtung ihres Firmengebäudes mit der Einbauküche ihrer Kantine und den Regalen im Lager.* |

Ist die Einbauküche speziell angefertigt und eingepasst, ist sie wesentlicher Bestandteil des Gebäudes und kann an ihr gesondertes Eigentum, auch Sicherungseigentum, nicht begründet werden. Das Gleiche gilt für Regale, wenn sie eine Sonderanfertigung speziell für ihren Aufstellungsort darstellen.

Ausnahmsweise können auch mit dem Grund und Boden fest verbundene (§ 94 I BGB) oder in ein Gebäude zur Herstellung eingefügte (§ 94 II BGB) Sachen Gegenstand gesonderter Rechte sein und damit zur Sicherung übereignet werden.

| Beispiel | *Firma Müller hat auf einem angemieteten Grundstück eine Lagerhalle errichtet und übereignet diese der Bank zur Sicherheit für einen Kredit.* |

Die Halle wurde vom Sicherungsgeber nur vorübergehend, nämlich für die Dauer des Mietverhältnisses, mit dem Grund und Boden verbunden und kann daher gesondert übereignet werden (§ 95 BGB). Um zum wesentlichen Bestandteil des Grundstücks zu werden, müsste sie mit ihm auf Dauer verbunden sein.

Dagegen können Sachen, die einem Grundstück oder Gebäude als Zubehör dienen, uneingeschränkt übereignet werden.

| Beispiel | *Firma Müller Maschinenfabrik GmbH hat die in ihrer Fabrikhalle aufgestellten Maschinen der Bank für einen Kredit zur Sicherung übereignet.* |

Bei der Sicherungsübereignung von Zubehörstücken ist aber stets zu besorgen, ob diese nicht der Zubehörhaftung für Grundpfandrechte unterliegen (§§ 1120 ff. BGB, vgl. 11.9.2.1). Damit ist zu rechnen, wenn der Sicherungsgeber Grundeigentümer ist.

12.2.2 Sachgesamtheiten

Sicherungseigentum kann nur an bestimmten einzelnen Sachen begründet werden. Dabei kann es sich auch um eine größere Zahl von Sachen handeln, die zu einer Sachgesamtheit zusammengefasst sind. Die Übereignung einer Sachgesamtheit ist daher zu verstehen als Übertragung der zu ihr gehörenden einzelnen Gegenstände, wobei zweifelsfrei feststehen muss, was zur Sachgesamtheit gehört.

Beispiele *Firma Müller übereignet der Bank ihr „gesamtes Warenlager".*
Dr. Müller übereignet der Bank seine „Praxiseinrichtung".

Bestehen keine Zweifel daran, was das Warenlager oder die Praxiseinrichtung umfasst, ist die Sicherungsübereignung wirksam. Dennoch ist schon aus Beweisgründen geboten, die zur Sicherung übereigneten Gegenstände im Einzelnen aufzuführen.

Die Sicherungsübereignung bezieht sich, wenn nichts anderes vereinbart ist, nur auf die Teile der Sachgesamtheit, die im Zeitpunkt der Übereignung vorhanden sind. Werden Teile der Sachgesamtheit später ausgetauscht, kann oftmals nur schwer festzustellen sein, was dem Sicherungseigentum unterliegt und was nicht. Besondere Schwierigkeiten sind dann gegeben, wenn die Sachgesamtheit eingeschränkt zur Sicherung übereignet werden soll.

Beispiel *Firma Müller schließt mit der Bank einen Sicherungsübereignungsvertrag über „die Hälfte des Warenlagers" oder über „alle Waren, soweit sie nicht unter Eigentumsvorbehalt stehen".*

Im ersten Fall kann nicht festgestellt werden, welche Waren zur übertragenen Hälfte gehören. Die Übereignung ist nichtig. Aber auch im zweiten Fall ist es nicht möglich, ohne zur Hilfenahme sonstiger Erkenntnisquellen, insbesondere von Auftragsunterlagen und Lieferscheinen, auszumachen, was dem Sicherungsrecht unterliegt und was nicht. Eine Übereignung ist aber nur dann wirksam, wenn ohne solche Hilfsmittel klar ist, auf welche konkreten Gegenstände sie sich bezieht.

Hier wäre es geboten gewesen, das Warenlager uneingeschränkt zu übereignen. An schuldnerfremden Sachen, also an Waren, die unter Eigentumsvorbehalt geliefert werden, kann ohnehin kein Sicherungseigentum begründet werden.

Darüber hinaus kann sich die Bank das Anwartschaftsrecht aus unter Eigentumsvorbehalt gelieferten Sachen zusätzlich abtreten lassen (vgl. 12.2.3). Eine Differenzierung an solchen Sachen, an denen Sicherungseigentum begründet wird und solchen, bei denen Anwartschaften auf Eigentumserwerb übertragen werden, ist nicht notwendig.

Solche Probleme zeigen sich verstärkt bei der Übereignung eines Warenlagers mit wechselndem Bestand (vgl. 12.3.4).

Sollen Teilmengen eines Bestandes übereignet werden, müssen sie vom nicht übereigneten Teil klar abgegrenzt sein. Dies kann nach sachlichen Kriterien erfolgen.

Beispiele   *Firma Müller übereignet der Bank zur Sicherheit „alle auf dem Lager befindlichen 16-Volt-Batterien" oder*
„die Maschinen mit den Fabriknummern ... ".

Im ersten Fall ist klar, dass alle Sachen übereignet sind, die das Merkmal (16-Volt) tragen. Würde stattdessen eine Teilmenge gebildet („50 der vorhandenen 16-Volt-Batterien"), wäre eine klare Trennung zwischen Sicherungsgut und verbleibenden sicherungsfreien Sachen nicht gegeben.

Mit dem zweiten Beispielsfall nähert man sich der Möglichkeit, das Sicherungsgut in einer Liste festzulegen. Sind die zur Sicherung übereigneten Sachen in einer Liste so erfasst, dass sie, etwa an Fabrikationsnummern, einwandfrei identifiziert werden können, reicht es aus, wenn auf eine solche Liste im Sicherungsvertrag Bezug genommen wird.

Eine andere Möglichkeit zur Konkretisierung des Sicherungsguts besteht darin, die zur Sicherung übereigneten Sachen als solche zu markieren. Man kann sie dazu mit einem entsprechenden Aufkleber versehen und im Sicherungsvertrag festlegen, dass das Sicherungseigentum alle so gekennzeichneten Teile umfasst.

Schließlich kann die Trennung des Sicherungsguts von anderen Gegenständen durch räumliche Separierung erfolgen. Im Sicherungsvertrag wird vereinbart, dass alle in einem bestimmten Raum oder an bestimmter Stelle des Lagers befindliche Ware vom Sicherungseigentum umfasst ist. Dem Vertrag kann ein Lageplan beigegeben werden, in dem der „Sicherungsraum" gekennzeichnet ist.

Ist allerdings die Sache aus dem Sicherungsraum entfernt worden, wird es kaum noch möglich sein, sie als zur Gesamtheit der sicherungsübereigneten Sachen gehörig zu identifizieren.

Die Begründung von Sicherungseigentum an Sachgesamtheiten ist zumeist unproblematisch, wenn sie insgesamt übertragen werden. Schwierigkeiten ergeben sich dort, wo Teilmengen übereignet werden sollen, da die Übertragung des gesamten Warenlagers zu einer Übersicherung führen würde.

Ein Großteil von Sicherungsübereignungsverträgen scheitert daran, dass die zur Sicherung übereigneten Sachen nicht so exakt bezeichnet werden, dass sie ohne weiteres identifiziert werden können. Die Gegenstände müssen stets so konkretisiert sein, dass sie für jedermann bereits aus dem Sicherungsvertrag heraus als dem Sicherungseigentum zugehörig festgestellt werden können.

12.2.3 Anwartschaften

Sicherungseigentum steht oft in Konkurrenz mit Vorbehaltseigentum des Verkäufers.

Beispiel   *Firma Müller, ein Reifengroßhandel, hat ihr gesamtes Warenlager der Bank zur Sicherheit übertragen. Hauptlieferant ist der Reifenhersteller Meyer, der sich an der Ware das Eigentum bis zur vollständigen Zahlung des Kaufpreises vorbehält.*

Wie jede andere Eigentumsübertragung setzt auch die Sicherungsübereignung voraus, dass der Sicherungsgeber Eigentümer der zur Sicherheit übereigneten Sache ist. Im anderen Fall könnte die Bank als Sicherungsnehmerin lediglich gutgläubig Sicherungseigentum erwerben (§ 932 BGB). Da die Bank aber nicht unmittelbare Besitzerin der übereigneten Sachen wird, scheitert ein gutgläubiger Erwerb von Sicherungseigentum regelmäßig (§ 933 BGB). Hinzu kommt, dass eine Bank immer damit rechnen muss, dass gelieferte Ware unter Eigentumsvorbehalt steht.

> Auch der Eigentumsvorbehalt ist ein Sicherungsmittel. Mit ihm beugt der Verkäufer einem Verlust der Ware für den Fall vor, dass der Käufer seiner Zahlungspflicht nicht nachkommt. Die Übertragung des Eigentums erfolgt unter der aufschiebenden Bedingung der vollständigen Zahlung des Kaufpreises. Zahlt der Käufer nicht, kann der Verkäufer die Ware zurückfordern. Ähnliche Rechte hat der Verkäufer in der Insolvenz des Käufers gegenüber dem Insolvenzverwalter.

Solange der Verkäufer Eigentümer der Kaufsache bleibt, kann die Bank an ihr kein Eigentum erwerben.

Der Käufer einer unter Eigentumsvorbehalt gelieferten Ware erwirbt jedoch mit dem Abschluss des Kaufvertrags ein Anwartschaftsrecht auf Eigentumserwerb, das mit dem Eintritt der Bedingung, der vollständigen Zahlung des Kaufpreises, zum Vollrecht, dem Eigentum, erstarkt.

Auch das Anwartschaftsrecht kann zur Sicherheit übertragen werden. Eine solche Übertragung der Eigentumsanwartschaft wird regelmäßig in der Sicherungsübereignung eines Warenlagers zu sehen sein, bei dem mit Vorbehaltseigentum zu rechnen ist. Besser ist es, die hilfsweise Übertragung von Eigentumsanwartschaften ausdrücklich im Sicherungsvertrag zu vereinbaren. Die Übertragung von Anwartschaften erfolgt in gleicher Weise wie die Begründung von Sicherungseigentum (vgl. 12.3.3).

Die Übertragung des Anwartschaftsrechts stärkt die Rechtsposition der Bank. Mit der vollständigen Zahlung des Kaufpreises entsteht das Eigentum in der Person des Sicherungsnehmers. Es findet mithin kein „Durchgangseigentum" beim Sicherungsgeber statt. Eine zwischenzeitliche Insolvenz des Kunden lässt den Erwerb des Sicherungseigentums der Bank unberührt.

Beispiel   *Firma Müller ist in Insolvenz. Vom Kaufpreis für den unter Eigentumsvorbehalt gelieferten Sattelschlepper steht noch eine Rate offen. Die Bank zahlt diese Rate.*

Die Bank ist berechtigt, die Kaufpreisforderung zu erfüllen und damit die Bedingung für den Eigentumsübergang vom Verkäufer auf den Käufer herbeizuführen, ohne dass der Kunde dies verhindern könnte (§ 267 I BGB). Sie erlangt damit das Recht, das Sicherungsgut zu verwerten. In der Insolvenz erlangt sie das Recht zur abgesonderten Befriedigung (§ 51 Insolvenzordnung (InsO)).

Hat der Kunde die Firmenräume gemietet, stellt sich die Frage nach dem Verhältnis des Anwartschaftsrechts zum Vermieterpfandrecht (§§ 562 ff. BGB).

Beispiel   *Firma Müller hat Büroräume von Meyer gemietet. Sie ist den Mietzins für mehrere Monate schuldig geblieben. Von Schmidt hat Firma Müller ein Kopiergerät gekauft und ist die letzte Kaufpreisrate schuldig geblieben. Die Bank, der die gesamte Büroeinrichtung zur Sicherung eines Kredits übereignet wurde, zahlt die letzte Rate. Sie streitet mit Meyer, wem das Verwertungsrecht am Kopierer zusteht.*

Einem Vermieter steht für Ansprüche aus dem Mietverhältnis ein gesetzliches Pfandrecht an den eingebrachten Sachen des Mieters zu (§ 562 BGB). Das Pfandrecht entsteht bereits mit der Einbringung der Sachen in die gemieteten Räume.

Konkurriert das Vermieterpfandrecht mit dem Sicherungseigentum eines Dritten, gilt auch hier das Prioritätsprinzip. War die Sache der Bank zur Sicherung übereignet worden, ehe sie in die Mieträume eingebracht wurde, erlangt sie lastenfreies Eigentum. Befand sich die Sache aber bei Sicherungsübereignung bereits in den Mieträumen, erwirbt die Bank lediglich ein mit dem Vermieterpfandrecht belastetes Eigentum. Bezüglich des Anwartschaftsrechts geht die Rechtsprechung allerdings davon aus, dass dieses stets belastet mit dem Vermieterpfandrecht zum Eigentum erstarkt. Das soll auch dann gelten, wenn bei einem Raumsicherungsvertrag erst nach Abschluss des Sicherungsvertrags Sachen in die Mieträume eingebracht werden.

12.3 Begründung von Sicherungseigentum

12.3.1 Sicherungszweck

Wie bei anderen Sicherungsrechten ist zunächst zu trennen zwischen dem Sicherungsgeschäft und der gesicherten Forderung. Welche Forderung gesichert ist, ergibt sich aus dem Sicherungsvertrag. Auch hier gibt es Sicherungsvereinbarungen, die nur Ansprüche aus einem bestimmten Kredit sichern und solche mit weitem Sicherungszweck, der alle, auch künftige Ansprüche aus bankmäßiger Geschäftsverbindung zum Gegenstand hat.

Daneben ist zu unterscheiden zwischen dem Sicherungsvertrag als schuldrechtliches Verpflichtungsgeschäft und der Sicherungsübereignung als Erfüllung dieser Verpflichtung.

12.3.2 Sicherungsvertrag

Der Sicherungsvertrag ist formlos gültig, wird aber von Banken regelmäßig schriftlich geschlossen. Er enthält die Verpflichtung des Sicherungsgebers, der Bank an dem zur Sicherung zur Verfügung zu stellenden Sache Sicherungseigentum zu verschaffen.

> Sicherungsgeber muss nicht notwendig der Kunde der Bank sein, dessen Kredit zu besichern ist. Wie bei anderen Realsicherheiten kann Sicherungsgeber auch ein Dritter sein.

Der Sicherungsvertrag legt den Sicherungszweck fest (vgl. 12.3.1), indem er den Umfang der gesicherten Forderungen bestimmt.

> Wie bei anderen Sicherungsrechten ist darauf zu achten, dass auch bei „engem" Sicherungszweck alle Ansprüche aus dem Kreditverhältnis gesichert sind, auch Rückerstattungsansprüche, die entstehen, wenn der Kreditvertrag nichtig sein sollte. Der Sicherungszweck ist stets mit besonderer Sorgfalt festzulegen.

Durch den Sicherungsvertrag wird zugleich das Sicherungsgut festgelegt. Sicherungsgut sind die Sachen, bezüglich derer sich der Kunde zur Begründung von Sicherungseigentum gegenüber der Bank verpflichtet. Sie sind so genau zu bezeichnen, dass am Umfang des Sicherungsguts keine Zweifel bestehen.

Darüber hinaus beinhaltet der Sicherungsvertrag regelmäßig eine Vielzahl von Regelungen, die den Umgang des Kunden mit dem in seinem Besitz verbleibenden Sicherungsgut, aber auch Voraussetzungen und Konsequenzen des Sicherungsfalls betreffen.

> Im Sicherungsvertrag versichert der Kunde, dass die zu übereignenden Sachen in seinem Eigentum stehen und er über sie frei verfügen kann. Dies soll den Kunden an die Redlichkeit erinnern, kein Sicherungsgut zur Verfügung zu stellen, das mit Rechten Dritter belastet ist.
>
> Im Sicherungsvertrag wird weiter geregelt, in welchem Umfang der Kunde die zur Sicherung übereigneten Sachen weiter nutzen darf, was er zu tun und zu unterlassen hat, um das Sicherungseigentum der Bank nicht zu gefährden. Dazu gehört auch die Verpflichtung, der Bank eine Beschädigung oder einen Verlust, aber auch eine Pfändung des Sicherungsguts unverzüglich mitzuteilen. Der Bank werden hierzu Auskunfts- und Kontrollrechte eingeräumt.
>
> Auch die Pflicht des Sicherungsgebers, das Sicherungsgut ausreichend zu versichern, gehört zu den zu vereinbarenden Nebenpflichten.

Von besonderer Bedeutung für die Wirksamkeit der Sicherungsübereignung ist die Vereinbarung eines so genannten Besitzkonstituts (vgl. 12.3.3), die regelmäßig dadurch erfolgt, dass der Kunde die zu übereignenden Sachen für die Bank verwahrt (§§ 688 ff. BGB).

Darf der Kunde die zur Sicherung übereigneten Sachen weiter verarbeiten, ist dies vertraglich zu regeln. Das Gleiche gilt, wenn er sie im Rahmen seines Geschäftsbetriebes weiter veräußern darf. In beiden Fällen sind die rechtlichen Konsequenzen festzulegen.

> Im Falle der Verarbeitung der Sache muss gewährleistet sein, dass sich das Sicherungseigentum an der neu zu schaffenden Sache fortsetzt. Im Falle des Verkaufs ist der Verkaufserlös der Bank sicherungshalber abzutreten und ist zugleich dafür Sorge zu tragen, dass sich das Sicherungseigentum an neu anzuschaffenden Sachen fortsetzt (vgl. 12.3.4).

Einer Regelung bedarf auch das Recht der Bank, die Sachen in Besitz zu nehmen, wenn das Sicherungseigentum gefährdet ist.

Das Gleiche gilt für den Sicherungsfall. So wird vertraglich festgelegt, wann die Bank das Sicherungsgut verwerten darf und wie die Verwertung zu erfolgen hat. Schließlich bedarf einer vertraglichen Regelung, was mit dem Sicherungsgut geschieht, wenn der Kunde den gesicherten Kredit ordnungsgemäß zurückbezahlt hat und damit der Sicherungszweck entfällt.

Ist der Sicherungszweck entfallen, ist die Sicherheit zurückzugewähren. Dies kann geregelt werden

- durch Vereinbarung einer auflösenden Bedingung oder
- durch Einräumung eines Rückgewähranspruchs.

Die Sicherungsübereignung kann von vornherein unter der auflösenden Bedingung des Fortfalls des Sicherungszwecks getroffen werden. Ist der Sicherungszweck entfallen, fällt das Eigentum an den Sicherungsgeber zurück, ohne dass es einer besonderen Handlung des Partners des Sicherungsvertrags bedarf.

Liegt eine auflösende Bedingung nicht vor, steht dem Sicherungsgeber bei Erledigung des Sicherungszwecks ein Anspruch auf Rückübereignung zu und zwar unabhängig, ob ein solcher vereinbart wurde oder nicht. Die Verpflichtung der Bank, das Sicherungsgut zurück zu übertragen, ergibt sich bereits aus dem Wesen des Sicherungseigentums als einem Sicherungsmittel (vgl. 12.4).

Auch hier entsteht ein Teilrückgewähranspruch bereits dann, wenn eine Übersicherung vorliegt. Entscheidend für das Vorliegen einer (anfänglichen oder späteren) Übersicherung ist die Deckungsgrenze (vgl. 8.4).

12.3.3 Übereignung

Unser Bürgerliches Recht beruht auf der Unterscheidung zwischen schuldrechtlichem Verpflichtungsgeschäft und dinglichem Erfüllungsgeschäft.

Im Sicherungsvertrag hat sich der Kunde als Sicherungsgeber verpflichtet, dem Sicherungsnehmer, der Bank, an bestimmten Sachen Sicherungseigentum zu verschaffen. Er erfüllt die Verpflichtung durch Übereignung.

Die Übertragung von Eigentum an beweglichen Sachen erfolgt regelmäßig durch

■ Einigung zwischen Veräußerer und Erwerber über den Eigentumsübergang und
■ Übergabe der Sache (§ 929 BGB).

Eine Übergabe der Sache kommt bei der Sicherungsübereignung aber nicht in Betracht. Der Kunde will die nur zur Sicherung übereignete Sache in Besitz behalten und sie weiter nutzen. Die Bank hat weder die Möglichkeit, noch ein Interesse, die Sache an sich zu nehmen.

In solchen Fällen kann die Übereignung unter Vereinbarung eines Besitzkonstituts erfolgen. Ein Besitzkonstitut oder Besitzmittlungsverhältnis ist ein Rechtsverhältnis, auf Grund dessen einer eine Sache für einen anderen besitzt, diesem mithin den Besitz vermittelt. Bank und Kunde schaffen ein Rechtsverhältnis, auf Grund dessen der Kunde die Sache nunmehr für die Bank als Sicherungsnehmerin besitzt, regelmäßig ein Verwahrungsverhältnis (§§ 688 ff. BGB). Dieses Besitzmittlungsverhältnis tritt an die Stelle der – von den Vertragspartnern nicht gewollten – Übergabe.

Zur Erfüllung der im Sicherungsvertrag übernommenen Sicherungsverpflichtung werden mithin von Bank und Kunde zwei weitere Vereinbarungen getroffen,

■ die (dingliche) Einigung über den Eigentumsübergang und
■ die Vereinbarung eines Verwahrungsvertrags.

Durch die Vereinbarung, dass der Kunde künftig die Sache für die Bank „verwahrt", bleibt er zwar unmittelbarer Besitzer der Sache, macht die Bank aber zum mittelbaren Besitzer, was für die Übereignung ausreicht.

Die Einigung über den Eigentumsübergang und die Vereinbarung der Verwahrung (oder eines anderen Besitzkonstituts) kann unter der auflösenden Bedingung des Fortfalls des Sicherungszwecks erfolgen (vgl. 12.3.2).

> In gleicher Weise wie die Übertragung des Eigentums erfolgt diejenige des Anwartschafts-rechts bei unter Eigentumsvorbehalt gelieferter Ware (vgl. 12.2.3).

12.3.4 Sicherungsübereignung eines Warenlagers mit wechselndem Bestand

Durch entsprechende Gestaltung des Sicherungsvertrags und durch (vorweggenomme-ne) Einigung über den Eigentumsübergang unter gleichzeitiger Vereinbarung eines Be-sitzkonstituts können die Vertragspartner auch eine Sicherungsübereignung künftig zu liefernder Ware gewährleisten. Dies ermöglicht die sicherungsweise Übereignung eines Warenlagers mit wechselndem Bestand.

> Für eine Sicherungsübereignung von Warenlagern mit wechselndem Bestand besteht ein praktisches Interesse. Im Warenlager eines Kaufmanns sind oft erhebliche Werte gebunden, die er für die Kreditbeschaffung nutzbar machen möchte. Andererseits will er am zügigen Ab-verkauf der Lagerbestände nicht gehindert sein.
>
> Das Interesse der Bank geht lediglich dahin, dass das Sicherungsgut insgesamt nicht an Wert verliert. Für sie muss gewährleistet sein, dass Abgänge aus dem Lager durch Zugänge wert-mäßig ausgeglichen werden.

Erreicht wird das Ziel durch eine Nachschubklausel. Der Kunde verpflichtet sich, Abgän-ge von Waren durch neu geordnete Ware auszugleichen. Unter diesen Umständen ist die Bank bereit, ihm die Kauferlöse aus den Abverkäufen aus dem Lager zu belassen. Bereits bei Abschluss der Sicherungsvereinbarung können sich die Vertragspartner über den Ei-gentumsübergang der künftig eingehenden Ware einigen und hierüber vorab ein Besitz-mittlungsverhältnis treffen.

Voraussetzung der Wirksamkeit der Sicherungsübereignung ist aber, dass auch das künf-tige Sicherungsgut so bestimmt ist, dass an ihm keine Zweifel bestehen. Dies kann am einfachsten geschehen, indem das gesamte Warenlager und alle künftigen Zugänge über-tragen werden. Damit sind Zweifel über den Umfang der Sicherungsübereignung ausge-räumt.

Sollte dies nicht möglich oder gewollt sein und sollte dies insbesondere zu einer Übersi-cherung der Bank führen, verbleibt die Möglichkeit einer konsequenten Raumsicherung oder Markierung bestimmter Waren (vgl. 12.2.2).

12.3.5 Gutglaubenschutz

Die Bank ist nie davor gefeit, dass ein Kunde die gleichen Sachen mehrfach und unterschiedlichen Sicherungsnehmern zur Sicherung übereignet. Das kann in unredlicher Weise erfolgen, indem der Kunde den Wert des Sicherungsguts für verschiedene Kredite ausnutzt; oft wird es aber auch Nachlässigkeit sein, indem sich der Kunde bei den zumeist formularmäßigen Regelungen an eine frühere Sicherungsübereignung nicht mehr erinnert.

Dies lässt fragen, inwieweit der spätere Sicherungsnehmer an dem bereits anderweitig übereigneten Sicherungsgut gutgläubig Eigentum erwerben kann.

> Hat der Kunde sein Eigentum am Sicherungsgut bereits übertragen, hat er es damit verloren und kann es nicht noch einmal übertragen. Für den späteren Vertragspartner kommt daher nur noch ein gutgläubiger Erwerb in Betracht. Er ist in gutem Glauben, wenn er das mangelnde Eigentum des Vertragspartners nicht kannte und seine Unkenntnis auch nicht auf grober Fahrlässigkeit beruht (§ 932 II BGB). Grundsätzlich muss man darauf vertrauen können, dass sich der Geschäftspartner redlich verhält und sich davon überzeugt hat, dass er auch Eigentümer der zur Sicherung angebotenen Sachen ist. Im Normalfall wird man von grober Fahrlässigkeit der Bank in Bezug auf die Eigentumsrechte ihres Kunden nicht ausgehen können.
>
> Anders ist dies bei Vorbehaltseigentum. Muss man doch heute damit rechnen, dass ein Großteil der Waren unter Eigentumsvorbehalt geliefert wird. Hier kann sich die Bank absichern, indem sie sich vorsorglich die Anwartschaften aus dem vorbehaltenen Eigentum abtreten lässt.

Für den gutgläubigen Erwerb des Eigentums einer Sache ist aber deren Übergabe erforderlich. Ein gutgläubiger Erwerb scheitert daher, wenn statt der Übergabe ein Besitzkonstitut vereinbart wird (§ 933 BGB). Damit bleibt es bei der Regel, dass bei Mehrfachübertragungen nur der erste Erwerber zum Zuge kommt.

> Wird die Sache an den Zweiterwerber herausgegeben und ist dieser noch gutgläubig, weiß er also im Zeitpunkt der Übergabe nichts davon, dass die Sache bereits einem anderen übereignet worden ist, kann er allerdings nach § 932 BGB gutgläubig Eigentum erwerben.

Für den Fall der Sicherungsübereignung eines Warenlagers mit wechselndem Bestand muss differenziert werden.

Beispiel Kaufmann Müller hat am 30.06.2000 der Bank für einen Kredit sein Warenlager zur Sicherung übereignet mit der Maßgabe, dass künftig gelieferte Ware vom Sicherungseigentum umfasst ist. Am 30.07.2000 übereignet er das gleiche Lager zu entsprechenden Bedingungen der Sparkasse für einen von ihr zu gewährenden Kredit. Am 31.03.2002 wird über das Vermögen von Müller das Insolvenzverfahren eröffnet. Bank, Sparkasse und Insolvenzverwalter streiten, wem der im Zeitpunkt der Insolvenzeröffnung noch vorhandene Warenbestand zusteht.

Bei einem im Voraus vereinbarten, künftig gelieferte Ware betreffenden Besitzmittlungsverhältnis geht das Eigentum auf den Sicherungsnehmer über, so lange der Wille des Sicherungsgebers fortbesteht, die Ware für den Sicherungsnehmer in Besitz zu nehmen und ihm den Besitz zu vermitteln.

Der Wille des Kunden, die künftige Ware für die Bank entgegen zu nehmen und zu verwahren, war spätestens mit Abschluss des Sicherungsvertrags zu Gunsten der Sparkasse entfallen. Hieraus ist zu folgern, dass im Beispielsfall die bis zum 30.07.2000 gelieferte und noch nicht verkaufte Ware der Bank und die danach gelieferte und noch vorhandene Ware der Sparkasse gebührt.

Um ihr Absonderungsrecht zu begründen, müssen Bank und Sparkasse für jeden einzelnen Gegenstand des Warenlagers ihr Sicherungseigentum nachweisen. Dies ist bei Mehrfachübereignungen von Warenlagern mit ständigen Zu- und Abgängen und der schwierigen Beweislage in der Insolvenz regelmäßig nicht mehr möglich. Im Zweifelsfall dürfte daher der Insolvenzverwalter zum Zuge kommen.

12.4   Rückgewähranspruch

Hat die Sicherungsübereignung ihren Zweck erfüllt und haben die Vertragspartner sie nicht auflösend bedingt geschlossen (vgl. 12.3.2), ist das Eigentum zurück zu gewähren.

Der Rückgewähranspruch ist beim Sicherungseigentum wie bei anderen Realsicherheiten abtretbar und pfändbar.

Wird der Rückgewähranspruch vom Sicherungsgeber einem Dritten – eventuell wiederum sicherungshalber – abgetreten, bleiben die übrigen Verpflichtungen aus dem Sicherungsvertrag beim Zedenten. Die Übertragung der schuldrechtlichen Verpflichtungen, insbesondere aber auch die Übertragung der gesicherten Verbindlichkeit ist nur im Einvernehmen mit dem Sicherungsnehmer möglich.

Unabhängig davon kann der Zessionar, aber auch der Pfändungsgläubiger, die gesicherte Darlehensverbindlichkeit ablösen (§ 267 I BGB) und damit den Rückgewähranspruch fällig stellen.

> Von der Pfändung des Rückgewähranspruchs zu trennen ist die Pfändung der zur Sicherung übereigneten Sache selber.
>
> Die Pfändung des Rückgewähranspruchs ist eine Forderungspfändung und erfolgt durch Pfändungsbeschluss des Amtsgerichts als Vollstreckungsgericht und dessen Zustellung an den Sicherungsgeber als Schuldner und an die Bank als Drittschuldner.
>
> Pfändet dagegen ein Gläubiger des Kunden die zur Sicherung übereignete Sache selber, kann und muss die Bank sich dagegen wehren, will sie ihr Sicherungseigentum nicht verlieren. Sie wird den Pfändungsgläubiger unter Nachweis ihres Sicherungseigentums auffordern, die Pfändung aufzuheben und die Drittwiderspruchsklage (§ 771 ZPO) erheben, wenn er der Aufforderung nicht nachkommt.

Erfolgt die Rückgewähr an den Sicherungsgeber, wird der Anspruch durch Freigabe des Sicherungsguts erfüllt. Die Freigabeerklärung kann schriftlich oder mündlich erfolgen und wird oft stillschweigend geschehen, indem der Sicherungsnehmer das Sicherungsgut nicht mehr in Anspruch nimmt. Der Rückgewähranspruch entsteht in allen Fällen des Fortfalls des Sicherungszwecks.

Beispiele   *Der gesicherte Darlehensvertrag wird erst gar nicht wirksam. Dies ist der Fall, wenn er wegen Verstoßes gegen die guten Sitten nichtig ist (§ 138 BGB) oder wirksam angefochten ist (§§ 119, 123 BGB).*
Der Darlehensvertrag wird vorzeitig beendet, etwa durch Fortfall der Geschäftsgrundlage (§ 313 BGB).

Ist die Darlehensvaluta bereits ausbezahlt, hängt es von der Gestaltung des Sicherungsvertrags ab, ob in solchen Fällen das Sicherungseigentum auch den Rückzahlungsanspruch der Bank sichert.

Insbesondere bei der sichernden Übereignung von Sachgesamtheiten, etwa eines Warenlagers mit wechselndem Bestand, kann sich eine nachträgliche Übersicherung ergeben, die einen Teilrückgewähranspruch des Kunden auslöst (vgl. 8.4).

12.5   Verwertung des Sicherungseigentums

Mit Eintritt des Sicherungsfalls – der Kunde kommt seiner Zahlungsverbindlichkeit nicht mehr nach, die Bank hat den Kredit fällig gestellt – ist die Bank berechtigt, die Herausgabe der zur Sicherung übereigneten Sachen zu fordern.

> Der Sicherungsfall ist beim Kunden regelmäßig mit einer allgemeinen Vermögenskrise verbunden. In einer solchen ist das Sicherungsgut in besonderer Weise gefährdet. Andere Gläubiger können darauf zugreifen. Der Schuldner selbst kann sich unredlich verhalten und die der Bank übereigneten, aber in seinem Besitz verbliebenen Sachen veräußern oder verschwinden lassen.

Kommt der Kunde dem Herausgabeverlangen nicht nach, muss die Bank ihn auf Herausgabe verklagen. Ein Selbsthilferecht hat die Bank nur, wenn ein solches im Sicherungsvertrag ausdrücklich vereinbart wurde.

> Allerdings wird ihr ein solches Selbsthilferecht wenig helfen, wenn der Kunde zur Herausgabe nicht bereit ist. Um den Herausgabeanspruch gegen den Willen des Kunden durchsetzen zu können, braucht die Bank einen Herausgabetitel, aus dem sie die Vollstreckung betreiben kann. Dies könnte auch eine notarielle Urkunde sein (§ 794 I Nr. 5 ZPO). Allerdings wäre es aufwändig, sich für solche Fälle notarielle Vollstreckungsunterwerfungserklärungen geben zu lassen.

Hat die Bank aber einen fälligen Zahlungstitel, etwa die Vollstreckungsunterwerfung in einer Grundschuldbestellungsurkunde, kann sie aus dieser das Sicherungsgut pfänden und sich übertragen lassen (§§ 808, 825 BGB).

Die Art der Verwertung ist im Sicherungsvertrag festzulegen und erfolgt regelmäßig durch freihändigen Verkauf der Sachen. Ein solcher entspricht auch dem Interesse des Kunden, da bei einem freihändigen Verkauf regelmäßig höhere Preise zu erzielen sind als bei einer öffentlichen Versteigerung.

> Letzterer hat der Gesetzgeber für die Verwertung des vertraglichen Pfandrechts vorgeschrieben (§ 1235 I BGB).

Der Verwertungserlös ist mehrwertsteuerpflichtig.

> Ist über das Vermögen des Kunden das Insolvenzverfahren eröffnet, scheitert der Herausgabeanspruch der Bank. Der Insolvenzverwalter hat an Sachen, die sich im Besitz des Schuldners befinden, ein eigenes Verwertungsrecht (§§ 148, 166 ff. InsO). Die Verwertung erfolgt auch hier durch freihändigen Verkauf. Der Sicherungsnehmer hat in der Insolvenz lediglich einen Anspruch auf abgesonderte Befriedigung (§§ 51 Nr. 1, 166 ff. InsO). Insoweit ist das Sicherungseigentum einem Pfandrecht gleichgestellt.

So lange der Kunde sich noch nicht in der Insolvenz befindet, hat die Bank auch die Möglichkeit, den fälligen Darlehensrückzahlungsanspruch gegenüber dem Kunden einzuklagen. Erlangt sie auf diese Weise einen Zahlungstitel, kann sie auch ins Sicherungsgut vollstrecken. Die Verwertung liegt dann beim Gerichtsvollzieher und erfolgt durch öffentliche Versteigerung (§§ 814 ff. ZPO), wenn sich die Bank mit dem Gerichtsvollzieher nicht auf eine andere Verwertung einigt (§ 825 ZPO).

13. Sicherungsabtretung

Ein Sicherungsmittel, das in seiner rechtlichen Ausgestaltung dem Sicherungseigentum sehr ähnlich ist, aber andere Vermögenswerte des Kunden zum Gegenstand hat, ist die Sicherungsabtretung. Hat die Sicherungsübereignung beweglicher Sachen des Firmenkunden (Waren, Sachen im Anlagevermögen) zum Gegenstand, sind es bei der Sicherungsabtretung regelmäßig Forderungen, die ihm gegenüber Geschäftspartnern aus seiner geschäftlichen Tätigkeit zustehen. Der gewerblich tätige Bankkunde nutzt den in seinen Außenständen gebundenen Vermögenswert zur Kreditbeschaffung und Kreditsicherung.

> Auch beim Konsumentenkredit ist die Sicherungsabtretung von Bedeutung. Hier sind es regelmäßig Gehalts- und Lohnansprüche des Kunden, die sich die Bank zur Sicherung ihres Kredits abtreten lässt.

Auch die Sicherungsabtretung ist gesetzlich nicht geregelt und hat sich gewohnheitsrechtlich ausgebildet.

> Ausführlich geregelt ist dagegen das Pfandrecht an Rechten, das der Sicherungsabtretung nahe kommt (§§ 1273 ff. BGB) und zwar in seiner Ausgestaltung als Pfandrecht an Forderungen (§§ 1279 ff. BGB). Die Anzeige der Forderungsabtretung an den so genannten Drittschuldner ist für die Verpfändung von Forderungen Wirksamkeitsvoraussetzung (§ 1280 BGB). Dagegen kann die Sicherungsabtretung als „stille" Abtretung erfolgen; sie braucht dem Drittschuldner nicht offenbart zu werden und bleibt ihm regelmäßig auch unbekannt. Erst wenn es zum Sicherungsfall kommt, der Kreditschuldner also seiner Rückzahlungspflicht aus dem gesicherten Darlehen nicht mehr nachkommt, wird die Abtretung offen gelegt.
>
> Die Einräumung eines Sicherungsrechts an den Außenständen möchte der um Kredit nachsuchende Kaufmann seinen Geschäftspartnern gegenüber geheim halten; muss er doch befürchten, dass diese sie als Zeichen mangelnder Liquidität verstehen und seine wirtschaftliche Unzuverlässigkeit mutmaßen.
>
> Dies erklärt, warum die Verpfändung von Forderungen keine praktische Bedeutung gewinnen konnte und im Wirtschaftsleben die sicherungsweise Abtretung bevorzugt wird.

Die Sicherungsabtretung hat daher das vertraglich vereinbarte Pfandrecht an Forderungen nahezu verdrängt.

241

13.1 Begriff der Sicherungsabtretung

Die Sicherungsabtretung ist die Abtretung von Forderungen oder sonstigen Rechten zur Sicherung von Forderungen.

Beispiel   *Firma Müller hat ihre Geschäftspartnerin, Firma Meyer, einen Maschine verkauft. Der Kaufpreis wird in monatlichen Raten entrichtet. Um den Gegenwert sogleich zu erhalten und mit dem Geld arbeiten zu können, lässt sich Firma Müller den Kaufpreis von ihrer Bank vorfinanzieren und tritt dieser ihre Kaufpreisforderung zur Sicherung ab.*

An einer Sicherungsabtretung (oder Sicherungszession) sind drei Personen beteiligt,

- der Abtretende (Zedent) – im Beispielsfall Firma Müller –,
- der Abtretungsempfänger (Zessionar) – im Beispielsfall die Bank – und
- der Schuldner der abgetretenen Forderung (Drittschuldner) – im Beispielsfall Firma Meyer.

Der Zessionar wird durch die Abtretung zwar Inhaber der Forderung. Sein Recht ist aber durch den vereinbarten Sicherungszweck beschränkt. Er darf regelmäßig erst im Sicherungsfall die Abtretung dem Drittschuldner gegenüber offen legen. Erst dann und nur dann darf er die abgetretene Forderung geltend machen und Zahlung an sich fordern. Auch bei der Sicherungsabtretung erhält der Zessionar nach außen mehr Rechte, als er im Verhältnis zum Zedenten ausüben darf, nämlich die volle Inhaberschaft der Forderung. Die Abtretung erfolgt mithin treuhänderisch.

Die Erwartung, dass sich der Partner der Sicherungsvereinbarung vertragstreu verhält, ist wechselseitig. Der Kunde als Sicherungsgeber ist darauf angewiesen, dass sich die Bank entsprechend der Sicherungsabrede verhält, also die abgetretene Forderung nicht vorzeitig offen legt und deren Gegenwert auch nicht treuwidrig mit anderen Forderungen verrechnet. Aber auch die Bank ist als Sicherungsnehmerin auf die Redlichkeit des Kunden angewiesen. Sie muss darauf vertrauen, dass die ihr zur Sicherheit abgetretene Forderung tatsächlich besteht und nicht bereits anderweitig abgetreten wurde. Sie muss weiter darauf vertrauen können, dass der Kunde die abgetretene Forderung nicht einzieht und sich anderer Verfügungen über sie enthält.

Rechtlich erfolgt die Sicherungsabtretung erfüllungshalber. Der Zessionar ist und bleibt verpflichtet, zunächst die Leistungen aus dem gesicherten Kredit entgegen zu nehmen und darf auf die abgetretene Forderung erst zugreifen, wenn der Kunde seiner Verpflichtung aus dem Kreditvertrag nicht mehr nachkommt.

> Die Abtretung erfüllungshalber lässt die Forderung bestehen, zu deren Sicherung sie erfolgt. Daneben kennt das Recht noch eine Abtretung an Erfüllungs statt. Wird eine solche vereinbart, erlischt die Forderung, deretwegen die Abtretung erfolgt. Eine Abtretung an Erfüllungs statt ist eine Erfüllungshandlung und keine Sicherung und kommt daher für die sicherungsweise Abtretung von Forderungen nicht in Betracht.

Sicherungsabtretungen können als eigenständige Sicherung abgeschlossen werden oder zur Verstärkung eines anderen Sicherungsrechts dienen.

Beispiel   *Firma Müller hat der Bank ihr Warenlager zur Sicherung übereignet mit der Maßgabe, dass sie aus ihm im normalen Geschäftsgang Abverkäufe tätigen darf. Sie hat die Kaufpreisansprüche aus diesen Verkäufen der Bank zur Sicherung abgetreten.*

Kommt es zum Sicherungsfall, etwa durch eine Insolvenz des Schuldners, ist der Sicherungsnehmer nicht nur berechtigt, das noch vorhandene Warenlager zu verwerten, sondern auch die noch ausstehenden Kaufpreisforderungen einzuziehen.

13.2   Gegenstand der Sicherungsabtretung

Zur Sicherung abtreten kann man alle Forderungen, die abtretbar sind.

Beispiel   *Firma Müller hat ihrer Bank alle Ansprüche zur Sicherung eines Kredits abgetreten, die sie aus der Geschäftsverbindung mit Firma Meyer hat und künftig haben wird. In den Allgemeinen Geschäftsbedingungen der Firma Meyer befindet sich ein Abtretungsverbot.*

Vertragspartner können vereinbaren, dass eine Abtretung von Forderungen aus dem abgeschlossenen Geschäft ausgeschlossen ist (§ 399 BGB). Solches kann auch in Allgemeinen Geschäftsbedingungen wirksam erfolgen.

Sind im Beispielsfall die Geschäftsbedingungen des Vertragspartners wirksam vereinbart worden, geht die Abtretung ins Leere.

Abtretungsverbote sind im Handel häufig.

Die Anonymität der Abtretung birgt für den Zessionar erhebliche Risiken. So kann er nie ganz ausschließen, dass ein Abtretungsverbot vereinbart wurde. Er wird sich zumindest die Geschäftsbedingungen des Drittschuldners, aber auch diejenige des Zedenten vorlegen lassen müssen, um zu klären, ob sie entsprechende Abtretungsverbote enthalten.

Die Sicherungsabtretung kann eine einzelne Forderung zum Gegenstand haben. Man spricht dann von Singularzession. Sie kann aber auch eine Forderungsmehrheit umfassen, sodass eine Globalzession vorliegt.

Beispiel   *Firma Müller hat zur Sicherung eines Kredits ihrer Bank alle Ansprüche abgetreten, die ihr aus der Geschäftsbeziehung zur Firma Meyer zustehen.*

Globalzessionen werden regelmäßig so geschlossen, dass sie auch künftig entstehende Forderungen mit umfassen.

Gegenstand der Abtretung sind regelmäßig Geldansprüche. Zur Sicherungsabtretung geeignet sind aber alle abtretbaren Ansprüche von wirtschaftlichem Interesse.

Beispiel   *Firma Müller hat der Bank für einen Kredit eine Grundschuld bestellt. Sie hat der Bank zugleich den Rückgewähranspruch abgetreten, den sie aus einer vorrangig eingetragenen Grundschuld zu Gunsten der Sparkasse hat, wenn der die Grundschuld sichernde Kredit zurückbezahlt ist.*

Die Abtretung des Rückgewähranspruchs verstärkt die Rechtsposition der Bank als Grundpfandgläubigerin. Ist der Sicherungszweck der vorrangigen Grundschuld entfallen und ist sie zurückzugewähren, kann die Bank sie löschen lassen und gewinnt so im Verwertungsfall eine bessere Rangstelle (vgl. 11.9.5.1).

Abtretbar sind außer Forderungen auch sonstige Rechte. Dies sind insbesondere solche, denen ein Verwertungsrecht zukommt.

Beispiel   *Firma Müller GmbH ist Gläubigerin einer Grundschuld, die Herr Müller an seinem privaten Anwesen bestellte. Sie tritt diese an die Bank zur Sicherung eines Kredits ab.*

Neben der Bestellung kommt der Abtretung eines bereits eingetragenen Grundpfandrechts besondere Bedeutung zu (vgl. 11.4.3). Auch sie erfolgt sicherungshalber, indem der Zessionar das Recht nur im Rahmen des vereinbarten Sicherungszwecks ausüben darf.

13.3 Begründung der Sicherheit

Wie bei anderen Sicherheiten sind auch bei der Sicherungsabtretung zu unterscheiden

- Anlassgeschäft,
- Verpflichtungsgeschäft und
- Erfüllungsgeschäft,

wenn diese oft auch in einer Urkunde verbunden sind.

13.3.1 Sicherungszweck

Anlass für die Sicherungsabtretung ist regelmäßig die Gewährung eines Kredits.

Die Sicherungsabtretung kann aber auch unabhängig von der Gewährung eines bestimmten Kredits und mit weitem Sicherungszweck erfolgen, indem sie alle auch künftigen Ansprüche aus bankmäßiger Geschäftsverbindung sichert. Dies wird häufig bei Globalzessionen der Fall sein.

13.3.2 Sicherungsvertrag

Der Sicherungsvertrag ist die Vereinbarung zwischen Sicherungsgeber und Sicherungsnehmer über die zu stellende Sicherheit. Für den Sicherungsgeber enthält sie die Verpflichtung zur Sicherungsabtretung.

Sicherungsgeber muss nicht notwendig der Kreditkunde sein.

Beispiel *Müller benötigt einen Firmenkredit und kann selber keine Sicherheit bieten. Frau Müller hat gegen ihre Mutter einen anerkannten und der Mutter gestundeten Pflichtteilsanspruch aus dem Erbfall des verstorbenen Vaters. Zur Sicherung des Kredits ihres Mannes tritt sie den Anspruch an die Bank ab.*

Stellt ein Drittsicherungsgeber die abzutretende Forderung zur Verfügung, ist der Sicherungsvertrag mit ihm zu schließen. Ihm ist regelmäßig die Forderung zurück abzutreten, wenn der Sicherungszweck fortgefallen ist, wenn also der gesicherte Kredit zurückbezahlt ist.

Im Sicherungsvertrag ist festzulegen, welche Forderungen sicherungshalber abzutreten sind. Auch hier gilt, dass der Vertrag die Forderungen so bestimmt angeben muss, dass über den Gegenstand der Verpflichtung keine Zweifel bestehen können.

Der Sicherungsvertrag kann auch die Verpflichtung zur Abtretung künftiger Forderungen zum Gegenstand haben. Dies ermöglicht Regelungen, wonach Forderungen revolvierend abzutreten sind; der Sicherungsgeber also vertraglich berechtigt ist, die abgetretenen Forderungen im normalen Geschäftsbetrieb einzuziehen und ihren Gegenwert für sich zu verwerten, so lange die Abtretung neuer Kundenforderungen im gleichen Umfang gewährleistet ist. Rechtlich geschieht dies, indem die Bank dem Kunden eine jederzeit widerrufliche Einzugsermächtigung erteilt.

Eine Abtretung künftiger Forderungen liegt auch bei der zur Sicherung von Konsumentenkrediten üblichen Lohn- und Gehaltsabtretungen vor.

Regelmäßig wird sich die Bank vom Sicherungsgeber im Vertrag auch versichern lassen, dass die abgetretenen Forderungen bestehen, nicht bereits einem Dritten abgetreten sind und auch nicht mit Rechten Dritter belastet sind.

Die Bank wird sich im Sicherungsvertrag Kontrollrechte einräumen lassen und zwar insbesondere dann, wenn der Sicherungsgeber berechtigt ist, die Forderung im normalen Geschäftsgang einzuziehen. Sie kann den Kunden verpflichten, über die Eingänge bei zedierten Forderungen regelmäßig Rechnung zu legen und sich zur Überprüfung ein Recht auf Einsichtnahme in die Geschäftsunterlagen ausbedingen. Sie kann den Kunden verpflichten, über die Werthaltigkeit abgetretener Forderungen Auskunft zu erteilen.

Dazu gehört auch die Verpflichtung, den Sicherungsnehmer über alles zu unterrichten, was den Sicherungszweck gefährden könnte, etwa Pfändungsmaßnahmen Dritter, aber auch seitens des Drittschuldners erklärte Aufrechnungen und insbesondere Zahlungsschwierigkeiten, in die der Drittschuldner geraten sollte.

Liegen revolvierende Sicherungsabtretungen vor, muss durch den Sicherungsvertrag gewährleistet sein, dass Bestand und Werthaltigkeit der zedierten Forderungen erhalten bleibt.

Die Notwendigkeit, vertraglich auch nachträgliche Übersicherungen durch Freigabeklauseln zu unterbinden, besteht nach der neueren Rechtsprechung des BGH nicht mehr. Das Fehlen einer Klausel, die den Sicherungsnehmer verpflichtet, einen Teil der Sicherheiten freizugeben, wenn die Deckungsgrenze überschritten wird, macht den Sicherungsvertrag und die sicherungshalber erfolgte Abtretung nicht nichtig. Vielmehr ist die Bank verpflichtet, den nicht mehr benötigten Teil der Sicherheit frei zu geben (vgl. im Übrigen 8.4).

Im Sicherungsvertrag ist festzulegen, wenn Zahlungseingänge auf die gesicherte Darlehensforderung zu verrechnen sind.

Bei revolvierenden Sicherheiten kann vereinbart werden, dass eingehende Zahlungen auf den Kredit zu verrechnen sind. Die Abtretung hat dann zugleich Sicherungs- und Tilgungscharakter. Es kann aber auch geregelt werden, dass die eingehenden Zahlungen dem Kunden verbleiben. Dann dient die Abtretung nur Sicherungszwecken.

Da eingehende Zahlungen dem AGB-Pfandrecht der Banken unterliegen, ist auch im letzteren Fall dafür Sorge zu tragen, dass Zahlungen nur auf ein bei der Bank bestehendes Girokonto des Kunden erfolgen.

Im Sicherungsvertrag ist schließlich festzulegen, wann die Bank berechtigt ist, die Abtretung offen zu legen und die Forderungen selber einzuziehen. Für diesen Fall ist der Kunde zu verpflichten, alle zur Realisierung erforderlichen Auskünfte zu erteilen und Unterlagen zur Verfügung zu stellen.

13.3.3 Abtretung

Die Abtretung der sichernden Forderungen ist die dingliche Erfüllung des Sicherungsvertrags, wird aber regelmäßig bereits im Sicherungsvertrag mit vereinbart. Sie kann sich auf gegenwärtige und künftige Forderungen beziehen. Insbesondere revolvierende Globalabtretungen umfassen auch die erst in der Zukunft entstehenden Kundenforderungen.

Stets muss die abgetretene Forderung so bestimmt sein, dass sie bereits aus der Abtretung heraus als solche erkennbar ist. Dies führt bei der Abtretung einer Forderungsmehrheit, insbesondere wenn künftige Forderungen einbezogen sind, zu ähnlichen Problemen wie bei der Sicherungsübereignung von Sachgesamtheiten (etwa eines Warenlagers mit wechselndem Bestand, vgl. 12.3.4).

Beispiel *Die Müller Immoblienverwaltungs GbR tritt an die Bank „alle Mietzinsansprüche aus dem Mehrfamilienhaus Hochstraße 15" ab. Die Reifenhandlung Müller tritt „alle Ansprüche aus Verkäufen von Reifen der Marke X" ab. Die Großhandlung Müller tritt an die Bank „alle Forderungen aus Warenverkäufen an Kunden mit den Anfangsbuchstaben A bis K" ab.*

Auch hier gilt, dass die Abtretung aller Forderungen einer bestimmten Art unproblematisch ist.

Die Abtretung aller Forderungen, die im Geschäftsbetrieb des Kunden anfallen, kann aber eine Knebelung darstellen und als solche nichtig sein (§ 138 BGB). Dem Kunden müssen ausreichende Mittel zur freien Verfügung verbleiben, um auch noch Verbindlichkeiten anderer Gläubiger erfüllen zu können.

Sind dagegen Teilmengen zu bilden, etwa um eine anfängliche Übersicherung und damit eine Nichtigkeit des Sicherungsgeschäfts zu vermeiden (vgl. 8.4), muss dies so geschehen, dass keine Zweifel am Umfang der zur Sicherung abgetretenen Forderungen bestehen. Dazu gehört für künftig entstehende Forderungen deren Bestimmbarkeit. Bestimmt sind die Forderungen, sobald sie entstanden sind. Geeignet sind Unterscheidungen nach Warengattungen und nach klar umrissenen Kundengruppen; letztere auch, wenn sie nach formalen Merkmalen wie die Anfangsbuchstaben ihres (Firmen-)Namens getroffen werden.

Werden Vorausabtretungen getroffen, ist der Umfang der ihnen unterliegenden Forderungen nach deutlichen Kriterien so zu umreißen, dass beim Entstehen der Forderung klar ist, ob sie zu den abgetretenen oder den dem Kunden verbleibenden Forderungen gehören. Insoweit sind der Sicherungsvertrag und die Abtretung mit besonderer Sorgfalt zu formulieren.

13.3.4 Mehrfachabtretungen

Wird ein und die selbe Forderung (oder Forderungsgesamtheit) mehrfach abgetreten, stellt sich die Frage, welche der mehrfachen Abtretungen wirksam ist.

Beispiel *Müller hat seine auch künftigen Forderungen aus der Geschäftsbeziehung zu bestimmten Kunden zunächst an die Bank und sodann an die Sparkasse zur Kreditsicherung abgetreten.*

Bei der Abtretung bestehender Forderungen gilt das Prioritätsprinzip. Ist eine Forderung abgetreten, hat sich der Zedent seiner Rechtsstellung begeben. Er kann sie nicht noch einmal übertragen. Da es keinen Gutglaubenschutz bei Forderungen gibt, kommt ein gutgläubiger Erwerb nicht in Betracht. Dieser Grundsatz gilt auch für künftige, bis zum Abschluss des zweiten Abtretungsvertrags entstandenen Forderungen.

Eine Konfliktsituation entsteht erst bei Forderungen, die nach der zweiten Abtretung entstehen. Nach der Rechtsprechung kommt auch hier die frühere Abtretung zum Zuge. Die Vorausabtretung ist ein in sich abgeschlossener Vorgang. Anders als bei der Sicherungsübereignung künftig zu erwerbender Sachen (vgl. 12.3.5), kommt es nicht auf den Willen des Schuldners an, für den einen oder den anderen zu erwerben und diesem einen Besitz zu vermitteln. Dies gilt für Singular- und Globalzessionen gleichermaßen und auch im Verhältnis beider zueinander.

Die Gefahr einer Mehrfachabtretung schränkt den Wert von Forderungsabtretungen als Kreditsicherungsmittel erheblich ein. Gerade bei der „stillen" Abtretung zeigt sich regelmäßig erst im Sicherungsfall, ob die Abtretung hält, was sie verspricht.

13.3.5 Globalzession und verlängerter Eigentumsvorbehalt

Ist wie regelmäßig der Verkäufer von Waren vorleistungspflichtig, hat er ein starkes Sicherungsbedürfnis. Er will sein Eigentum an der Ware nur dann verlieren, wenn er den Kaufpreis vollständig erhalten hat. Dies erreicht er durch Vereinbarung eines Eigentumsvorbehalts. Erst mit der vollständigen Zahlung des Kaufpreises (bei Ratenzahlung mit der Erbringung der letzten Kaufpreisrate) geht das Eigentum auf den Käufer über.

Nur bei Barverkäufen stellt sich die Problematik nicht. Barverkäufe finden an Endabnehmer in Ladengeschäften statt. Bei Rechtsgeschäften zwischen Kaufleuten ist dagegen üblich, dem Käufer ein Zahlungsziel einzuräumen.

Der Konflikt zwischen Eigentumsvorbehalt des Verkäufers und der Sicherungsübereignung an die Bank löst sich nach dem Prioritätsprinzip. So lange der Kreditkunde nicht Eigentümer der Ware wird, kann er der Bank auch kein Eigentum übertragen. Ein gutgläubiger Eigentumserwerb durch die Bank scheidet regelmäßig aus, da sie bei der Sicherungsübereignung von Waren mit Vorbehaltseigentum von Lieferanten rechnen muss. Sie kann daher nur die Anwartschaft auf Eigentum erwerben (vgl. 12.2.3).

Erwirbt ein Kaufmann Ware, um sie weiter zu verkaufen, erfolgt der Weiterverkauf oft, ehe der Kaufpreis bezahlt ist. Damit droht dem Lieferanten aus dem Weiterverkauf der Verlust seines Vorbehaltseigentums.

Beispiel   *Kaufmann Müller kauft bei der Firma Meyer Großhandels GmbH 20 Fernseher unter Eigentumsvorbehalt. Der Kaufpreis ist innerhalb von 90 Tagen zu bezahlen. Müller verkauft an Endabnehmer gegen bar zehn der Fernseher innerhalb der 90 Tage.*

Regelmäßig wird ein Zwischenhändler ermächtigt, die unter Eigentumsvorbehalt gekaufte Ware im normalen Geschäftsbetrieb weiter zu verkaufen und damit stellvertretend für den Lieferanten an seine Käufer das Eigentum zu übertragen. Der Endkäufer ist nur dann bereit, den Kaufpreis zu zahlen, wenn er vorbehaltlos das Eigentum an der Kaufsache erwirbt. Spätestens beim Weiterverkauf erlischt das Vorbehaltseigentum. Gegen diesen unvermeidlichen Rechtsverlust schützt sich der Lieferant, indem er den Eigentumsvorbehalt um eine im Voraus erfolgte sicherungsweise Abtretung des Kaufpreisanspruchs verlängert. Der verlängerte Eigentumsvorbehalt umfasst also Kaufpreisansprüche eines Zwischenhändlers aus dem Weiterverkauf der Ware.

Damit kollidiert der verlängerte Eigentumsvorbehalt mit einer Globalzession, die der Kunde gegenüber seiner Bank getätigt hat.

Beispiel *Müller hat zur Sicherung seines Bankkredits der Bank alle Ansprüche zur Sicherung übertragen, die ihm jetzt und künftig aus dem Verkauf von Reifen der Firma Meyer AG zustehen. Firma Meyer AG liefert die Reifen unter verlängertem Eigentumsvorbehalt, indem sie sich von Müller Ansprüche aus dem Weiterverkauf vorab abtreten lässt.*

Der Widerspruch zwischen Globalzession und verlängertem Eigentumsvorbehalt und insoweit zwischen Banken und Lieferanten lässt sich mit dem Prioritätsprinzip nicht lösen.

> Es wäre nicht interessengerecht sondern zufällig, welche der konkurrierenden Abtretungen früher erfolgt wäre. Da Globalzessionen regelmäßig langfristig angelegt sind, Lieferanten sich aber nur bis zur Zahlung des Kaufpreises sichern müssen, hätten letztere regelmäßig das Nachsehen.
>
> Hinzu kommt, dass sich ein Kaufmann einem Lieferanten gegenüber schadenersatzpflichtig machen würde, wenn er Ware unter Vereinbarung eines verlängerten Eigentumsvorbehalts kaufen würde, ohne zu offenbaren, dass er über Kaufpreisansprüche aus dem Weiterverkauf bereits anderweitig, nämlich zu Gunsten seiner Bank, verfügt hat. Würde er seiner Offenbarungspflicht nachkommen, wäre der Lieferant regelmäßig zur Lieferung nicht mehr bereit.

Die Rechtsprechung hält daher eine Globalzession wegen Verstoßes gegen die guten Sitten für nichtig (§ 138 BGB), wenn die Bank damit rechnen muss, dass sie auch Waren mit umfasst, die unter verlängertem Eigentumsvorbehalt stehen. Damit ist der Konflikt zu Gunsten der Lieferanten und zu Lasten der Banken entschieden.

Um ihre Globalzession nicht insgesamt zu gefährden, werden daher von Banken im Sicherungsvertrag Klauseln verwandt, wonach bei unter verlängertem Eigentumsvorbehalt stehender Ware die Sicherungsübereignung aufschiebend bedingt ist, bis die Kaufpreisabtretung an den Lieferanten erloschen ist. Auf diese Weise kann die Bank wenigstens verhindern, dass zwischenzeitlich andere Gläubiger ihres Kreditkunden zum Zuge kommen, etwa durch Pfändung des Kaufpreisanspruchs.

13.4 Rückgewähranspruch

Auch bei der Sicherungsabtretung kann die Rückgewähr des Sicherungsgutes in zweifacher Weise erfolgen. Die Partner des Sicherungsvertrags können die Abtretung unter der auflösenden Bedingung des Fortfalls des Sicherungszwecks stellen. Dann fallen die zur Sicherung übertragenen Forderungen mit Tilgung des gesicherten Darlehens automatisch an den Sicherungsgeber zurück. Bei einer Sicherungsabtretung an Banken ist es aber üblich, diese zurück abzutreten, wenn sich der Sicherungszweck erledigt hat.

Wie bei anderen treuhänderischen Sicherheiten ist der Rückgewähranspruch abtretbar und für Gläubiger des Kreditkunden auch pfändbar.

13.5 Verwertung der zur Sicherung abgetretenen Forderungen und Rechte

Die Bank ist berechtigt, die zur Sicherung abgetretene Forderung zu verwerten, wenn der Sicherungsfall eingetreten ist. Wann dies gegeben ist, ist im Sicherungsvertrag festzulegen.

> Sie kann auch bereits zuvor zur Realisierung von Sicherungsrechten berechtigt sein, weil im anderen Fall das Sicherungsrecht verloren zu gehen droht, etwa bei drohender Insolvenz des Drittschuldners. Dies wird regelmäßig nur im Einvernehmen des Sicherungsgebers möglich sein. Das Sicherungsrecht setzt sich dann am Erlös fort.

Ungeklärt ist, ob die Verwertung der zur Sicherheit abgetretenen Forderung dem Sicherungsgeber zunächst unter Fristsetzung angedroht werden muss.

> Der BGH hat dies bei formularmäßiger Abtretung von Arbeitseinkommen für notwendig gehalten und die Regelung in den AGB-Banken, die ein Verwertungsrecht ohne Ankündigung vorsahen, für nichtig erklärt.
>
> Die Offenlegung der Sicherungszession und die Inanspruchnahme der Drittschuldner durch die Bank hat insbesondere bei der Globalzession für den Kunden weitreichender Folgen; wird doch dadurch publik, dass er Verpflichtungen gegenüber seiner Bank nicht mehr erfüllt. Regelmäßig wird dies für den ohnehin in Liquiditätsschwierigkeiten befindlichen Kunden das Aus sein. Allein schon das spricht dafür, die Bank zu verpflichten, ihm die Offenlegung der Sicherungszession anzukündigen und ihm eine angemessene Frist zu setzen, seine wirtschaftlichen Verhältnisse zu ordnen.
>
> Andererseits ist gerade in einer solchen Situation das Risiko besonders hoch, dass der Kunde sich unredlich verhält und treuwidrig die abgetretenen Forderungen einzieht und den Erlös anderweitig verwertet.

Man wird daher nur in Ausnahmefällen die Bank berechtigen können, eine Sicherungszession ohne Vorankündigung und Setzung einer angemessenen Frist – etwa von einem Monat – offen zu legen. Solches dürfte statthaft sein, wenn der Kunde sich bereits treuwidrig verhält oder für ein solches Verhalten starke Anhaltspunkte bestehen.

Hat der Kunde die Zahlung bereits eingestellt, bedarf es keiner Androhung der Verwertung.

> Generell wird man von der Bank erwarten können, dass sie bei der Verwertung von Sicherheiten, soweit zumutbar, auf die Interessen des Kunden Rücksicht nimmt (§ 242 BGB). Dazu gehört es auch, den Partner des Sicherungsvertrags vor vermeidbaren Schäden zu bewahren und das Sicherungsgut bestmöglich zu verwerten.

Herr Müller hat der Bank zur Sicherung eines privaten Kredits seinen Geschäftsanteil an der Firma Müller GmbH abgetreten. Er kommt seiner Rückzahlungsverpflichtung nicht mehr nach.

Bei der sicherungsweisen Übertragung von Gesellschaftsanteilen wird die Verwertung regelmäßig nur durch den Verkauf der Anteile in Betracht kommen.

> Die Abtretung eines GmbH-Anteils bedarf zu ihrer Wirksamkeit der notariellen Beurkundung und zwar auch dann, wenn sie sicherungshalber erfolgt. Zudem wird im Gesellschaftsvertrag regelmäßig vereinbart, dass sie nur mit Zustimmung der übrigen Gesellschafter erfolgen kann.

Die Bank wird die Verwertung regelmäßig selber vornehmen. Sie kann aber den Kunden auch ermächtigen, die Einziehung der Geldforderung im eigenen Namen durchzuführen. Dies hat für den Kunden den Vorteil, dass der Sicherungsfall für Geschäftspartner des Kunden nicht offenbar wird. In solchen Fällen muss gewährleistet sein, dass der Erlös der Bank zufließt.

Beispiel *Müller zieht seine an die Bank abgetretenen Außenstände für diese ein. Er hat die Kunden zuvor informiert, dass sie auf das bei der Bank bestehende Girokonto zu zahlen haben. Die Bank kontrolliert regelmäßig, dass dies auch eingehalten wird.*

Stets sind bei der Verwertung von Sicherheiten, sei es durch Einziehung sei es durch den Verkauf, anfallende steuerliche Fragen zu klären. Insoweit sollte ein Steuerberater zu Rate gezogen werden.

> Die Verwertung von zur Sicherung abgetretenen Kundenforderungen ist im Übrigen mit besonderen Schwierigkeiten verbunden. Befindet sich das Unternehmen zum Zeitpunkt der Verwertung der Sicherung in der Krise, werden viele Kunden nicht mehr leisten, weil sie hoffen, sich um ihre Zahlungspflicht drücken zu können. Forderungen gerichtlich durchzusetzen ist zeitaufwendig und kostspielig. Es ist nur dann erfolgversprechend, wenn die Bank die volle Unterstützung des Firmenkunden hat. Sie benötigt hierzu Urkunden, wie Auftrag, Lieferschein, Rechnung und Informationen, um Einwendungen des Abnehmers begegnen zu können.
>
> Hat der Kunde den Betrieb eingestellt, sind Unterlagen und Informationen kaum noch zu erhalten. Auch der Insolvenzverwalter wird selten kooperativ sein, da seine Interessen in eine andere Richtung gehen.

Sicherungsabtretungen haben ihre Bedeutung, soweit sie ein anderes Sicherungsrecht verstärken. Wegen der Probleme der Verwertung haben insbesondere Globalzessionen, wenn sie das einzige Sicherungsmittel darstellen, nur eingeschränkten Sicherungswert.

Schlusswort

Mit der Verwertung von Sicherungszessionen schließt sich der Kreis von Rechtsfragen bei bankmäßigen Firmenkrediten. Der Verfasser hat die Hoffnung, dass die Lektüre des Buches dem Leser einen Überblick über das Thema geben und ihm anhand der Beispielfälle die wesentlichen Probleme näher bringen konnte.

Zu Einzelfragen sollte auf Standardwerke des Bankrechts zurückgegriffen werden. Als solche sind hervorzuheben

- Schimansky u. a., Bankrechtshandbuch, 2. Auflage 2001 (3 Bände)
- Hellner-Steuer, Bankrecht und Bankpraxis, Loseblattausgabe (6 Ordner)

Der Verfasser möchte zugleich auf seine Erläuterungsbücher zur Rechtsprechung im Kredit- und Kreditsicherungsrecht hinweisen:

- Der Kreditvertrag in der Rechtsprechung des BGH und der Obergerichte, 2002 und
- Realkredit und Grundpfandrecht Grundlagen, Rechtsprechung, Praxis, 2002

sowie auf seine Publikation

- Schuldrechtsmodernisierung und Bankrecht, 2002.

Stichwortverzeichnis

Banking im 21. Jahrhundert

Der Klassiker für das Aktivgeschäft in Banken und Sparkassen

Topaktuell und noch übersichtlicher - so präsentiert sich dieses Standardwerk, das nun in der 6. Auflage völlig neu überarbeitet und wesentlich erweitert auf alle neuen Entwicklungen im Kreditgeschäft ausführlich eingeht.

Peter Rösler,
Thomas Mackenthun,
Rudolf Pohl
Handbuch Kreditgeschäft
6. Aufl. 2002. XXII, 1135 S.
Geb. € 169,00
ISBN 3-409-40041-9

Das Standardwerk für Finanzierungstheorie und -praxis

Passgenaue Finanzierungskonzepte sind ein Schlüsselfaktor für unternehmerischen Erfolg im globalen Wettbewerb. Dieses Handbuch bietet einen lückenlosen Überblick über Instrumente und Märkte.

Rolf-E. Breuer (Hrsg.)
Handbuch Finanzierung
3. Aufl. 2001. XXX, 772 S.
Geb. € 129,00
ISBN 3-409-99641-9

Auf dieses Wissen können Investmentbanker nicht verzichten

„Der fulminante Erfolg dieses Buches, für dessen Kenner keine Überraschung, rechtfertigte mithin eine zügige Neuauflage. (...) Es bedarf keiner prophetischen Weitsicht, dass sich ‚die Achleitner' zum Standardwerk des Investment Banking entwickeln wird." Die Bank, Januar 2001

Ann-Kristin Achleitner
Handbuch Investment Banking
3., überarb. u. erw. Aufl. 2002.
XXXIV, 808 S. Geb. € 129,90
ISBN 3-409-34184-6

Änderungen vorbehalten. Stand: März 2003.
Erhältlich im Buchhandel oder beim Verlag.

Gabler Verlag · Abraham-Lincoln-Str. 46 · 65189 Wiesbaden · www.gabler.de

GABLER